Neuburger

Electronic Data Interchange

GABLER EDITION WISSENSCHAFT
Markt- und Unternehmensentwicklung

Herausgegeben von Professor Dr. Arnold Picot
und Professor Dr. Ralf Reichwald

Der Wandel von Institutionen, Technologie und Wettbewerb prägt in vielfältiger Weise Entwicklungen im Spannungsfeld von Markt und Unternehmung. Die Schriftenreihe greift diese Fragen auf und stellt neue Erkenntnisse aus Theorie und Praxis sowie anwendungsorientierte Konzepte und Modelle zur Diskussion.

Rahild Neuburger

Electronic Data Interchange

Einsatzmöglichkeiten und ökonomische Auswirkungen

Mit einem Geleitwort von
Prof. Dr. Arnold Picot

Springer Fachmedien Wiesbaden GmbH

Die Deutsche Bibliothek – CIP-Einheitsaufnahme

Neuburger, Rahild:
Electronic data interchange : Einsatzmöglichkeiten
und ökonomische Auswirkungen / Rahild Neuburger.
Mit einem Geleitw. von Arnold Picot.
- Wiesbaden : Dt. Univ.-Verl. ; Wiesbaden : Gabler, 1994
    (Gabler Edition Wissenschaft: Markt- und Unternehmensentwicklung)
    Zugl.: München, Univ., Diss., 1994

NE: GT

Gabler Verlag, Deutscher Universitäts-Verlag, Wiesbaden
© Springer Fachmedien Wiesbaden 1994
Ursprünglich erschienen bei Betriebswirtschaftlicher Verlag Dr . Th. Gabler GmbH,
Wiesbaden 1994.

Lektorat: Claudia Splittgerber

Höchste inhaltliche und technische Qualität unserer Produkte ist unser Ziel. Bei der Produktion und Auslieferung unserer Bücher wollen wir die Umwelt schonen: Dieses Buch ist auf
säurefreiem und chlorfrei gebleichtem Papier gedruckt.

Die Wiedergabe von Gebrauchsnamen, Handelsnamen, Warenbezeichnungen usw. in
diesem Werk berechtigt auch ohne besondere Kennzeichnung nicht zu der Annahme, daß
solche Namen im Sinne der Warenzeichen- und Markenschutz-Gesetzgebung als frei zu
betrachten wären und daher von jedermann benutzt werden dürften.

ISBN 978-3-8244-6022-9   ISBN 978-3-663-08451-8 (eBook)
DOI 10.1007/978-3-663-08451-8

Geleitwort

Unternehmen sind über ein Geflecht von Verträgen, Geschäftsbeziehungen und Kontakten mit ihrer Umwelt verflochten. Schätzungen besagen, daß etwa 40 bis 50 Prozent der zwischenbetrieblichen Kommunikation in schriftlicher, d.h. in dokumentierter Form ablaufen. Die dokumentierte zwischenbetriebliche Kommunikation betrifft vor allen Dingen Anbahnung und Abwicklung von Geschäftsvorfällen. Partner derartiger Kommunikationskontakte sind neben Kunden und Lieferanten auch Banken, Logistikdienstleister oder Behörden. Ein großer Teil dieser Kommunikation verläuft innerhalb von (teil-) standardisierten Vorgängen (Bestellung, Bestätigung, Lieferanzeige, Rechnung, Produktspezifikationen usw.). Derartige Dokumente werden in der Regel von einem Anwendungssystem der elektronischen Datenverarbeitung des Senders erzeugt und ab Empfängerseite zur Weiterverarbeitung wieder in ein solches System eingegeben. Gelingt es, derartige Informationstransfers direkt zwischen den Anwendungssystemen auf elektronischer Basis vorzunehmen, d.h. ohne traditionellen physischen Papiertransport und ohne manuelle Wiedereingabe, so wird nicht nur die Kommunikation erheblich beschleunigt, sondern auch die Abwicklung rationalisiert.

Dies sind die Grundüberlegungen, an denen das Konzept des Electronic Data Interchange (EDI) ansetzt. Zu seiner Verwirklichung sind in verschiedenen Branchen und Volkswirtschaften, aber auch auf internationaler Ebene erhebliche Standardisierungsanstrengungen unternommen worden. In verschiedenen Wirtschaftszweigen und Ländern liegen bereits beachtliche Einsatzerfahrungen vor. Es besteht kein Zweifel, daß eine zukünftige flächendeckende Nutzung von EDI die organisatorischen Ablaufstrukturen des Wirtschaftslebens erheblich wandeln wird. Neben nicht zu unterschätzenden Rationalisierungswirkungen (im Sinne von Einsparungen an Bearbeitungs- und Transportzeit) hat eine solche Entwicklung auch langfristig Einfluß auf die Arbeitsteilung innerhalb und zwischen Branchen, sowie auf die Geschäftsgewohnheiten. Neben vielfältigen Chancen beinhaltet eine solche Evolution auch neuartige Risiken, die es frühzeitig zu bedenken und beherrschen gilt (z.B. Haftungsfragen, Abhängigkeiten).

Letztlich handelt es sich bei EDI um die Herausbildung einer neuartigen institutionellen Struktur für die Abwicklung zwischenbetrieblicher Transaktionen. Insofern ist es naheliegend und fruchtbar, die sich abzeichnenden Veränderungen mithilfe der Neuen Institutionenökonomik zu analysieren und vor diesem Hintergrund auch empirische Erkenntnisse zu interpretieren. Genau dies tut die vorliegende Arbeit in besonders informativer Weise. Die vielfältigen, aber sehr verstreuten Einzelerkenntnisse zu EDI werden in einen größeren institutionenökonomischen sowie organisationstheoretischen Rahmen gestellt, mit eigenen theoretischen und empirischen Erkenntnissen verknüpft und so zu einer gesamthaften "Technologiefolgenabschätzung" verdichtet. Dabei stehen neben kurzfristigen Chancen und Risiken vor allem auch mittel- und langfristige strukturelle und institutionelle Veränderungen zur Diskussion.

Es ist zu hoffen, daß diese Forschungsarbeit dazu beiträgt, die vielschichtigen Voraussetzungen und Auswirkungen, die von einer scheinbar so einfachen Innovation wie EDI ausgehen, ins Bewußtsein zu rücken und damit nicht zuletzt auch das Gestaltungshandeln in der Praxis besser zu unterstützen.

Prof. Dr. Arnold Picot

Vorwort

Der elektronische Daten- und Dokumentenaustausch, bekannt als EDI, ersetzt herkömmliche Kommunikationswege auf Papierbasis durch elektronische Kommunikation. Daß sich durch derartige Entwicklungen einschneidende Auswirkungen auf die unternehmerische Aufgabenabwicklung ergeben können, steht wohl außer Frage. Daher konnte zu dieser hochaktuellen Problematik unter der Leitung von Prof. Dr. Arnold Picot, Institut für Organisation der Ludwig-Maximilians-Universität München sowie von Prof. Dr. Wolfgang Kilian, Institut für Rechtsinformatik der Universität Hannover ein von der Volkswagen-Stiftung gefördertes interdisziplinäres Projekt durchgeführt werden, dessen Schwerpunkt die Untersuchung juristischer und ökonomischer Ausbreitungsbedingungen und Auswirkungen von EDI war. Im Rahmen dieses als ELTRADO (Elektronische Transaktionen von Dokumenten zwischen Organisationen) bekannten Forschungsprojektes entstand diese Arbeit.

Daher gilt mein Dank zunächst der Volkswagen-Stiftung für die Förderung dieses Projektes. Meinem Doktorvater, Herrn Prof. Dr. Arnold Picot, danke ich herzlich für die langjährige konstruktive Betreuung der Arbeit und die wohlwollende Förderung und Unterstützung. Bei Herrn Prof. Dr. Dres. h.c. Eberhard Witte vom Institut für Organisation an der Ludwig-Maximilians-Universität möchte ich mich für die freundliche Übernahme des Koreferats bedanken. Aus meinem Kollegenkreis sei all jenen gedankt, die zum Gelingen dieser Arbeit maßgeblich beigetragen haben, hier insbesondere Frau Dr. Anke Jaros-Sturhahn, Herrn Dr. Egon Franck und Herrn Dr. Matthias Maier, die die Arbeit in der Schlußphase kritisch durchgesehen haben. Besonderen Dank schulde ich schließlich meiner Familie und meinem Mann Klaus, ohne deren Unterstützung die Arbeit sicher nicht hätte fertiggestellt werden können.

Rahild Neuburger

Inhaltsverzeichnis

Geleitwort V

Vorwort VII

Inhaltsverzeichnis IX

Abbildungsverzeichnis XIII

I. Grundlagen 1

1. Problemstellung, Zielsetzung und Gang der Untersuchung 1

2. Elektronischer Daten- und Dokumentenaustausch (EDI) 4

   2.1 Zugrundeliegendes Konzept und Begriffsabgrenzung 4

   2.2 Bedingungsfaktoren des EDI-Einsatzes 6

3. Theoretischer Bezugsrahmen 10

   3.1 Theoretischer Ausgangspunkt: Neue Institutionenökonomik 10

   3.2 Institutionen 11

   3.3 Vertragsformen 12

   3.4 Verhaltensannahmen 13

   3.5 Transaktionskostenansatz 14

   3.6 Property Rights Ansatz 17

   3.7 Zusammenfassung: Theoretische Konzeption 18

4. Relevante institutionelle Rahmenbedingungen 18

   4.1 Technische Rahmenbedingungen 18

   4.2 Organisatorische Rahmenbedingungen 24

   4.3 Rechtliche Rahmenbedingungen 25

II. Ökonomische Aufgabenabwicklung durch EDI 28

1. Einsatzmöglichkeiten von EDI in der Wertkette als Ausgangspunkt 28

2. Substitutiver Einsatz: Rationalisierung bestehender Abläufe 29

   2.1 Inner- und zwischenbetriebliches Substitutions- und
       Automatisierungspotential 30

   2.2 Konkrete Rationalisierungs- und Automatisierungseffekte
       für die Aufgabenabwicklung in der Wertkette 32

3. Innovativer Einsatz: Chancen für eine Optimierung
   der inner- und zwischenbetrieblichen Koordinationsformen 37

   3.1 Koordinationsstrukturen 38

3.2 Potentielle Einflußmöglichkeiten von EDI auf die Koordinationsstrukturen 42

    3.2.1 Elektronische Marktbeziehungen 42

        3.2.1.1 Einfluß von EDI auf klassische Marktbeziehungen...............42

        3.2.1.2 Elektronisch unterstützte Marktbeziehungen und
        elektronische Märkte..45

    3.2.2 Unterstützung kooperativer Aufgabenabwicklungen....................48

        3.2.2.1 Elektronisches Unterstützungspotential 48

        3.2.2.2 'EDI-Kooperationen' und 'EDI-Netze'..............................49

    3.2.3 Enge elektronische Anbindung...50

        3.2.3.1 Ausweitung vertikaler Beherrschungsformen.......................51

        3.2.3.2 Elektronische Hierarchien...52

    3.2.4 Konsequenzen für die interne Abwicklung 53

        3.2.4.1 Interne Auswirkungen von EDI 53

        3.2.4.2 EDI und 'lean management' 55

3.3 Konsequenzen für die Aufgabenabwicklung in der Wertkette........................56

    3.3.1 Unterstützende Wertaktivitäten bei innovativem Einsatz 56

    3.3.2 Primäre Wertaktivitäten bei innovativem Einsatz............................60

4. Zusammenfassung und Abschätzung der praktischen Relevanz....................62

4.1 Zusammenfassung: Inner- und zwischenbetriebliche Aufgabenabwicklung
durch EDI auf Kommunikations-, Koordinations- und Organisationsebene 62

4.2 Gegenüberstellung empirischer Beobachtungen 64

III. Erklärung und Deutung institutioneller Entwicklungen.............................68

1. Institutionelle Auswirkungen auf der Kommunikationsebene 68

1.1 Property Rights beim standardisierten Datenaustausch.............................69

1.2 Probleme durch technische und rechtliche Freiräume 71

1.3 Institutionelle Anpassungen 75

    1.3.1 EDI-Rahmenvertrag 76

    1.3.2 Sicherheitsmechanismen..79

        1.3.2.1 Elektronische Unterschriftssubstitute 79

        1.3.2.2 Elektronische Notare 82

    1.3.3 Entwicklungen und Tendenzen im Bereich der Standards.................83

    1.3.4 Entstehung und Entwicklung von Mehrwertdiensten..................... 90

    1.3.5 Operative Kooperationsstrukturen zwischen EDI-Anwendern.......... 95

2. Institutionelle Entwicklungstendenzen auf der Koordinations-
    und Organisationsebene 98

2.1 Institutionelle Probleme und Lösungsansätze
     bei elektronischen Marktbeziehungen 98

     2.1.1 Effizienzmindernde Bedingungen 98

     2.1.2 Institutionelle Erfordernisse 100

            2.1.2.1 Anforderungen für institutionelle Anpassungen
                     auf der Kommunikationsebene 100

            2.1.2.2 Enstehung elektronischer Märkte 103

2.2 Institutionelle Anregungen durch potentielle Probleme
     bei Kooperationsverhältnissen 108

     2.2.1 Transaktionskostenerhöhende Faktoren 108

            2.2.1.1 Partnersuche und Vertragsabschluß 109

            2.2.1.2 Abwicklung von Kooperationen 111

            2.2.1.3 Vertragskontrolle und Vertragsanpassung 113

     2.2.2 Institutionelle Entwicklungen 113

            2.2.2.1 'Sichere' und 'unsichere'
                     Transaktionskosten erhöhende Faktoren 114

            2.2.2.2 Verstärkende Effekte durch 'sichere'
                     Transaktionskosten erhöhende Faktoren 114

            2.2.2.3 Institutionelle Anstöße duch 'unsichere'
                     Transaktionskosten erhöhende Faktoren 115

2.3 Institutionelle Notwendigkeiten durch abhängigkeitsbedingte Probleme
     bei vertikalen Beherrschungsverträgen 116

     2.3.1 Probleme bei einzelwirtschaftlich effizienten
            Beherrschungsverträgen 117

            2.3.1.1 Unternehmerische Fremdbestimmung 117

            2.3.1.2 Technische Beeinflussungspotentiale 120

            2.3.1.3 Mitbestimmungsprobleme 121

            2.3.1.4 Gesamtwirtschaftliche Risiken 122

     2.3.2 Institutionelle Entwicklungen 123

            2.3.2.1 Mehrwertdienste und Standards 123

            2.3.2.2 Zwischenbetriebliche Kooperationstendenzen ... 123

            2.3.2.3 Ansätze zur Mitbestimmungssicherung 125

2.4 Institutionelle Barrieren und Anpassungserfordernisse bei schlankeren
Unternehmensstrukturen...129
    2.4.1 Prinzipien der Massenproduktion als institutionelle Hindernisse.......129
    2.4.2 Institutionelle Anpassungen.......................................131
       2.4.2.1 'Schlanke Organisationsstrukturtypen'...........................131
       2.4.2.2 Unterstützende institutionelle Anforderungen....................133

IV. Strukturelle Vernetzungstendenzen **136**
1. Voraussetzung: Technische EDI-Netzstrukturen....................................136
2. Organisatorische Netzstrukturen..137
    2.1 Begriffsabstimmung: Organisatorische Netzstrukturen...............................137
    2.2 Unterstützungspotential von EDI..139
    2.3 Organisatorische Netzstrukturen durch EDI 139
3. Vernetzungstendenzen auf anderen Ebenen als Folge.................................141
4. Kritische Reflexion: 'Supernetzwerke' als Folge von EDI? 143

V. Zusammenfassung..**145**

Literaturverzeichnis 147
Abkürzungsverzeichnis..172
Stichwortverzeichnis..175

ABBILDUNGSVERZEICHNIS

Abb. 1:   Gang der Untersuchung 3
Abb. 2:   Elektronische Kommunikationsbeziehungen 8
Abb. 3:   Bedingungsfaktoren des EDI-Einsatzes 9
Abb. 4:   Institutionelle Rahmenbedingungen von EDI 12
Abb. 5:   Standards für den Handels-, Produkt- und Textdatenaustausch...................22
Abb. 6:   Interne softwaretechnische Voraussetzungen 23
Abb. 7:   Die konkretisierte institutionelle Umwelt von EDI.....................27
Abb. 8:   Wesentliche Substitutionspotentiale und -effekte im Überblick 35
Abb. 9:   Koordinationsstrukturen im Überblick..41
Abb. 10:   Klassische Markttransaktionen 43
Abb. 11:   Transaktionskostensenkende Potentiale von
            EDI für klassische Marktbeziehungen...45
Abb. 12:   Zusammenhang zwischen Entscheidungszeitpunkt
            und notwendigem Informationsstand 57
Abb. 13:   Unternehmerische Aufgabenabwicklung im Zuge von EDI in
            Abhängigkeit von Einsatzweise, Einsatzart und Einsatzpartnern 63
Abb. 14:   Unterschiedliche Zielsetzungen eines EDI-Einsatzes
            im Vergleich 64
Abb. 15:   EDI-Beziehungen in der Automobil- und Transportbranche......................66
Abb. 16:   Property Rights beim elektronischen Datenaustausch....................70
Abb. 17:   Kostenvergleich Rahmenvertrag und bilaterale Absprachen 77
Abb. 18:   Papierunterschrift und Elektronisches Unterschriftssurrogat
            im Vergleich 80f
Abb. 19:   Entwicklungs-, Einführungs- und Einsatzaufwand
            bei EDIFACT und Subsetlösungen...86
Abb. 20:   'Schlanker Organisationsstrukturtyp'..133
Abb. 21:   EDI und organisatorische Netzwerkstrukturen 141

I. GRUNDLAGEN

1. Problemstellung, Zielsetzung und Gang der Untersuchung

Der elektronische Daten- und Dokumentenaustausch, bekannt als Electronic Data Interchange[1] (EDI), ist eine neuartige Form der elektronischen zwischenbetrieblichen Kommunikation. Der primäre Unterschied zu herkömmlichen elektronischen Kommunikationsmedien wie z.B. Telefax oder Electronic Mail besteht in der Möglichkeit der bruchlosen Weiterverarbeitung übermittelter Daten in internen Anwendungssystemen.[2]

In der umfassenden Literatur zum Thema EDI[3] finden sich vielfältige Hinweise auf technische Bedingungen, operative und strategische Nutzeffekte, Leistungspotentiale von EDI sowie mit EDI verbundene Kosten und Probleme. Weitgehende Einigkeit besteht darüber, daß die Einführung von EDI weniger eine technische als vielmehr eine organisatorische Frage darstellt. In unterschiedlicher Weise werden mit EDI zusammenhängende organisatorische Probleme gezeigt. Vereinzelt beschäftigt sich die Literatur mit organisatorischen, rechtlichen, branchen- und wettbewerbsstrukturellen sowie kulturellen und gesellschaftlichen Auswirkungen. Eine integrierte Untersuchung ökonomischer Auswirkungen von EDI ist bislang kaum bekannt.[4]

Ziel der vorliegenden Arbeit ist die Analyse ökonomischer Auswirkungen von EDI. Sie soll neben organisatorischen Veränderungen institutionelle und strukturelle Implikationen von EDI untersuchen. Dabei liegt der Arbeit folgende zentrale These zugrunde:[5]
Das elektronische Kommunikationsmedium EDI ersetzt die zwischenbetriebliche Kommunikation auf Papierbasis. In Folge verändern sich sowohl die zwischen- als auch die innerbetriebliche Aufgabenabwicklung und Zusammenarbeit. Dies ist nicht unproblematisch. EDI und die so veränderte Aufgabenabwicklung stoßen auf einen institutionellen Rahmen, der auf das Kom-

---

1) Vgl. zur näheren Begriffsfassung Kap. I.2. sowie die dort angegebene Literatur.
2) Vgl. z.B. Picot, Neuburger, Niggl (1991), S. 23.
3) Im deutschen Sprachraum erstreckt sich die Literatur zum Thema EDI in erster Linie auf Kongreßbände sowie eine große Anzahl in verschiedenen Zeitschriften erschienener Aufsätze. Sich mit EDI intensiver befassende Bücher entstammen weitgehend dem englischen Sprachraum. Hier erscheinen auch die sich primär mit EDI beschäftigenden Zeitschriften EDI Forum und ELEDIS.
4) Fast abgeschlossen ist mittlerweile die interdisziplinäre Untersuchung von Kilian u.a. (vgl. Kilian u.a. (1994)), bei der integrierte Fragestellungen zugrundeliegen. Eine Untersuchung, die Auswirkungen von EDI zumindest anspricht, ist die vom Bundesministerium der Wirtschaft und der DEUPRO (Ausschuß für die Vereinfachung internationaler Handelsverfahren in der BRD) in Auftrag gegebene Studie der Cap Gemini SCS BeCom GmbH (vgl. Röcker u.a. (1991)). Im Mittelpunkt steht hier eine branchen- und unternehmensspezifische EDI-Situationsanalyse. In einer anderen Untersuchung analysiert Schumann betriebliche Nutzeffekte und Strategiebeiträge auch zwischenbetrieblich integrierter Informationsverarbeitung (vgl. Schumann (1992)). Aus der amerikanischen Literatur bekannt ist eine Untersuchung von Emmelhainz über organisatorische Auswirkungen. Vgl. zu den Kernaussagen Swatman, Swatman (1992), S. 198f.
5) Die These ergibt sich aus dem der Arbeit zugrundeliegenden theoretischen Bezugsrahmen. Vgl. im einzelnen Abschnitt I/3. und dort insb. I/3.6.

munikationsmedium Papier sowie einer darauf aufbauenden ökonomischen Aufgabenabwicklung abgestimmt ist. Dadurch treten Probleme auf, die sich in Suboptimalitäten und Reibungen ausdrücken. Sie deuten auf notwendige institutionelle Anpassungen zu ihrer Verringerung hin. Institutionelle Entwicklungen sind zu erwarten. Übergreifend unterstützen diese wie auch die durch EDI modifizierten Formen der Aufgabenabwicklung und Zusammenarbeit ohnehin zu beobachtende strukturelle Vernetzungstendenzen.

Vor dem Hintergrund dieser These verfolgt die Arbeit konkret drei Zielsetzungen:
- Untersuchung der Auswirkungen von EDI auf die inner- und zwischenbetriebliche Aufgabenabwicklung und Zusammenarbeit.
- Analyse und Deutung institutionell notwendiger Entwicklungen.
- Deutung struktureller Vernetzungstendenzen.

Die Arbeit gliedert sich in vier Hauptabschnitte. Zur Konkretisierung des Untersuchungsgegenstandes sind zunächst notwendige Abgrenzungen vorzunehmen (*Kapitel I*). Diese betreffen EDI (I.2), den der Analyse zugrundeliegenden theoretischen Bezugsrahmen (I.3) sowie die abgegrenzten institutionellen Rahmenbedingungen (I.4).
Kapitel II untersucht Auswirkungen von EDI auf die ökonomische Aufgabenabwicklung. In Abhängigkeit von Einsatz, Rahmenbedingungen und zugrundeliegenden Transaktionen ist aufzuzeigen, wie EDI die Aufgabenabwicklung intern und zwischenbetrieblich verändern kann.
Um institutionelle Entwicklungen durch EDI oder durch die veränderte Aufgabenabwicklung geht es in *Kapitel III*. Zunächst ist zu untersuchen, ob und inwieweit EDI oder die veränderte Aufgabenabwicklung Probleme oder Suboptimalitäten hervorruft. In einem zweiten Schritt sind jeweils tatsächlich zu beobachtende institutionelle Entwicklungen zu erklären oder Ansatzpunkte für dahingehenden Anpassungsbedarf aufzuzeigen.
Kapitel IV geht der Frage nach, ob und inwieweit EDI strukturelle Vernetzungstendenzen, die gegenwärtig auf unterschiedlichen Ebenen zu beobachten sind, unterstützen kann. Abbildung 1 zeigt den Gang der Untersuchung im Überblick.

Um die empirische Relevanz der theoretischen Aussagen abschätzen zu können, werden in die Untersuchung bisweilen empirische Untersuchungsergebnisse einbezogen. Diese resultieren meistens aus einer empirischen Untersuchung, an der die Verf. beteiligt war. Sie wurde im Rahmen des von der Volkswagen-Stiftung geförderten Forschungsprojektes ELTRADO[6] durchgeführt. Schwerpunkt war eine interdisziplinäre juristisch-ökonomische Untersuchung von Ausbreitungsbedingungen und Auswirkungen von EDI.[7] Mündlich befragt wurden 73 Unternehmen (64 EDI-Anwender und 9 EDI-Nichtanwender) der Automobil- und Transport-

---

6) ELTRADO steht für Elektronische Transaktionen von Dokumenten zwischen Organisationen, vgl. zu diesem Projekt v.a. Kilian u.a. (1994) sowie die im Zusammenhang mit dem Projekt entstandenen Veröffentlichungen Picot (1990) sowie Picot, Neuburger, Niggl (1991; 1992a; 1992b; 1993a; 1993b; 1993c; 1993d).
7) Vgl. zu theoretischem Hintergrund, Aufbau und Fragebogen im einzelnen Kilian u.a. (1994).

2

branche sowie 5 Banken. Zusätzlich erfolgte eine schriftliche Befragung bei 42 Unternehmen, bei denen EDI bislang nicht bekannt war. Bei Bezugnahme auf diese Ergebnisse soll zur Vereinfachung von ELTRADO-Untersuchung gesprochen werden.

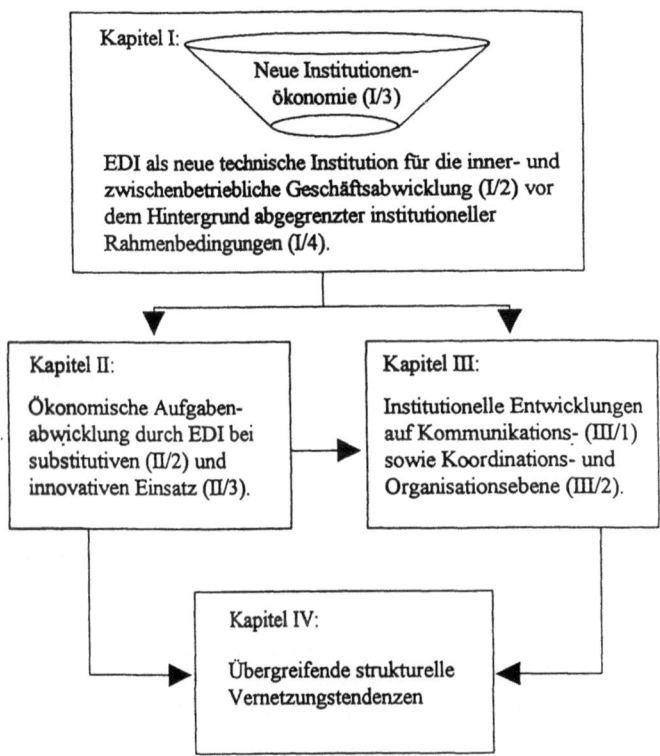

Abb. 1: Gang der Untersuchung

2. Elektronischer Daten- und Dokumentenaustausch (EDI)

Den Begriff 'EDI' in seiner ausführlichen Schreibweise 'Electronic Data Interchange' oder 'Electronic Document Interchange' bzw. in seiner deutschen Abkürzung 'EDA', d.h. 'Elektronischer Datenaustausch'[8] verwendet die Literatur unterschiedlich.[9] Der Unterschied liegt primär in dem jeweils zugrundeliegenden Verständnis über Einsatzbreite und Einsatzmöglichkeiten von EDI. Den verschiedenen Auffassungen liegt jedoch dasselbe Konzept zugrunde. Dieses wird zunächst aufgegriffen, bevor die dieser Arbeit zugrundeliegende EDI-Auffassung vorgestellt wird. Anschließend wird das Spektrum der Einsatzmöglichkeiten von EDI in Abhängigkeit von Einsatzpartner, Einsatzart und Einsatzweise aufgezeigt.

2.1 Zugrundeliegendes Konzept und Begriffsabgrenzung

EDI stellt ein neuartiges Konzept der zwischenbetrieblichen Kommunikation zwischen rechtlich selbständigen Unternehmen dar. Dieser Informationsaustausch bezieht sich primär auf die Anbahnung und Durchführung von vertraglich vereinbarten Lieferungs- und Leistungsbeziehungen mit unterschiedlichen Partnern wie Lieferanten, Kunden, Transportunternehmen, Banken, Versicherungen oder staatlichen Behörden. Über 40 % sämtlicher zwischenbetrieblicher Kommunikationsvorgänge werden in schriftlicher Form abgewickelt. Hierzu[10] zählen der Austausch transaktionsbegleitender Dokumente wie Anfragen, Aufträge, Rechnungen oder Zahlungsanweisungen aber auch freie Textdokumente, Bildinformationen, Konstruktionspläne, Fertigungsspezifikationen oder Lagerbestandsmeldungen. Diese Dokumente werden mit Hilfe unternehmensinterner computerunterstützter Informations- und Anwendungssysteme erstellt. Anschließend werden sie auf Papier ausgedruckt, einkouvertiert und durch Beförderungsdienste an den Adressaten geschickt. Dieser gibt die empfangenen Daten in das unternehmensinterne Anwendungssystem ein. Dieses Verfahren erstellt elektronisch zur Verfügung stehende Daten wiederholt elektronisch.[11] An diesem ineffizienten und fehleranfälligen[12] Prozedere setzt die Idee einer direkten Kommunikation zwischen den Anwendungssystemen verschiedener Unternehmen an. Diese Zielsetzung verfolgt EDI. Prinzip ist der Austausch strukturierter Daten und Informationen zwischen den Computersystemen verschiedener Unternehmen mit der Möglichkeit einer bruchlosen Weiterverarbeitung ohne erneute Dateneingabe. Diesen Kerngedanken

---

8) Vgl. z.B. Rösch (1991), S. 23. Im Zusammenhang mit dem elektronischen Austausch von Dokumenten wird mitunter von 'Electronic Information Exchange' (Vgl. Kimberley (1991), S. 7f) oder 'Electronic Information Interchange' (Vgl. Keys (o.J.), S. 45) gesprochen.
9) Im folgenden wird nur noch von EDI gesprochen.
10) Vgl. hierzu und zum folgenden Picot, Neuburger, Niggl (1991), S. 22ff.
11) Schätzungen gehen davon aus, daß 70-95 % sämtlicher neu einzugebender Texte, Formulare etc. wiederholt erstellt werden, obwohl sie auf anderen Informations- und Anwendungssystemen schon zur Verfügung stehen. Vgl. z.B. Berner (1987), S. 23; Dearing (1990), S. 5; Anner (1990), S. 47.
12) Vgl. z.B. Oppelt, Nippa (1992), S. 55.

4

greift die Literatur überwiegend auf.[13] So definiert die International Data Exchange Association[14] EDI als "the transfer of structured data, by agreed message standards, from one computer system to another, by electronic means".[15] Unterschiedliche Auffassungen bestehen über die Einsatzmöglichkeiten von EDI. Explizit oder implizit beziehen sich Aussagen überwiegend auf den Austausch kommerzieller, die Geschäftsabwicklung begleitender Dokumente wie Rechnungen, Aufträge, Auftragsbestätigungen etc.[16] Dies verdeutlichen auch im Zusammenhang mit EDI verwendete Schlagwörter wie 'paperless trading' oder 'paperless trade'.[17]

Zweifelsohne liegt die Hauptanwendung von EDI im kommerziellen Bereich. Die ELTRADO-Untersuchung ergab hier einen Anteil von insgesamt 88 %, während er bei anderen auszutauschenden Daten deutlich niedriger lag.[18] Es stellt sich die Frage, ob die Einschränkung auf den kommerziellen Bereich notwendig ist.[19] Die EDI zugrundeliegende Problematik ist prinzipiell bei jeder Form der zwischenbetrieblichen Kommunikation gegeben. Konzentriert sich der Einsatz von EDI auf den rein kommerziellen Bereich, werden vorhandene Rationalisierungspotentiale in anderen Bereichen nicht ausgeschöpft. Ein effizientes zwischenbetriebliches Kommunikationskonzept kann nicht auf kommerzielle Dokumente beschränkt werden.[20] Es muß auch andere Formen der zwischenbetrieblichen Kommunikation berücksichtigen. Hierfür spricht auch die ELTRADO-Untersuchung. Der Einsatz von EDI bezieht sich bei 23 % der befragten Unternehmen auf den Austausch von Entwicklungsdaten, bei 34 % auf den elektronischen Kapitaltransfer, bei 14 % auf den Austausch unstrukturierter Daten, bei 11 % auf den Austausch

---

13) In manchen Auffassungen wird das nach Ansicht d. Verf. entscheidende Kriterium der internen Weiterverarbeitung vernachlässigt. Vgl. z.B. Emmelhainz, die Application-to-Application EDI (interne Weiterverarbeitung) von einem Door-to-Door EDI (ohne der Möglichkeit der internen Weiterverarbeitung) unterscheidet (Vgl. hierzu Emmelhainz (1990), S. 4ff) oder Stahlknecht, der EDI als den "Austausch von Daten mit Hilfe der Datenverarbeitung zwischen mindestens zwei rechtlich selbständigen Unternehmen" definiert (Stahlknecht (1989), S. 355).

14) Die International Data Exchange Association (IDEA) ist eine nicht gewinnorientierte Organisation mit dem Ziel einer weltweiten Verbreitung und Anwendung von EDI. Zu Zielen und Funktionen vgl. Preston (1988), S. 90f.

15) Preston (1988), S. 7. Im englischen Sprachraum publizierte EDI-Definitionen basieren weitgehend auf dieser Definition. Vgl. z.B. EUROMATICA S.A. (1988), S. 7 oder Hunt (1992), S. 109. Vgl. zu einer Übersicht verschiedener Definitionen auch Pfeiffer (1992), S. 17f oder Benjamin, DeLong, Morton (1988), S. 5.

16) Vgl. z.B. Kimberley (1991), S. 6, Dearing (1990), S. 4 sowie diverse Beiträge in Kongreßbänden.

17) Vgl. z.B. Kimberley (1991), S. 6 oder EUROMATICA S.A. (1988).

18) Vgl. hierzu die nachfolgenden Ausführungen. Gefragt wurde nach den folgenden Bereichen: unstrukturierte Geschäftsdaten, kommerzielle Daten, technische Daten, Elektronischer Kapitaltransfer, Bestellungen/Flugreservierungen, Steuer- und Zollerklärungen, personenbezogene Daten. Vgl. im einzelnen Kilian u.a. (1994).

19) Vereinzelt finden sich Hinweise auf andere Bereiche wie z.B. bei Walker (1988), S. 4 oder bei der Butler Cox Foundation (1987), S. 2f.

20) Vgl. auch Kremel (1990), S. 146, der neben direkten Transaktionen zwischen Käufer und Verkäufer auch relevante Transaktionen mit Dritten einbezieht.

von Steuer- und Zollerklärungen, bei 6 % auf den Austausch personenbezogener Daten und bei 2 % auf Bestellungen und Flugreservierungen.[21] Daher geht die dieser Arbeit zugrundeliegende Sichtweise von einem umfassenden Kommunikationskonzept aus, das dem Einsatz von EDI zugrundeliegt: Der Einsatz von EDI ist prinzipiell an sämtlichen zwischenbetrieblichen Schnittstellen möglich und sinnvoll, an denen sich die zwischenbetriebliche Kommunikation durch EDI rationalisieren läßt.[22] Vor diesem Hintergrund läßt sich EDI wie folgt definieren:

EDI steht für eine bestimmte Form der zwischenbetrieblichen Kommunikation, bei der geschäftliche und technische Daten sowie allgemeine Geschäftsdokumente wie Texte, Abbildungen und Grafiken nach standardisierten Formaten strukturiert und zwischen den Computern verschiedener Unternehmen unter Anwendung offener elektronischer Kommunikationsverfahren mit der Möglichkeit der bruchlosen Weiterverarbeitung ausgetauscht werden.[23]

Die hier zugrundegelegte umfassende Sichtweise[24] läßt keine einheitlichen Aussagen über die Art des EDI-Einsatzes zu. Das Spektrum der Einsatzmöglichkeiten ist sehr vielfältig. Es wird im folgenden konkretisiert.

2.2   Bedingungsfaktoren des EDI-Einsatzes

EDI ersetzt die herkömmliche Kommunikation auf Papierbasis durch Elektronik. Die standardisierte, offene Kommunikation sowie die Möglichkeit der unmittelbaren Weiterverarbeitbarkeit im internen Anwendungssystem rationalisieren interne und externe Kommunikationswege. Für die ökonomische Aufgabenabwicklung eröffnen sich neue Dimensionen und Handlungsmöglichkeiten.[25] Veränderungen in der Geschäfts- und Aufgabenabwicklung sind die Folge. Der optionale Charakter von EDI läßt hierüber keine eindeutigen Aussagen zu. Sie sind von dem zugrundeliegenden Einsatzmodell abhängig. Vor dem Hintergrund der hier zugrundegelegten umfassenden Sichtweise eröffnen sich vielfältige Einsatzmöglichkeiten. Es erscheint sinnvoll, dieses Spektrum aufzuzeigen sowie die den Einsatz von EDI bestimmenden Faktoren herauszuarbeiten.

---

21)   Vgl. hierzu im einzelnen Kilian u.a. (1994).
22)   Für Rechtsgeschäfte, die gesetzlichen Formvorschriften unterliegen, wie z.B. Grundstücksgeschäfte, ist EDI bisher nicht geeignet. Vgl. Büchner (1991), S. 1454f.
23)   Vgl. auch Picot, Neuburger, Niggl (1991), S. 23 sowie Picot, Neuburger, Niggl (1992a), S. 39.
24)   Auch andere Autoren gehen von einem umfassenden elektronischen Kommunikationskonzept aus. EDI steht jedoch nur für den kommerziellen Geschäftsbereich als Teil dieses Konzeptes und nicht - wie hier verstanden - für sämtliche denkbaren Kommunikationsbeziehungen. Vgl. z.B. Hübner (1993), S. 20, der unter 'electronic commerce' EDI, den CAD/CAM-Datenaustausch, die elektronische Übermittlung von Zeichnungen, aber auch E-Mail und die elektronische Übermittlung von Briefen und Bestellungen versteht.
25)   Vgl. z.B. Picot, Neuburger, Niggl (1991), S. 25ff; Picot, Neuburger, Niggl (1992b), S. 51ff.

Der Einsatz von EDI ist an allen zwischenbetrieblichen Schnittstellen möglich. Elektronische Kommunikationspartner können prinzipiell sämtliche Geschäftspartner sein. Hierzu zählen Kunden, Lieferanten, Wettbewerber resp. Mitbewerber, Speditionen und Transport, Banken[26], Versicherungen, öffentliche Verwaltung, Post, Distributoren und Dienstleistungsunternehmen[27] (vgl. auch Abb. 2). Die Kommunikation mit diesen Geschäftspartnern berührt unterschiedliche organisatorische Abteilungen. Die ökonomische Aufgabenabwicklung verändert sich bei denjenigen Abteilungen, die von der veränderten elektronischen Kommunikation mit den jeweiligen Geschäftspartnern betroffen sind. EDI mit Banken verändert den Finanzbereich, EDI mit Lieferanten wirkt sich auf den Beschaffungsbereich aus. Aussagen über Auswirkungen von EDI lassen sich nur in Abhängigkeit von den jeweiligen EDI-Partnern treffen. Diese *Einsatzpartner* stellen damit ein den EDI-Einsatz bestimmenden Faktor dar.

Die Einsatzpartner bestimmen, welche zwischenbetrieblichen Kommunikationsbeziehungen elektronisch abgewickelt werden. Der Inhalt der Kommunikationsbeziehung wird nur indirekt festgelegt.[28] Er betrifft die Art der auszutauschenden Dokumente. Zu unterscheiden sind Handels-, Text- und Produktdaten.[29] Sie berühren unterschiedliche Geschäftsvorfälle. Der Einsatz modifiziert die Abwicklung des jeweils zugrundeliegenden Geschäftsvorfalls. Der Einsatz von Handelsdaten verändert die kommerzielle Abwicklung. FuE-Aufgaben werden durch den Einsatz von Produktdaten tangiert. In Abhängigkeit von der *Einsatzart* sind unterschiedliche Auswirkungen auf die Aufgabenabwicklung zu erwarten, so daß in ihr ein weiterer den EDI-Einsatz bestimmender Faktor vorliegt.

---

26) Bezüglich des elektronischen Datenaustausches zwischen Banken sowie zwischen Banken und Nichtbanken bestehen in der Literatur keine einheitlichen Begriffsabgrenzungen. Häufig steht EFT (= Electronic Funds Transfer) für den Datenaustausch mit Nichtbanken, mitunter auch für den Interbankenaustausch (vgl. z.B. Hill, Ferguson (1991b), S. 45). In Abgrenzung zu EDI zwischen Firmen wird mitunter auch von FEDI (= Financial EDI) gesprochen (vgl. Hill, Ferguson (1991a), S. 45). Nicht ganz geklärt ist, inwieweit Electronic Banking eine Form von EDI darstellt.

27) Die überwiegende EDI-Literatur sieht als in Frage kommende Geschäftspartner in erster Linie Kunden und Lieferanten (Vgl. z.B. Carter u.a. (1987), S. 13, die explizit von "buying" und "selling firms" reden). Dies hängt mit der engeren Sichtweise zusammen. Häufiger werden als Geschäftspartner auch Banken und Speditionen angesprochen. Vereinzelt finden sich Hinweise auf die übrigen. Für die hier zugrundegelegte umfangreichere Sichtweise sprechen nicht zuletzt die Ergebnisse der ELTRADO-Untersuchung: Auch wenn sie gegenwärtig den schwerpunktmäßigen Einsatz bei Lieferanten und Kunden bestätigen, weisen sie eindeutig auf einen zukünftig stärkeren Einbezug der übrigen Geschäftspartner hin. Vgl. Kilian u.a. (1994).

28) Die jeweils zugrundeliegende Geschäftsbeziehung bestimmt indirekt, welche Daten und Informationen ausgetauscht werden. FuE-Kooperationen (vgl. Abschnitt II/3.2.2) erfordern den Austausch von Produkt- und Konstruktionsinformationen, EDI mit Banken basiert auf dem Austausch von Finanzdaten.

29) Vgl. z.B. Butler Cox Foundation (1987), S. 4ff; Kilian u.a. (1994) sowie Picot, Neuburger, Niggl (1993), S. 20.

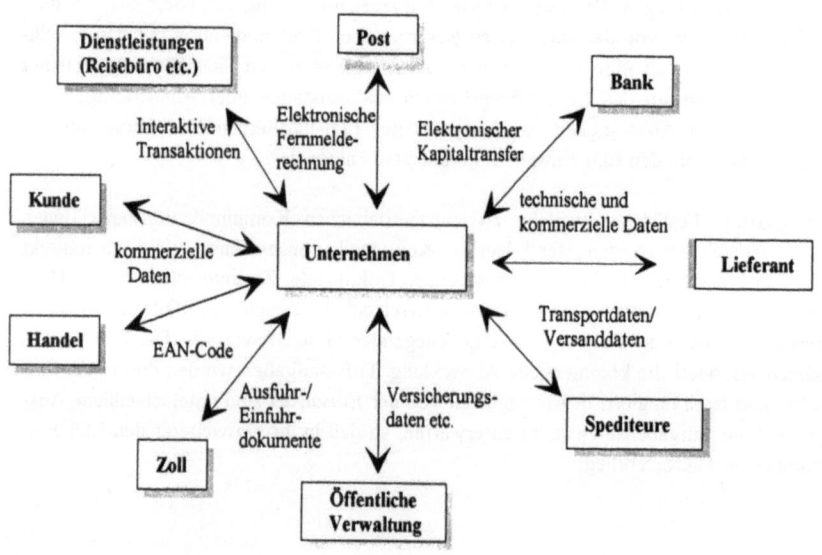

Abb. 2: Elektronische Kommunikationsbeziehungen[30]

Einsatzpartner und Einsatzart legen zwischenbetriebliche Kommunikationsbeziehungen und elektronisch auszutauschende Daten fest. Abbildung 2 zeigt prinzipiell denkbare elektronische Kommunikationsbeziehungen. Sie bestimmen diejenigen Geschäftsvorfälle und Abteilungen, deren Abwicklung sich durch EDI ändern kann. Sie weisen nicht auf die Intensität dieser Veränderungen hin. Sie hängt von der hinter dem EDI-Einsatz stehenden Zielsetzung ab, die sich in der *Einsatzweise* ausdrückt.[31] Die Einsatzweise unterscheidet substitutiven und innovativen Einsatz.[32]

---

30) In Anlehnung an Picot, Neuburger, Niggl (1993c), S. 184.
31) Der optionale Einsatz von EDI erlaubt unterschiedliche Strategien für einen EDI-Einsatz.
32) Vgl. Sedran (1991), S. 19. Vgl. zum folgenden auch Picot, Neuburger, Niggl (1992b), S. 52ff sowie Kilian u.a. (1994).

Ziel eines substitutiven Einsatzes ist die Automatisierung und Rationalisierung bestehender inner- und zwischenbetrieblicher Abläufe. Zwischenbetrieblich ersetzt EDI die herkömmliche Briefpost oder andere Beförderungseinrichtungen. Die Integration an interne Anwendungssysteme fördert die Automatisierung innerbetrieblicher Prozesse. Ziel eines innovativen Einsatzes ist die Neuausrichtung bestehender inner- und zwischenbetrieblicher Wertschöpfungsprozesse. "Eine verstärkte informationstechnische Vernetzung schafft Möglichkeiten für die Neuorganisation der Arbeitsteilung zwischen Unternehmen und in der Unternehmung selbst."[33] Die Neugestaltung der inner- und zwischenbetrieblichen Prozesse führt zu veränderten inner- und zwischenbetrieblichen Koordinationsformen sowie zu veränderten oder neuen Strategien.

Je nach Einsatzweise verändern sich inner- und zwischenbetriebliche Abläufe unterschiedlich. Die Veränderungen reichen von einer rationelleren Abwicklung (bei substitutivem Einsatz) bis zu einer völlig neuartigen Abwicklungsweise (bei innovativem Einsatz).[34] Damit ist die Einsatzweise als dritter den EDI-Einsatz bestimmende Faktor festzuhalten. Abbildung 3 zeigt die Bedingungsfaktoren im Gesamtzusammenhang.

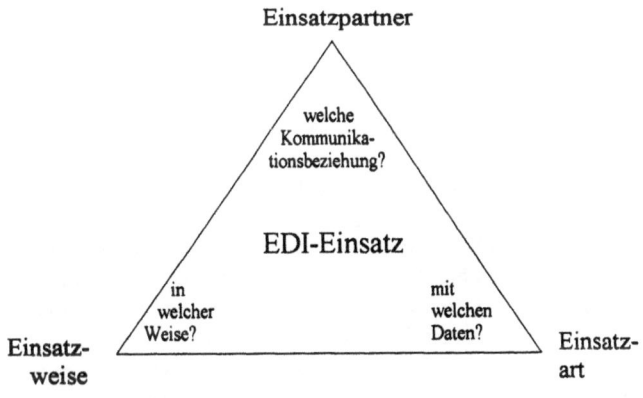

Abb. 3: Bedingungsfaktoren des EDI-Einsatzes

---

33) Reichwald (1992b), S. 13.
34) Vgl. auch Emmelhainz (1989), die implizit innovativen und substitutiven Einsatz unterscheidet, indem sie die Einführung von EDI nicht unbedingt mit organisatorischen Veränderungen verbunden sieht.

3. Theoretischer Bezugsrahmen

Theoretischer Bezugsrahmen der vorliegenden Untersuchung ist die Neue Institutionenökonomik. Nach einer Begründung hierfür (3.1) folgt die Konkretisierung der für die Arbeit relevanten Annahmen. Hierzu zählen die Abgrenzung des Institutionenbegriffs (3.2), eine Typologisierung verschiedener Vertragsformen (3.3), die Darstellung des zugrundeliegenden Menschenbildes (3.4), die Erläuterung der heranzuziehenden Analyseinstrumente (3.5 und 3.6) sowie eine zusammenfassende theoretische Konzeption (3.7).

3.1 Theoretischer Ausgangspunkt: Neue Institutionenökonomik

Theoretischer Ausgangspunkt der vorliegenden Arbeit ist die Neue Institutionenökonomik.[35] Dies liegt nahe. EDI verändert die zwischenbetriebliche Kommunikation sowie die inner- und zwischenbetriebliche Koordination und Aufgabenabwicklung. Die Untersuchung dieser Auswirkungen erfordert einen theoretischen Bezugsrahmen, der folgende Bedingungen erfüllt:

*   Das Potential, die EDI-bedingten Veränderungen auf die inner- und zwischenbetriebliche Arbeitsteilung erklären zu können.

*   Die Berücksichtigung institutioneller Rahmenbedingungen, da die Arbeitsteilung von Institutionen beeinflußt ist.[36]

*   Realitätsnahe Verhaltensannahmen als Ausgangspunkt, um möglichst realistische Auswirkungen abschätzen zu können.

Diesen Anforderungen wird die Neue Institutionenökonomik gerecht. Ausgehend von realitätsnahen Verhaltensannahmen erlaubt sie die Untersuchung individueller Handlungsweisen bei EDI-Einsatz und EDI-Abwicklung vor dem Hintergrund der diese Handlungen beeinflussenden Institutionen.[37] Dabei stellt sie ein methodisches Analyseinstrumentarium zur Verfügung, das eine ökonomisch-vergleichende Betrachtung verschiedener Koordinations- und Ordnungsmuster zuläßt. Institutionen sind keine exogen vorgegebenen Rahmenfaktoren. Als "ökonomische Analyse von Institutionen"[38] analysiert sie Entstehung und Veränderung von Institutionen auf Grund individueller Verhaltensweisen sowie ihren Einfluß auf individuelle Handlungsweisen.

Zu den wichtigsten Ansätzen der Neuen Institutionenökonomik zählen der Public-Choice-Ansatz sowie die Property Rights-, Transaktionskosten- und Principal Agent-Theorie.[39] Sie werden nicht alle für die vorliegende Untersuchung herangezogen. Der Schwerpunkt liegt auf der Transaktionskostentheorie, da sich die durch EDI beeinflußte Arbeitsteilung auf die Transak-

---

35) Der Begriff Neue Institutionenökonomik ist eine Übersetzung des englischen Ausdrucks "new institutional economics". Williamson (1975), S. 1.
36) Vgl. Picot (1991a), S. 144.
37) Vgl. auch Krähn (1993), S. 2f.
38) Richter (1991), S. 396.
39) Vgl. Picot (1991b), S. 144; Dietl (1993), S. 107; Krähn (1993), S. 4.

tionskosten auswirkt. Unterstützend wird auf die Property Rights-Theorie zurückgegriffen. Erforderlich ist zunächst eine Abgrenzung des Institutionenbegriffs, die im nächsten Abschnitt erfolgt.

3.2 Institutionen

Der Institutionenbegriff ist sehr weit auslegbar. Er umfaßt unterschiedliche Phänomene wie Markt, organisatorische Regelungen, Geld, soziale Normen, Staat, Ehe etc.[40] Eine einheitliche Begriffsabgrenzung fehlt.[41] "Obwohl der Institutionenbegriff zweifelsohne zu den Hauptbegriffen jeder Gesellschaftswissenschaft gehört, herrscht weder Einheitlichkeit noch inhaltliche Schärfe in Bezug auf seine Verwendung."[42]
Die Verwendungsvielfalt erfordert eine nähere Abgrenzung für den vorliegenden Untersuchungsschwerpunkt. Sie soll an die Abgrenzung von Frey anknüpfen, der zwei Arten von Institutionen unterscheidet: Regeln für die Bedingungen zwischenmenschlichen Handelns einerseits und Organisationen andererseits.[43] Dies erscheint sinnvoll, da EDI zum einen Organisationen betrifft. Direkt führen Unternehmen EDI ein, indirekt entstehen durch EDI Organisationen wie z.B. Mehrwertdienste oder elektronische Dienstleistungen. Zum anderen ist eine EDI-Abwicklung ohne entsprechende Regelungen nicht denkbar. Technische Regelungen erlauben die technische EDI-Kommunikation. Rechtliche Rahmenbedingungen regeln die EDI zugrundeliegenden Verträge. Inner- und zwischenbetriebliche Koordinationsstrukturen regeln die inner- und zwischenbetriebliche Zusammenarbeit.

Daher sollen die der vorliegenden Arbeit zugrundeliegenden institutionellen Rahmenbedingungen die Institution Organisation, inner- und zwischenbetriebliche Koordinationsstrukturen sowie rechtliche und technische Regelungen umfassen (vgl. auch Abb. 4).[44] Gemeinsam ist ihnen, daß sie Erwartungen begründen.[45] Standards oder rechtliche Rahmenbedingungen sind verbunden mit der Erwartung einer problemlosen EDI-Übertragung. An auf EDI basierende zwischenbetriebliche Koordinationsstrukturen wird die Erwartung einer tatsächlichen Zusammenarbeit geknüpft. Rechtliche Rahmenbedingungen konstituieren die Erwartung einer reibungsfreien Geschäftsabwicklung.

---

40) Vgl. Dietl (1993), S. 35; Picot (1991b), S. 144.
41) Vgl. auch Elsner (1987), S. 5. Zu unterschiedlichen Begriffsbestimmungen vgl. z.B. Gäfgen (1983), S. 9f; North (1986), S. 231.
42) Dietl (1993), S. 35.
43) Vgl. Frey (1990), S. 160; vgl. zu einer ähnlichen zweiteiligen Abgrenzung Vanberg (1982), S. 32.
44) Zu einer näheren Konkretisierung vgl. Abschnitt I/4.
45) Vgl. auch Dietl (1993), S. 36f, der Institutionen als "sozial sanktionierbare Erwartungen" (S. 37) bezeichnet.

Organisationen als Institutionen

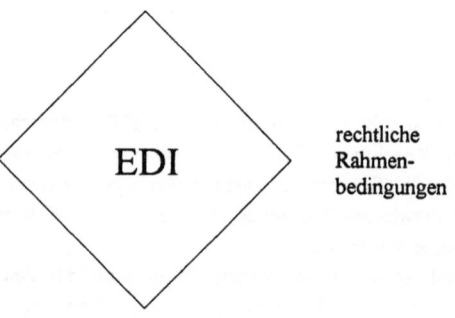

inner- und
zwischenbetriebliche
Organisations- und
Koordinations-
strukturen

rechtliche
Rahmen-
bedingungen

technische Rahmenbedingungen

Abb. 4: Institutionelle Rahmenbedingungen von EDI

3.3 Vertragsformen

Der so abgegrenzte Institutionenbegriff beinhaltet u.a. vertragliche Regelungen. Sie spielen bei der EDI-Geschäftsabwicklung eine wesentliche Rolle. Grob existieren in diesem Zusammenhang folgende Vertragsbeziehungen:

- Verträge, die die technische Abwicklung betreffen. Sie sind entweder direkt zwischen den EDI-Partnern abgeschlossen oder beinhalten zusätzliche Verträge mit in die EDI-Kommunikation integrierten Mehrwertdiensten.
- Verträge, die die EDI zugrundeliegende Geschäftsabwicklung betreffen wie z.B. die der elektronischen Bestellung zugrundeliegenden Kaufverträge.
- Verträge, die die auf EDI basierenden zwischenbetrieblichen Koordinationsstrukturen wie z.B. FuE-Kooperationsverträge oder JiT-Lieferverträge betreffen.

Die Vertragsfreiheit erlaubt eine unterschiedliche Ausgestaltung dieser Verträge. Dies begründet eine nähere Differenzierung denkbarer Vertragsformen, die im folgenden an Hand der Vertragstypologie von MacNeil erfolgen soll.[46] MacNeil unterscheidet idealtypisch klassische, neoklassische und relationale Vertragsbeziehungen. *Klassische Verträge* sind zeitpunktorien-

---

46) Vgl. zum folgenden MacNeil (1974) sowie MacNeil (1978).

tiert und vollständig formuliert. Die Identität des Transaktionspartners ist unwesentlich. Basis für Streitfälle sind - soweit möglich - die Vertragsformalitäten. Darüber hinausgehende Faktoren wie Persönlichkeit oder zukünftige Interessen werden nicht berücksichtigt. Demgegenüber erlaubt das *neoklassische Vertragsrecht* den Abschluß langfristiger, unvollständiger Verträge. Für auftretende Streitfälle steht ein institutioneller Rahmen zur Verfügung, der eine Schlichtung durch Drittparteien vorsieht. *Relationale Verträge* basieren weniger auf expliziten, vertraglich fixierten und dokumentierten Abmachungen. Grundlage sind eher implizite, teilweise auf gemeinsamen Werten und Normen beruhende Vereinbarungen. Bei der Beurteilung geht es um die gesamte Leistungsbeziehung und weniger um die expliziten Vertragsbeziehungen. Streitfälle sind unter den Beteiligten allein beizulegen.

Mit dieser Vertragstypologie läßt sich das gesamte Spektrum der direkt oder indirekt mit EDI verbundenen Verträge weitgehend abdecken.

3.4 Verhaltensannahmen

Die Neue Institutionenökonomik soll im vorliegenden Kontext individuelle Handlungsweisen bei EDI-Einsatz und EDI-Abwicklung vor dem Hintergrund institutioneller Rahmenbedingungen erklären. Individuelle Handlungsweisen hängen von den zugrundeliegenden Verhaltenseigenschaften ab. Die der Neuen Institutionenökonomik unterstellten Verhaltensannahmen sind daher im folgenden zu konkretisieren und auf EDI zu beziehen.[47]

Begrenzte Rationalität
Anders als die neoklassische Theorie geht die Neue Institutionenökonomik von begrenzter menschlicher Rationalität aus.[48] Unter Berufung auf Simon[49] wird der Wille der Individuen, rational zu handeln, prinzipiell bejaht. Ihre Fähigkeit hierzu ist jedoch begrenzt. Gründe sind einerseits neurophysiologische Ursachen, die zu einer beschränkten menschlichen Informationsverarbeitung führen, andererseits kommunikative Probleme, die eine explizite Beschreibung menschlichen Wissens und menschlicher Fähigkeiten erschweren. Zum Problem wird die begrenzte Rationalität bei komplexer und unsicherer Umwelt.[50] In Abgrenzung zur Unsicherheit bezeichnet Komplexität eine sichere, jedoch in ihren Zusammenhängen nicht übersehbare Situation.[51]

Mit EDI sind spezifische Unsicherheitsfaktoren verbunden. Sie sind ex ante nicht abschätzbar und beeinflussen die individuelle Handlungsweisen. Unsicherheiten über die zukünftige Ausbreitung von EDI, die Weiterentwicklung der notwendigen Standards oder der rechtlichen

---

47) Vgl. zum folgenden im Überblick Furubotn, Richter (1991), S. 4f.
48) Vgl. zum folgenden Furubotn, Richter (1991), S. 4; Williamson (1975), S. 21ff; Williamson (1990), S. 51f.
49) Vgl. Simon (1957), S. 198.
50) Vgl. Williamson (1975), S. 22.
51) Vgl. Picot, Dietl (1990), S. 179.

Rahmenbedingungen verhindern z.B. die Entscheidung für einen EDI-Einsatz, auch wenn dieser effizient wäre.

Nutzenmaximierung

Sämtliche Individuen verfolgen eigennützig ihre Interessen. Ziel ist die individuelle Nutzenmaximierung.[52] Auf EDI bezogen steht die Realisierung der mit EDI verbundenen operativen und strategischen Vorteile im Vordergrund. Ziel ist die Optimierung der inner- und zwischenbetrieblichen Abläufe durch EDI, um den größtmöglichen Nutzen zu erzielen.

Opportunismus

Die Neue Institutionenökonomik verschärft die Annahme des individuellen Nutzenmaximierers. Sie unterstellt den Individuen opportunistisches Verhalten.[53] Bei "self-seeking with guile"[54] verfolgen die Individuen ihre Interessen zum Nachteil anderer sowie unter Mißachtung rechtlicher oder sozialer Normen.[55] EDI sowie die auf EDI basierende Aufgabenabwicklung und Arbeitsteilung eröffnen vielfältige Potentiale für opportunistisches Verhalten. Beispiele sind technische, rechtliche und organisatorische Freiräume, die sich zum Nachteil der EDI-Partner oder Dritter opportunistisch ausnützen lassen.

Diese Verhaltensannahmen liegen den nachfolgenden Analysekapiteln zugrunde. Das konkrete Analyseinstrumentarium wird in den folgenden zwei Abschnitten erläutert.

3.5   Transaktionskostenansatz

Der Transaktionskostenansatz geht ursprünglich auf Coase zurück.[56] Seine Ideen wurden von Williamson aufgegriffen und weiterentwickelt. Ausgangspunkt sind die Leistungs- und Austauschbeziehungen zwischen den Individuen einer arbeitsteiligen Gesellschaft. Im Mittelpunkt steht nicht der Güter- und Leistungsaustausch selbst, sondern die logisch und zeitlich vorgelagerte Übertragung von Verfügungsrechten.[57] Sie wird als Transaktion bezeichnet und gilt als elementare Untersuchungseinheit sozioökonomischer Handlungen.[58] Bei Bestimmung, Übertragung und Durchsetzung dieser Verfügungsrechte fallen Transaktionskosten an.[59] Primär

---

52)   Vgl. Furubotn, Richter (1991), S. 4.
53)   Vgl. Furubotn, Richter (1991), S. 4f; insbesondere Williamson (1975), S. 26ff; Williamson (1985), S. 47ff; Williamson (1990), S. 54ff.
54)   Williamson (1975), S. 26.
55)   Vgl. Picot, Dietl (1990), S. 179.
56)   Vgl. Coase (1937).
57)   Vgl. Picot (1982), S. 269.
58)   Vgl. Commons (1931), S. 652.
59)   Vgl. Tietzel (1981), S. 211.

handelt es sich um Informations- und Kommunikationskosten, die monetär erfaßbare und darüber hinausgehende Nachteile wie Mühe, Zeit etc. umfassen.[60] Zu ihnen zählen die:[61]

Anbahnungskosten: Kosten für "Informationssuche und -beschaffung über potentielle Transaktionspartner und deren Konditionen."[62] Beispiele sind die Kosten für die Suche nach geeigneten EDI-Partnern oder nach geeigneten Kooperationspartnern auf EDI-Basis.

Vereinbarungskosten: Kosten für Vertragsverhandlungen, Vertragsformulierung und Vertragsabschluß. Beispiele sind der Abschluß des EDI-Vertrages oder die Kosten bei Abschluß zwischenbetrieblicher Kooperationsverträge.

Abwicklungskosten: Kosten, die durch die Steuerung und Koordination der Vertragsabwicklung entstehen. Beispiele sind die Kosten des Managements bei der Realisierung der EDI-Verbindungen oder bei der Durchführung organisatorischer Umstrukturierungsmaßnahmen im Zuge von EDI.

Kontrollkosten: Kosten für die Sicherstellung der Einhaltung der Vertragsbedingungen. Beispiel sind Kosten für die Kontrolle eingehaltener Sicherheitsmaßnahmen oder für die Kontrolle von Geheimhaltungsvereinbarungen.

Anpassungskosten: Kosten für die Durchsetzung von Änderungen aufgrund veränderter Bedingungen während der Vertragslaufzeit. Beispiele sind Kosten für die Durchsetzung des Einbezugs neuer Standards in die EDI-Verbindung oder Kosten für die Durchsetzung der Ausweitung zwischenbetrieblicher Kooperationen auf neue Geschäftsfelder.

Diese Transaktionskosten bilden ein Effizienzkriterium bei der Beurteilung verschiedener institutioneller Arrangements.[63] Für die Abwicklung sozioökonomischer Aktivitäten stehen vereinfacht drei grundlegende Koordinationsformen zur Verfügung: Marktliche, hierarchische und kooperative Abwicklungsformen.[64] Entscheidungskriterium sind die transaktionskostenrelevanten Eigenschaften einer Austauschbeziehung. Zu ihnen zählen Spezifität, strategische Bedeutung, Unsicherheit, Häufigkeit sowie die Transaktionsatmosphäre.[65]

Spezifität gilt als das wichtigste Attribut einer Transaktionsbeziehung.[66] Austauschbeziehungen sind umso spezifischer, je höher ihre Quasi-Renten sind. Diese entsprechen dem Wertverlust,

---

60) Vgl. Picot (1982), S. 270; Picot (1991b), S. 145.
61) Vgl. zum folgenden Picot (1982), S. 270; Picot (1990b), S. 298; Picot (1993a), Sp. 4196.
62) Picot (1982), S. 270.
63) Vgl. Dietl (1993), S. 108.
64) Vgl. hierzu ausführlich Abschnitt II/3.1.
65) Vgl. zum folgenden Picot (1982), S. 271ff; Picot (1990b), S. 299f; Picot (1991a), S. 345ff; Dietl (1993), S. 93.
66) Vgl. Picot (1990b), S. 299.

der dadurch entsteht, daß die erforderlichen Ressourcen nicht für die Realisierung der angestrebten Transaktionsbeziehungen, sondern für die nächstbeste Verwendungsmöglichkeit eingesetzt werden müssen. Spezifische Austauschbeziehungen zeichnen sich dadurch aus, daß ihre Beendigung oder ein Wechsel der Transaktionspartner mit großen Nachteilen verbunden ist.[67] Ursache sind idiosynkratische, auf eine bestimmte Austauschbeziehung spezialisierte Investitionen wie z.b. Investitionen in partnerspezifische Standards bei der EDI-Kommunikation.[68] Eng verbunden mit der Spezifität ist die *strategische Bedeutung*.[69] Sie ist groß bei hohem Einfluß auf die wettbewerbsrelevanten Faktoren eines Unternehmens.[70]

Bezüglich *Unsicherheit* unterscheidet Williamson Verhaltens- und Umweltunsicherheit.[71] Verhaltensunsicherheit kennzeichnet die Gefahren, die durch strategisches Verschweigen, Verzerren und Verschleiern von Informationen entstehen.[72] Sie ist unproblematisch, sofern sämtliche zukünftigen Umweltzustände einer Austauschbeziehung vertraglich berücksichtigt sind. Bei unvorhergesehenen Veränderungen kann sie zu transaktionskostenintensiven Anpassungen oder Auseinandersetzungen führen. Umweltunsicherheiten betreffen zukünftige Umweltzustände, unter denen die vereinbarten Leistungen erbracht werden.[73]

Eine vergleichsweise untergeordnete Rolle spielt die *Häufigkeit*.[74] Sie ist insofern relevant, als mit zunehmender Häufigkeit Lerneffekte, Spezialisierungsvorteile und Kostendegression zu erwarten sind.[75] Beispiele sind Lerneffekte durch wiederholte EDI-Verträge oder Spezialisierungsvorteile bei Mehrwertdiensten.

Die *Transaktionsatmosphäre* umfaßt sämtliche kulturellen, technologischen und rechtlichen Rahmenbedingungen einer Austauschbeziehung.[76] Änderungen dieser wirken sich auf die zugrundeliegenden Austauschbeziehungen aus. Die Entwicklung neuer Standards oder die Anpassung rechtlicher Rahmenbedingungen verändern z.B. zugrundeliegende EDI-Verträge.

---

67) Vgl. Dietl (1993), S. 110.
68) Andere Beispiele sind standortspezifische Investitionen bei stark zweckgebundenen Standortinvestitionen, anlagenspezifische Kapitalgüterinvestitionen, wenn Spezialaggregate für andere als vorgesehene Arbeitsvorgänge nicht verwendbar sind oder Investitionen in spezifisches Humankapital bei Erwerb unternehmensspezifischen Wissens. Vgl. Picot, Dietl (1990), S. 179; Williamson (1985), S. 5f.
69) Vgl. Picot (1990b), S. 299; Picot (1991a), S. 346.
70) Vgl. Picot, Maier (1993), S. 9.
71) Vgl. Williamson (1985), S. 58f.
72) Vgl. auch Dietl (1993), S. 111.
73) Vgl. Picot (1982), S. 272.
74) Vgl. Picot, Dietl (1990), S. 180.
75) Vgl. Picot (1982), S. 272.
76) Vgl. Williamson (1985), S. 37ff; Picot. Dietl (1990), S. 180; Dietl (1993), S. 112.

3.6 Property Rights Ansatz

Unterstützend wird im Rahmen der Arbeit auf das Instrument des Property Rights Ansatzes zurückgegriffen. Daher sind im folgenden dessen Grundprinzipien zu zeigen. Der Property Rights Ansatz[77] befaßt sich mit der Herausbildung und den Auswirkungen verschiedener Property Rights Strukturen. Ausgangspunkt ist, daß der Wert knapper Güter stark von institutionellen Rahmenbedingungen bestimmt wird. Der Wert einer EDI-Verbindung steigt beispielsweise durch rechtlich sie absichernde Maßnahmen. Grundbausteine des Property Rights Ansatzes sind die Verhaltensannahme individuelle Nutzenmaximierung, Property Rights, die Einbeziehung externer Effekte und die Berücksichtigung von Transaktionskosten.[78] Property Rights i.S. von Eigentums-, Verfügungs- und Handlungsrechten[79] bezeichnen die mit einer Ressource verbundenen Rechte.[80] Zu ihnen gehören die Rechte[81]

- der *Nutzung* eines Gutes ('usus');
- der *Aneignung der Erträge* eines Gutes ('usus fructus');
- der *Veränderung* der Substanz und der Form eines Gutes ('abusus');
- zur ganzen oder teilweisen *Veräußerung* eines Gutes.

Ihre Ausgestaltung beeinflußt den Wert des Gutes und das Verhalten der Individuen mit diesen Gütern.[82]

Externe Effekte entstehen, wenn den Individuen nicht sämtliche Folgen ihrer Handlungen zugeordnet werden können.[83] Sie können positiv oder negativ sein. Beispiel für positive externe Effekte sind Vorteile für dritte Unternehmen durch eine EDI-Verbindung zwischen zwei Partnern. Negative externe Effekte wirken effizienz- und wohlfahrtsminimierend. Sie treten beispielsweise auf, wenn durch die EDI-Verbindung starker Druck auf die Mitarbeiter des Partnerunternehmens ausgeübt wird.

Aus Property Rights theoretischer Sicht ist diejenige Verteilung von Handlungs- und Verfügungsrechten am effizientesten, die die Summe aus Transaktionskosten und den durch negative externe Effekte verursachten Effizienz- und Wohlfahrtsverlusten minimieren.[84] Hohe Transaktionskosten und hohe externe Effekte weisen dann auf den Bedarf neuer institutioneller Lösungen hin. Dies führt zu der dieser Untersuchung zugrundeliegenden theoretischen Konzeption, die im folgenden Abschnitt zusammengefaßt wird.

---

77) Die Property Rights Theorie geht primär auf Alchian, Demsetz (1973) zurück. Vgl. auch Furubotn, Pejovich (1974).
78) Vgl. Dietl (1993), S. 58; Picot (1991b), S. 145.
79) Vgl. zu unterschiedlichen Übersetzungen in der deutschsprachigen Literatur Michaelis (1985), S. 41.
80) Vgl. Tietzel (1981), S. 210.
81) Vgl. zum folgenden Alchian, Demsetz (1972), S. 783; Furubotn, Pejovich (1974), S. 4; Tietzel (1981), S. 210.
82) Vgl. Kaulmann (1987), S. 16.
83) Vgl. Picot (1991b), S. 145; Dietl (1993), S. 59.
84) Vgl. Picot (1991b), S. 145.

3.7   Zusammenfassung: Theoretische Konzeption

Gegenstand der vorliegenden Arbeit ist die Untersuchung ökonomischer Auswirkungen von EDI innerhalb einer bestimmten institutionellen Umwelt. Zu dieser zählen Organisationen sowie technische, rechtliche und organisationsstrukturelle Rahmenbedingungen, die EDI-Einführung und EDI-Abwicklung beeinflussen. Im Mittelpunkt stehen individuell nutzenmaximierende Wirtschaftssubjekte, bei denen opportunistisches Verhalten nicht ausgeschlossen werden kann. EDI als neue technische Institution eröffnet neue unternehmerische Handlungsmöglichkeiten. Aus Effizienzgründen werden Unternehmen ihre inner- und zwischenbetriebliche Aufgabenabwicklung ändern. Opportunistisch handelnde Wirtschaftssubjekte können dies ausnützen. Die Folge sind hohe Transaktionskosten und hohe negative externe Effekte. Sie deuten auf die Notwendigkeit der Weiterentwicklung bestehender institutioneller Bedingungen resp. der Entwicklung neuer Institutionen hin.

4.   Relevante institutionelle Rahmenbedingungen

Zur institutionellen Umwelt von EDI zählen Organisationen sowie technische, rechtliche und koordinationsstrukturelle Rahmenbedingungen, die EDI-Einsatz und EDI-Abwicklung regeln. Notwendig ist eine nähere Konkretisierung, die in diesem Abschnitt erfolgt. Ihr liegen zum einen die wesentlichen Einsatzvoraussetzungen für EDI zugrunde, da diese den EDI-Einsatz unwillkürlich beeinflussen. Zum anderen basiert sie auf den bestehenden institutionellen Rahmenbedingungen, die auf Papier zugeschnitten sind. Sie regeln unabhängig vom zugrundeliegenden Medium den Geschäftsverkehr. Im einzelnen geht es um technische (4.1), organisatorische (4.2) und rechtliche (4.3) Rahmenbedingungen.

4.1   Technische Rahmenbedingungen

EDI stellt zunächst die Einführung einer neuen Technik im zwischenbetrieblichen Geschäftsverkehr dar. Die elektronische Kommunikation ersetzt herkömmliche Beförderungsarten wie z.B. die Briefpost. Sowohl die inhaltliche und formale Gestaltung des Kommunikationsinhaltes[85] wie auch die Art des Kommunikationsweges[86] verändern sich. Dies stellt bestimmte technische Anforderungen. Vor dem Hintergrund des Ablaufs einer EDI-Kommunikation geht es unternehmensextern um die technischen Bedingungen, die eine korrekte Übertragung der EDI-Nachrichten gewährleisten. Unternehmensintern geht es um die technischen Bedingungen,

---

85)   Bei Briefpost z.B. Papier und Briefumschlag.
86)   Bei herkömmlichem Weg: Beförderungsdienste wie z.B. Briefpost, Courierdienste etc.

die eine problemlose Anbindung des zwischenbetrieblichen Daten- und Informationsflusses an interne Anwendungssysteme erlauben.[87]

- *Externe technische Bedingungen*

Für die Übertragung von EDI-Nachrichten stehen grundsätzlich zwei alternative Möglichkeiten zur Verfügung[88]: Die direkte Punkt-zu-Punkt-Verbindung, bei der unmittelbare elektronische Kommunikationsbeziehungen zwischen den Anwendungssystemen verschiedener Unternehmen bestehen sowie die indirekte Verbindung durch die Inanspruchnahme von 'Third Party Networks'.[89] Beispiele sind 'Electronic Mailbox'[90] oder 'Value Added Network Service'[91]. Als Übertragungsverfahren stehen unterschiedliche Protokolle, Dienste und Kommunikationsnormen zur Verfügung. Die bedeutensten Kommunikationsnormen zur Datenübertragung sind X.400 Message Handling Systems sowie FTAM File Transfer Access and Management.[92] Sie regeln Adressierung, Übermittlung und Zustellung der elektronischen Nachrichten. Für die Abwicklung der Übertragung kommen firmeneigene Standleitungen oder öffentliche Netze und Dienste in Frage.[93]

Die Übertragungsmöglichkeiten gewährleisten noch keine korrekte Übertragung in dem Sinn, daß das Empfängersystem die Nachrichten inhaltlich verstehen kann. Hierfür sind Absprachen erforderlich über die Syntax der Nachricht, d.h. die Ordnung der Zeichen in der Nachricht sowie die Semantik, d.h. Bedeutung und Inhalt der Zeichen.[94] Dies erfolgt in Form von *Standards*. Sie erlauben eine soft- und hardwareunabhängige Übermittlung von Daten. Mittlerweise hat sich eine Vielzahl von Standards herausgebildet. Sie unterscheiden sich in der in Frage kommenden EDI-Einsatzart sowie in der Reichweite. Hinsichtlich Einsatzart sind Standards für den Handelsdaten-, Produktdaten- und Dokumentenaustausch zu unterscheiden. Die Reichweite bezieht sich auf den Anwendungsbereich der Standards, der teils branchenbezogen, teils national begrenzt sein kann.[95]

87) Karger (1988), S. 23, unterscheidet hier z.B. zwischen Transport- und Anwendungsebene.
88) Vgl. z.B. Emmelhainz (1990), S. 107; Burger-Balogh (o.J.), o.S; Berge (1991), S. 76; Palmer (1988), S. 166. Andere mitunter erwähnte Übertragungsarten wie Diskette und Magnetband (vgl. z.B. Berge (1991), S. 76 oder Preston (1988), S. 27ff) sollen hier außer Acht gelassen werden, da sie der dieser Arbeit zugrundegelegten Definition von EDI nicht entsprechen.
89) Vgl. Emmelhainz (1990), S. 108ff; Preston (1988), S. 29ff.
90) Der Service "Electronic Mailbox" sortiert an ihn gesendete EDI-Nachrichten in für die Handelspartner eingerichtete 'elektronische Postfächer'. Vgl. Emmelhainz (1990), S. 108.
91) Ein VANS oder in deutscher Übersetzung Mehrwertdienst ist ein Service, der Informationsdienstleistungen anbietet, "die über das reine Übertragen von Informationen hinausgehen." Kranz (1990), S. 1. Vgl. zu Entstehung und Entwicklung ausführlich Abschnitt III/1.3.4.
92) Vgl. Hegenbarth (1991), S. 3ff.
93) Vgl. Burger-Balogh (o.J.), o.S; Preston (1988), S. 28f. Als Netze der Deutschen Bundespost Telekom kommen beispielsweise das Fernsprechnetz, das DATEX-L und DATEX-P-Netz sowie ISDN in Frage.
94) Vgl. zur Abgrenzung zwischen Syntax und Semantik z.B. Reichwald (1993), S. 451.
95) Vgl. z.B. Picot, Neuburger, Niggl (1991), S. 23 sowie Rösch (1991), S. 24.

19

In Bezug auf *Handelsdaten* sind im wesentlichen drei Entwicklungsrichtungen zu unterscheiden:

- Die branchenspezifische oder nationale Standardentwicklung
Der zwischenbetriebliche Datenaustausch ist nicht erst in jüngster Zeit hochaktuell. In einzelnen Branchen wie z.B. in der Automobil-, Transport- und Bankenbranche hat sich diese Form der elektronischen Kommunikation schon länger etabliert.[96] Verbunden hiermit sind branchenspezifisch entwickelte Standards wie VDA[97] für die Automobilbranche, SWIFT[98] für die Bankenbranche, DAKOSY[99] für die Transportbranche oder SEDAS[100] für die Konsumgüterwirtschaft. Nationale Standardisierungsbestrebungen führten zudem zu nur national gültigen Standards wie z.B. ANSI X.12[101] für die USA oder TRADACOMS[102] für England.

- Die Entwicklung eines umfassenden Standards EDIFACT[103].
Hinter EDIFACT steht das Ziel eines branchenübergreifend und international einsetzbaren Standards.[104]

- Die Subsetentwicklung im Zuge der EDIFACT-Bemühungen.
Subsets sind anwendungsspezifische Lösungen.[105] Beispiele sind ODETTE[106] für die Automobilbranche, CEFIC[107] für die chemische Industrie, EDIFICE[108] für die Rechner- und Elektronikindustrie, COST 306[109] für den Transport, EDICON[110] für die Baubranche, RINET[111] für

---

96) In der Automobilbranche seit 1978, in der Bankenbranche seit ca. 1977 in der Interbankenkommunikation und seit ca. 1985 mit Nichtbanken; in der Transportbranche seit Mitte der 80iger Jahre.
97) VDA steht für Verband der Automobilindustrie. Vgl. zu Aufbau und Nachrichtenabwicklung ausführlich Filz u.a. (1989), S. 70ff.
98) SWIFT steht für Society for Worldwide Interbank Financial Telecommunication.
99) DAKOSY steht für Datenkommunikationssystem.
100) SEDAS steht für Standardregeln einheitlicher Datenaustauschsysteme.
101) ANSI steht für American National Standards Institute. Vgl. zum Aufbau näher Pfeiffer (1992), S. 47.
102) TRADACOMS steht für Trade Data Communication Standards.
103) EDIFACT steht für Electronic Data Interchange For Administration, Commerce and Transport, vgl. z.B. Rösch (1991), S. 24.
104) Zur genauen Struktur und Funktionsweise vgl. z.B. Rösch (1991), S. 25ff; Berge (1991); Schubenel (1989), S. 19ff; Pfeiffer (1992), S. 49ff. Vgl. zur Zielsetzung und Entwicklung ausführlich Abschnitt III/1.3.3.
105) Vgl. zu ihrer Entwicklung ausführlich Abschnitt III/1.3.3 sowie die dort angegebene Literatur.
106) ODETTE steht für Organization for Data Exchange by Teletransmission in Europe.
107) CEFIC steht für Conseil Européen des Fédérations de l'Industrie Chemique.
108) EDIFICE steht für Electronic Data Interchange Forum for Companies with Interests in Computing and Electronics.
109) COST steht für Cooperation in Scientific and Technical Research.
110) EDICON steht für EDI Construction Ltd. Es handelt sich hierbei um eine britische EDI-Gruppe im Bauwesen, die sich entschlossen hat, EDIFACT einzusetzen.
111) RINET steht für Reinsurance and Insurance Network.

20

die Versicherungsbranche sowie EANCOM[112] für die Konsumgüterwirtschaft, EDITEX für die Textilwirtschaft sowie EDIFURN[113] für die Möbelindustrie.[114] Diese Entwicklungen führen insgesamt zu einer Vielzahl von Standards für den Handelsdatenaustausch (vgl. Abb. 5).

Während Handelsdaten indirekte Informationen enthalten, umfassen *Produktdaten* direkte Informationen zu einem Produkt[115]. Es handelt sich weniger um eine textuelle Beschreibung als vielmehr um produktdefinierende Daten, die sämtliche über die Lebensdauer eines Produktes relevanten Informationen wiedergeben.[116] Im einzelnen handelt es sich um graphische Daten, Daten der technischen Zeichnung, Geometriedaten und Produktmodelldaten.[117] Als internationaler und branchenübergreifender Standard steht STEP[118] zur Verfügung. Vorläufer sind einige nationale Standards wie z.B. IGES[119] in den USA, SET[120] in Frankreich, VDAFS[121] in der Bundesrepublik Deutschland sowie CAD*I[122] auf europäischer Ebene.[123] Abbildung 5 zeigt aktuelle, für den Produktdatenaustausch in Frage kommende Standards.

Neben dem Austausch von Handels- und Produktdaten interessiert der *Austausch von Dokumenten*. Unter Dokumenten sind hierbei Schriftstücke aller Art zu verstehen. Es kann sich um einfache Notizen über Briefe und Formulare bis hin zu komplexen Dokumentationen, bestehend aus Text, Bild und Grafik handeln.[124] Als Standards für den Dokumentenaustausch sind

---

112) Bei EANCOM handelt es sich um eine Vereinigung zur Vereinheitlichung der europäischen Artikelbezeichnungen und -nummerierung.

113) Für EDITEX und EDIFURN ließ sich eine exakte Auflösung der Abkürzungen nicht finden. Anzunehmen ist, daß TEX für Textil und FURN für furniture (deutsch Möbel) steht.

114) Vgl. z.B. Thomas (1987), S. 54; Thomas (1990a), S. 20ff; Anner (1990), S. 49; Berke (1990), S. 70; Röcker u.a. (1991); Zentes, Anderer (1993a), S. 29; Schubenel (1989), S. 19; Biervert u.a. (1992), S. 146ff sowie zahlreiche Kongreßbeiträge.

115) Vgl. Mund, Bohle (1989), S. 3.

116) Vgl. Schlechtendahl (1991), S. 104.

117) Vgl. Grabowski u.a. (1989), S. 69.

118) STEP steht für Standard for the Exchange of Product Model Data. Vgl. zu Aufbau und zu einer näheren Beschreibung Schlechtendahl (1991), Grabowski u.a. (1989), S. 71ff sowie Grabowski, Schilli (1991).

119) IGES steht für Initial Graphics Exchange Spedition.

120) SET steht für Standard d'Exchange et de Transfert.

121) VDAFS oder auch VDA-FS steht für Flächenschnittstelle des Verbandes der deutschen Automobilindustrie.

122) CAD*I steht für CAD-Interfaces.

123) Vgl. zu einer näheren Erläuterung Grabowski u.a. (1989), S. 69f; zu SET Grabowski, Anderl (1990), S. 88ff; zu VDAFS Mund, Bohle (1989), S. 6ff; Grabowski, Anderl (1990), S. 95ff; zu IGES Pfeiffer (1992), S. 53f sowie zu weiteren Standards für den Produktdatenaustausch Grabowski, Anderl (1990), S. 100ff.

124) Vgl. Karger (1988), S. 34.

bisher ODA/ODIF[125], SGML[126] sowie DTAM[127] bekannt.[128] Als konkurrierende Standards[129] legen sie unterschiedlich komplexe Vereinbarungen und Verfahren für die Übertragung von Dokumenten in weiterverarbeitbarer Form fest.[130] Zusammenfassend zeigt Abbildung 5 sämtliche für EDI relevant erscheinenden Standards.

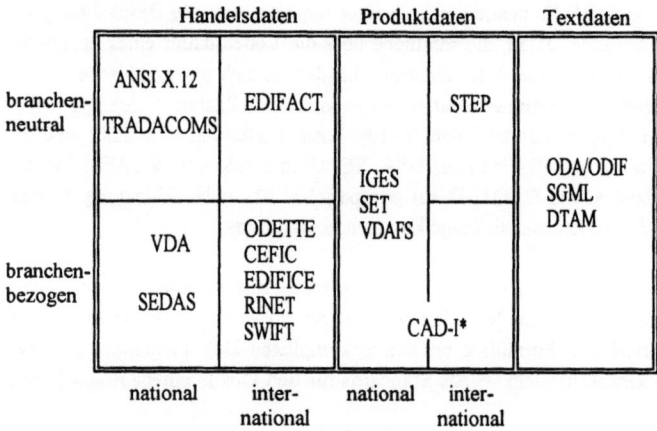

Abb. 5: Standards für den Handels-, Produkt- und Textdatenaustausch[131]

• *Interne technische Bedingungen*
Die Anbindung externer Kommunikationsvorgänge an interne Anwendungssysteme verfolgt zwei Ziele: die richtige Interpretation und Weiterverarbeitung empfangener Daten sowie die

125) ODA/ODIF steht für Office Document Architectur/Interchange. Zu einer näheren Beschreibung vgl. Appelt (1989), S. 324ff sowie Appelt (1990); Frank (1991), S. 101ff; Krönert, Lange (1989) sowie Karger (1988).
126) SGML steht für Standard Generalized Markup Language. Vgl. zu einer näheren Beschreibung Appelt (1989), S. 321ff.
127) DTAM steht für Document Transfer, Access and Manipulation.
128) Vgl. z.B. Rösch (1991), S. 24f.
129) Im klassischen Bürobereich wird ODA/ODIF stärker angewendet, während in der Druckindustrie und bei Verlagen SGML häufiger eingesetzt wird. Vgl. Appelt (1989), S. 328, der einen genaueren Vergleich zwischen den beiden Standards vornimmt.
130) SGML spezifiziert nur eine Syntax zur Textauszeichnung, während ODA darüberhinaus eine komplette Semantik zur Beschreibung von ODA-Dokumenten besitzt. Vgl. Appelt (1989), S. 328. SGML gilt als vergleichsweise komplizierter. Vgl. Runge (1990), S. 29.
131) Bzgl. Produkt- und Textdaten läßt sich aus der Literatur nicht genau erkennen, welche Branchen betroffen sind. Daher wird hier von einer eindeutigen Branchenabgrenzung abgesehen.

Umformatierung der zu versendenden Daten, so daß das Empfängersystem sie erkennen und verstehen kann. Erforderlich ist die entsprechende Soft- und Hardware. Zwei Funktionen hat die EDI-Software zu erfüllen: die Übersetzung von firmenspezifischen Formaten in standardisierte EDI-Formate und die anschließende Versendung sowie vice versa den Empfang und die Übersetzung erhaltener EDI-Daten in ein firmenspezifisches Format. Die erforderliche Software wird in der Literatur unterschiedlich beschrieben.[132] Notwendig erscheinen immer Kommunikations- und Übersetzungssoftware.[133] Zusätzlich wird teilweise die Notwendigkeit einer Datenbank für ein- und ausgehende Nachrichten angesprochen.[134] Um dem Gedanken der Anbindung an interne Anwendungssysteme vollständig gerecht zu werden, schlägt Emmelhainz zudem Bridging-Software vor, die intern verschiedene Anwendungsprogramme verbindet.[135] EDI-Bestellungen, die zunächst die Auftragsannahme zur Bearbeitung erreichen, lassen sich z.B. ohne weiteren Übersetzungsaufwand in die Buchhaltung weiterleiten, so daß dort die entsprechenden Rechnungen generiert werden können. Abbildung 6 zeigt die internen softwaretechnischen Voraussetzungen im Zusammenhang.[136]

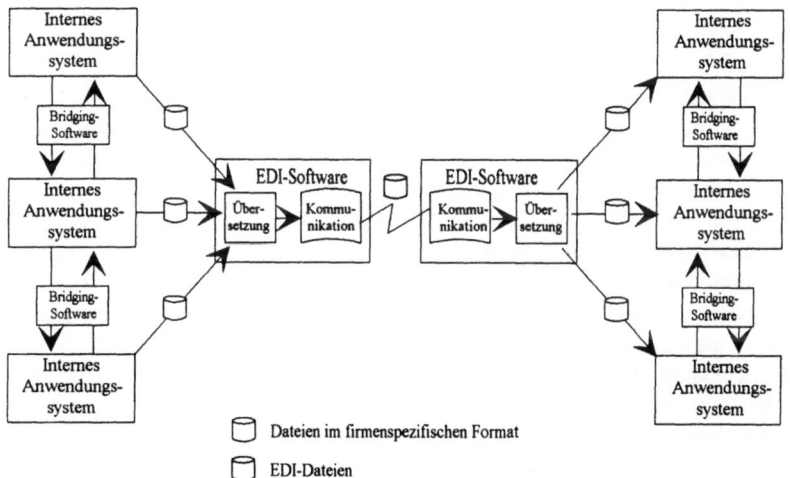

Abb. 6: Interne softwaretechnische Voraussetzungen

---

132) Vgl. z.B. Kimberley (1991), S. 15; Sokol (1989), S. 45ff; Preston (1988), S. 35ff; Emmelhainz (1990), S. 89ff; Palmer (1988), S. 169f.

133) Die Übersetzungssoftware wird mitunter unterteilt in Software für die Konvertierung der inhousespezifischen Daten in eine Form, die umformatiert werden kann sowie in Software, die die Umformatierung in die EDI-Struktur vornehmen kann. Vgl. z.B. Emmelhainz (1990), S. 89ff; Sokol (1989), S. 45ff. Häufig wird jedoch nur von Übersetzungssoftware gesprochen. Vgl. z.B. Kimberley (1991), S. 15.

134) Vgl. Kimberley (1991), S. 15.

135) Vgl. Emmelhainz (1990), S. 92ff. Emmelhainz zeigt noch weitere zusätzliche Formen der EDI-Software, die eher unterstützenden Charakter haben, als unbedingt für die EDI-Kommunikation erforderlich erscheinen.

136) Aus Platzgründen ist die ohnehin nicht zwingend erforderliche Datenbank für ein- und ausgehende Nachrichten in der Abbildung nicht berücksichtigt.

Hardwaretechnische Voraussetzungen betreffen einerseits die entsprechenden Computervorrichtungen. Grundsätzlich in Frage kommen Mainframe-, Microcomputer als stand-alone-Gerät oder ein mit dem Mainframe-Gerät vernetzter Microcomputer.[137] Mit ihnen sind unterschiedliche Kosten und Einsatzmöglichkeiten in Abhängigkeit von Größe und zu versendendem Datenvolumen verbunden.[138] Andererseits ist je nach gewählter Übertragungsart die Einrichtung eines Modems oder anderer Kommunikationsvorrichtungen erforderlich.[139]

4.2 Organisatorische Rahmenbedingungen

EDI stellt nicht nur die isolierte Einführung einer neuen Technik dar. Die Umstellung von Papier auf Elektronik erfordert die Anpassung herkömmlicher organisatorischer Abwicklungsprozesse.[140] Beispiele sind die Substitution oder Veränderung bestimmter Funktionsbereiche.[141] Grundlage sind bestehende organisatorische Rahmenbedingungen, die auf die Papiergeschäftsabwicklung zugeschnitten sind. Sie sind als weitere Komponente der institutionellen Umwelt von EDI abzugrenzen.

EDI tangiert als zwischenbetriebliches Kommunikationsmedium sowohl innerbetriebliche als auch zwischenbetriebliche organisatorische Prozesse und Abläufe. Interessierende organisatorische Rahmenbedingungen beziehen sich daher zunächst auf die Koordination der inner- und zwischenbetrieblichen Zusammenarbeit. Zwischenbetrieblich stehen verschiedene Koordinationsstrukturen zur Verfügung, die sich für unterschiedliche Aufgabenstellungen anbieten. In Abhängigkeit des Integrationsgrades lassen sie sich grob in Markt, Beherrschungsverhältnis, Kooperationsform sowie interne Abwicklung differenzieren. Sie sind als organisatorische Rahmenbedingungen abzugrenzen und werden als Basis für innovative Veränderungen unter Abschnitt II/3.1 näher beschrieben. Innerbetrieblich läßt sich die interne Koordination durch die interne Organisationsstruktur an Hand unterschiedlicher Strukturvariablen[142] weiter konkretisieren. Im Zusammenhang mit EDI interessieren hier v.a. Aufgabenverteilung, Verteilung von Weisungsrechten sowie Verteilung von Entscheidungsrechten. An entsprechender Stelle wird auf sie zurückzukommen sein.

EDI beeinflußt nicht nur die Struktur der inner- und zwischenbetrieblichen Koordination. EDI beeinflußt darüber hinaus die konkrete Abwicklung verschiedener interner Funktionen und Aufgabenbereiche. Auch sie stellen damit organisatorische Rahmenbedingungen der institutio-

---

137) Vgl. Emmelhainz (1990), S. 97ff; Kimberley (1991), S. 14 sowie Sokol (1989), S. 43ff.
138) Vgl. zu Vor- und Nachteilen Emmelhainz (1990), S. 97ff; Sokol (1989), S. 43ff; zu Kosten v.a. Kimberley (1991), S. 181ff.
139) Vgl. Emmelhainz (1990), S. 100; Kimberley (1991), S. 14 sowie Palmer (1988), S. 169.
140) In der EDI-Literatur wird weitgehend davon ausgegangen, daß die Einführung von EDI nur zu 20% ein technisches und zu 80% ein organisatorisches Problem darstellt. Vgl. z.B. Petereit (o.J.a), S. 116.
141) Vgl. Picot, Neuburger, Niggl (1991), S. 25ff.
142) Vgl. zu Strukturdimensionen z.B. Picot (1993c), S. 114f sowie Kieser, Kubicek (1983), S. 79ff.

nellen Umwelt von EDI dar. Sie sind kaum allgemein für sämtliche Branchen und Unternehmen erfaßbar. Um sie dennoch greifbar zu machen, ist ein Modell erforderlich, das unternehmerische Aktivitäten isoliert und in ihren Wechselbeziehungen in möglichst allgemeiner Form zusammenfaßt. Ein derartiges Modell stellt Porter mit seinen Instrumenten der Wertkette und des für den zwischenbetrieblichen Bereich ergänzenden Wertesystems[143] zur Verfügung. Anhand dieses Modells lassen sich die einzelnen Funktionsbereiche der unternehmerischen Aufgabenabwicklung als organisatorische Rahmenbedingungen von EDI gut darstellen.

4.3   Rechtliche Rahmenbedingungen

Bei Einführung und Einsatz von EDI dürfen die rechtlichen Rahmenbedingungen nicht außer Acht gelassen werden. EDI verändert den zwischenbetrieblichen Informationsaustausch. Er bezieht sich primär auf die Anbahnung und Durchführung von Lieferungs- und Leistungsbeziehungen für Sachgüter und Dienstleistungen zwischen unterschiedlichen Geschäftspartnern.[144] Ihm liegen verschiedene vertragliche Vereinbarungen zugrunde, die durch die elektronische Abwicklung tangiert werden. Rechtliche Rahmenbedingungen sind daher ein wesentlicher Bedingungsfaktor der institutionellen Umwelt von EDI.[145] Sie sollen im folgenden kurz angesprochen werden.

Für eine Eingrenzung der rechtlich relevanten Regelungen ist zu klären, welche vertraglichen Beziehungen durch eine EDI-Verbindung betroffen sind.[146] Zunächst geht es um die EDI zugrundeliegenden Rechtsgeschäfte. Sie können im Rahmen einer schon bestehenden Geschäftsbeziehung oder neu durch EDI abgeschlossen sein.[147] Desweiteren interessieren Verträge, die die technische Seite der EDI-Kommunikation betreffen. Einerseits sind direkt zwischen den Kommunikationspartnern EDI-Verträge erforderlich, die kommunikationsrechtliche und -technische Fragen klären.[148] Andererseits geht es "um Verträge mit denjenigen Unternehmen, deren Übertragungswege und/oder Dienstleistungen bei der Herstellung und Durchführung einer EDI-Verbindung in Anspruch genommen werden."[149]

---

143) Vgl. Porter (1989), S. 59ff.
144) Vgl. Picot, Neuburger, Niggl (1991), S. 22.
145) Vgl. die Abgrenzung unter Abschnitt I/3.2. Vgl. auch Kilian u.a. (1994) sowie Röcker u.a. (1991), S. 31ff.
146) Vgl. Fritzemeyer, Heun (1992), S. 129; vgl. auch Picot, Neuburger, Niggl (1991), S. 27.
147) Vgl. Fritzemeyer, Heun (1992), S. 129. Nach Büchner (1991), S. 1453, können vom Computer wirksame Willenserklärungen generiert werden, da nach dem Grundsatz der Privatautonomie gegen maschinelle Hilfsmittel nichts einzuwenden ist. Entscheidend ist die beim Rechnerbetreiber verbleibende Verantwortung. Vgl. auch Rihaczek (1991), S. 574, der von "elektronischer Geschäftsfähigkeit" spricht.
148) Vgl. Büchner (1990), S. 21f sowie Büchner (1991), S. 1474ff.
149) Fritzemeyer, Heun (1992), S. 129; Beispiel sind Mehrwertdienste. Vgl. auch Büchner (1991), S. 1474 sowie Picot, Neuburger, Niggl (1991), S. 27.

Schließlich interessieren vetraglich zu regelnde zwischenbetriebliche Beziehungen auf organisatorischer Ebene. Bei innovativem Einsatz verändert EDI zwischenbetriebliche Formen der Zusammenarbeit. Sie erfordern angepaßte vertragliche Grundlagen.[150]

Die von EDI betroffenen Vertragsbeziehungen tangieren unterschiedliche Rechtsgebiete.[151] Die Kommunikationsebene betreffen Telekommunikationsrecht, datenschutzgesetzliche Verordnungen sowie sicherheitstechnische Anforderungen. Das *Telekommunikationsrecht* regelt Einrichtung und Benutzung der zugrundeliegenden Kommunikationsinfrastruktur. Die für EDI maßgeblichen Vorschriften finden sich in dem vom Poststrukturgesetz modifizierten Fernmeldeanlagengesetz. Das Netzmonopol des Bundes verlangt die Übertragung der EDI-Daten über die Leitungen der Telekom.[152] Für Telekommunikationsdienstleistungen wird das Monopol aufgehoben, so daß sämtliche Interessenten Telekommunikationsdienste wie z.B. Mehrwertdienste anbieten können. Gesetzliche Regelungen legen auch die Gebühren und somit die Telekommunikationskosten fest.

Die elektronische Datenübermittlung tangieren *datenschutzrechtliche* Vorschriften.[153] Einschlägig ist das neue Bundesdatenschutzgesetz, das die Verarbeitung oder Nutzung von personenbezogenen Daten[154] regelt.

Sicherheitstechnische Anforderungen betreffen überprüfbaren Absender, Zugriffskontrolle, gesicherte Integrität der übermittelten Meldungen, Absende- und Empfangsbestätigungen, die Vertraulichkeit übermittelter Informationen sowie Schutz vor Verlust oder Verdopplung von Informationen.[155]

Rechtliche Rahmenbedingungen im Hinblick auf die EDI-basierenden Rechtsgeschäfte liegen in Rechtsvorschriften für die Organisation, Anbahnung, Abwicklung und Beweiskraft elektronischer Geschäftsvorfälle.[156] Da ausdrückliche Regelungen fehlen[157], gelten prinzipiell dieselben Rechtsregeln wie für andere Formen der geschäftlichen Kommunikation.[158] Im einzelnen handelt es sich national v.a. um das BGB samt Nebengesetzen wie beispielsweise AGB oder Verbraucherschutz, Handelsrecht, Haftungsrecht, Rechnungslegungsvorschriften, das UWG sowie das Steuerrecht. International sind wenig anwendbare, allgemeinverbindliche Regelungen be-

---

150) Vgl. Picot, Neuburger, Niggl (1991), S. 28.
151) Vgl. zum folgenden insbesondere Fritzemeyer, Heun (1992), Büchner (1991), Kubicek (1988), Krähn (1993) sowie Kilian u.a. (1994). Auf eine nähere Darstellung der Rechtsgebiete wird an dieser Stelle verzichtet, da dies den Rahmen sprengen würde. Soweit erforderlich, wird im Laufe der Arbeit darauf eingegangen.
152) Vgl. zu Ausnahmeregelungen Krähn (1993), S. 46.
153) Vgl. zum folgenden Krähn (1993), S. 82ff.
154) Personenbezogene Daten sind "Einzelangaben über persönliche oder sachliche Verhältnisse einer bestimmten oder bestimmbaren natürlichen Person (Betroffener)." § 3 I BDSG.
155) Vgl. Kuhns (1991), S. 403.
156) Vgl. Kilian u.a. (1994).
157) Vgl. Kilian u.a. (1994).
158) Vgl. Büchner (1991), S. 1449; Gallasch (1993), S. 581f. Vgl. auch Kilian u.a. (1994), die die Notwendigkeit der Überprüfung der für andere Transaktionen geschaffenen Vorschriften betonen.

kannt. Auf organisatorischer Ebene sind insbesondere Kartell- und Konzernrecht, Wettbe-
werbsrecht, individuelles und kollektives Arbeitsrecht, Gesellschaftsrecht, Wertpapierrecht und
Versicherungsrecht relevant.

Zusammenfassend konkretisiert sich die institutionelle Umwelt von EDI für den hier interessie-
renden Untersuchungsschwerpunkt auf organisatorische, technische und rechtliche Rahmenbedingungen. Abbildung 7 zeigt sie im Überblick.

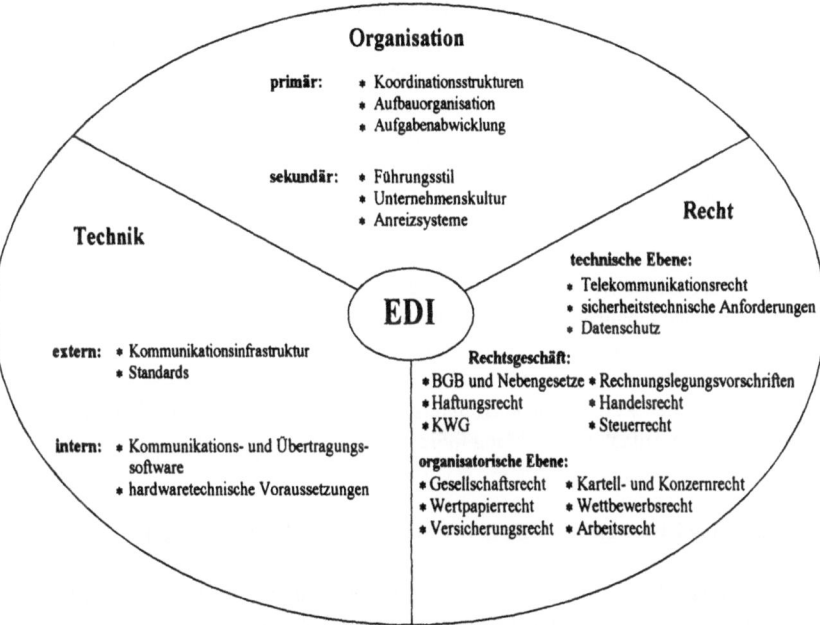

Abb. 7: Die konkretisierte institutionelle Umwelt von EDI

27

II. ÖKONOMISCHE AUFGABENABWICKLUNG DURCH EDI

Bei der Untersuchung ökonomischer Auswirkungen von EDI stellt sich zunächst die Frage nach konkreten Auswirkungen von EDI auf die unternehmerische Aufgabenabwicklung. Vor dem Hintergrund bestehender institutioneller Rahmenbedingungen werden die individuell nutzenmaximierenden Wirtschaftssubjekte annahmegemäß die Möglichkeiten von EDI ausnützen, um ihre ökonomische Aufgabenabwicklung zu optimieren. Das Spektrum prinzipiell möglicher Veränderungen zur Optimierung der unternehmerischen Aufgabenabwicklung durch EDI ist nicht allgemeingültig erfaßbar. Zum einen hängen die Auswirkungen von dem jeweils zugrundeliegenden EDI-Einsatz, konkretisiert durch Einsatzpartner, Einsatzart und Einsatzweise ab. Zum anderen beeinflussen unternehmens- und branchenspezifische Faktoren sowie nicht zuletzt individuelle Verhaltensweisen der ökonomischen Entscheidungs- und Aufgabenträger die konkreten Auswirkungen. Ausgehend von der zugrundeliegenden sehr breiten EDI-Auffassung ergibt sich ein großes Spektrum denkbarer Veränderungen. Sie sind im folgenden möglichst umfassend zu zeigen.

Ausgangspunkt ist die Porter'sche Wertkette.[1] Nach einer kurzen Erläuterung werden zunächst prinzipiell denkbare Einsatzmöglichkeiten von EDI in der Wertkette aufgezeigt. Anschließend geht es um theoretisch mögliche Auswirkungen von EDI auf die inner- und zwischenbetriebliche Aufgabenabwicklung in Abhängigkeit von EDI-Einsatzart, Einsatzweise und Einsatzpartner. Wesentlich erscheint hierbei die Unterscheidung in innovativen und substitutiven Einsatz, da die dahinterstehenden Kerngedanken zu unterschiedlichen Auswirkungen bei der inner- und zwischenbetrieblichen Aufgabenabwicklung führen.[2]

1. Einsatzmöglichkeiten von EDI in der Wertkette als Ausgangspunkt

In der Wertkette faßt Porter sämtliche unternehmerischen Tätigkeiten als Wertaktivitäten zusammen.[3] Er unterscheidet primäre und sekundäre Wertaktivitäten.[4] Primäre Aktivitäten befassen sich mit der physischen Herstellung des Produktes, der vorgelagerten Beschaffungslogistik, dem nachgelagerten Verkauf des Produktes sowie mit Marketing und Kundendienst. Sekundäre Aktivitäten unterstützen diese primären Aktivitäten, indem sie Funktionen wie die Unternehmensinfrastruktur, Personalwesen, Forschung und Entwicklung sowie Beschaffung für das gesamte Unternehmen zur Verfügung stellen. Die Wertkette eines Unternehmens ist nicht isoliert zu betrachten, sondern im Zusammenhang mit den Wertketten der Geschäftspartner. Die

---

1) Vgl. Porter (1989), S. 63ff.
2) Da in der herkömmlichen EDI-Literatur von einer engen EDI-Definition ausgegangen wird, findet sich kaum eine Darstellung konkreter Auswirkungen von EDI auf die ökonomische Aufgabenabwicklung. Dies betrifft insbesondere den innovativen Einsatz, der zumeist nur durch Andeutungen auf notwendige organisatorische Änderungen angesprochen wird.
3) Vgl. hierzu und zum folgenden Porter (1989), S. 64ff.
4) Vgl. auch Abb. 13.

vorgelagerten Wertketten der Lieferanten liefern z.B. die notwendigen Vorprodukte. Nachgelagerte Wertketten betreffen Vertriebskanäle sowie schließlich den Abnehmer. Sämtliche Wertketten werden in dem Wertesystem zusammengefaßt.

Potentielle Einsatzmöglichkeiten von EDI bestehen prinzipiell bei sämtlichen primären und sekundären Wertaktivitäten.[5] Jede Wertaktivität enthält Tätigkeiten, die zwischenbetriebliche Kommunikationsbeziehungen erfordern. Ausgehend von der hier zugrundegelegten breiten EDI-Auffassung lassen sich sämtliche zwischenbetrieblichen Kommunikationsbeziehungen durch EDI ersetzen. Im folgenden ist für jede Wertaktivität zu zeigen, zu welchen Auswirkungen der Einsatz von EDI in Abhängigkeit des zugrundeliegenden EDI-Einsatzes führen kann.[6] Ausgehend von den Bedingungsfaktoren für den EDI-Einsatz Einsatzpartner, Einsatzart und Einsatzweise ist jeweils zu untersuchen,

- welche Geschäftspartner als EDI-Partner in Frage kommen;
- welche Daten, Dokumente und Informationen über EDI ausgetauscht werden;
- ob einzelne Teilaufgaben durch EDI effizienter durchgeführt werden können (= substitutiver Einsatz) oder im Gesamtzusammenhang der Aufgabenabwicklung neu strukturiert werden können (= innovativer Einsatz).

Zunächst stehen die Auswirkungen eines substitutiven Einsatzes im Vordergrund.[7]

2. Substitutiver Einsatz: Rationalisierung bestehender Abläufe

Bei substitutivem Einsatz steht die Automatisierung des 'business as usual' im Vordergrund. Bestehende Abläufe, zu denen innerbetriebliche Prozesse wie auch zwischenbetriebliche Transaktionen gehören, werden nicht grundlegend neu strukturiert. Im Mittelpunkt steht die Rationalisierung. Ziel ist "to do what is being done now more cheaply and more quickly"[8].

Kriterium für einen substitutiven Einsatz ist die im Vergleich zur herkömmlichen Durchführung effizientere Abwicklung. Dies führt zu einer Kosten/Nutzenbetrachtung, bei der die erzielbaren Leistungseffekte den für Einführung und Einsatz von EDI aufzuwendenden Kosten gegenüber-

---

5)   Vgl. auch Schumann (1992), S. 38.
6)   Vgl. zu einer ähnlichen Vorgehensweise auch Kilian u.a. (1994); Picot, Neuburger, Niggl (1992b), S. 51; Rühl (1989), S. 48; Schumann (1990), S. 309; Boland (1991), S. 98f; Strohmeyer (1992), S. 470f.
7)   Die Untersuchung der Auswirkungen bei substitutiven und innovativen Einsatz erfolgen unabhängig voneinander, ohne Berücksichtigung möglicherweise auftretender Beziehungen zwischen substitutiven und innovativen Einsatz.
8)   Bytheway (1992), S. 18.

zustellen sind.[9] Auf der *Kostenseite* sind die Einmalkosten von den laufenden Kosten zu unterscheiden.[10] Zu den einmaligen Kosten zählen die Anschaffung und Installierung der erforderlichen Hard- und Software, die Anpassung der Anwendungssysteme[11] sowie hierfür notwendige Personalmaßnahmen (insbesondere Personalbeschaffung, Personalumschulung und -qualifizierung) wie auch eventuell in Anspruch genommene Beratungsleistungen.[12] Laufende Kosten entstehen durch Kommunikationskosten wie insbesondere Übertragungsgebühren, Wartung von Hardware, Pflege der Software[13], EDI-Service sowie die Inanspruchnahme von Mehrwertdiensten.[14] Nicht zu vernachlässigen sind Kosten, die mit der Einbindung der EDI-Partner verbunden sind[15] wie auch entstehende Kosten für die aktive Teilnahme in mit EDI zusammenhängenden Verbänden.[16]

Diesem Kostenblock stehen übergreifend über sämtliche Wertaktivitäten erhebliche *Leistungspotentiale* gegenüber, die im folgenden Abschnitt im einzelnen zu zeigen sind.[17]

2.1 Inner- und zwischenbetriebliches Substitutions- und Automatisierungspotential

Im Mittelpunkt der zwischenbetrieblichen Substitution steht zunächst die Rationalisierung *zwischenbetrieblicher* Kommunikationsprozesse. EDI fördert unternehmensübergreifend den offenen Daten- und Informationsaustausch.[18] Daten und Dokumente lassen sich schneller und effizienter übertragen. Standards können bilaterale Absprachen ersetzen. Da der Einsatz von EDI

---

9) Es existieren kaum Aufsätze oder Bücher über die Grundlagen von EDI, die sich nicht intensiv mit Kosten und Leistungen von EDI beschäftigen. Vgl. zu unterschiedlichen Untersuchungen Picot, Neuburger, Niggl (1992a); Emmelhainz (1990), S. 169ff; Kimberley (1991), S. 171ff; Preston (1988), S. 12ff; Sarich (1990), S. 14ff; Hill, Ferguson (1991a), S. 13; Loucks (1991), S. 61; Pfeiffer (1992), S. 92ff sowie zahlreiche Aufsätze wie auch Beiträge in Kongreßbänden. Vgl. für einen guten Überblick Bytheway (1992) sowie Monczka, Carter (1989).

10) Vgl. zu dieser Unterscheidung Picot, Neuburger, Niggl (1992a), S. 40; Kimberley (1991), S. 181ff; Petereit (o.J.), S. 85; Emmelhainz (1990), S. 173.

11) Nach Dearing (1990), S. 6, ist dies der größte Kostenpunkt. Nach Work (1989), S. 142, liegt hier ein nicht zu unterschätzender Risikofaktor. Dies bestätigen auch Aussagen auf Kongressen sowie im Rahmen der ELTRADO-Untersuchung, die die Anbindung an interne Anwendungssysteme als größtes Problem ansehen.

12) Vgl. Picot, Neuburger, Niggl (1992a), S. 40; Kimberley (1991), S. 181ff; Petereit (o.J.), S. 85; Emmelhainz (1990), S. 172ff; Burch (1989), S. 54; Pfeiffer (1992), S. 92f. Vgl. zu konkreten Zahlenbeispielen insbesondere Picot, Neuburger, Niggl (1992a), S. 40; Kimberley (1991), S. 181ff; Anner (1990), S. 47f.

13) Hierzu zählt beispielsweise die jeweilige Anpassung an neu entwickelte Standards. Vgl. Emmelhainz (1990), S. 173.

14) Vgl. Picot, Neuburger, Niggl (1992a), S. 40; Emmelhainz (1990), S. 172f; Kimberley (1991), S. 181ff; Petereit (o.J.), S. 85.

15) Vgl. Work (1989), S. 139.

16) Vgl. Emmelhainz (1990), S. 174. Ein Beispiel hierfür sind Standardisierungsgremien.

17) Vgl. zum folgenden Picot, Neuburger, Niggl (1992a), S. 40; Dearing (1990), S. 4f; Oppelt, Nippa (1992), S. 57; Picot, Neuburger, Niggl (1993), S. 24; Preston (1988), S. 14f; Sokol (1989), S. 17; Petereit (o.J.), S. 84; Kimberley (1991), S. 176ff; Emmelhainz (1990), S. 174ff; Hunt (1992), S. 125; Burch (1989), S. 55; Loucks (1991), S. 61 sowie Pfeiffer (1992), S. 93ff.

18) Vgl. zum folgenden Picot, Neuburger, Niggl (1991), S. 25f.

definitionsgemäß an allen zwischenbetrieblichen Schnittstellen, an denen Daten und Informationen übertragen werden, möglich ist, liegt prinzipiell ein erhebliches Substitutionspotential vor. EDI als Ersatz für herkömmliche Kommunikationsmedien wie die Briefpost führt damit zu einer Ökonomisierung der zwischenbetrieblichen Kommunikation.

Konkret drückt sich dies zunächst durch Einsparungen an Papier, Druck und Porto aus. Bei einem Schweizer Unternehmen lagen beispielsweise die diesbezüglichen Kosteneinsparungen bei ca. 1 Million Schweizer Franken.[19] Hinzu kommt die erhöhte Qualität der Informationsübermittlung durch die fehlerfreie Datenübertragung. "EDI eliminates mountains of paperwork and thereby reduces the chance of human error."[20] Weitere Ökonomisierungseffekte ergeben sich durch die mit EDI verbundene Zeitersparnis, die sich durch den Wegfall von Postlaufzeiten, die bruchlose Weiterverarbeitung sowie die Verkürzung der Übermittlungszeiten ergibt.

Die konzentrierte Betrachtung auf zwischenbetriebliche Kommunikationsvorgänge vernachlässigt das für EDI entscheidende Kriterium der Weiterverarbeitbarkeit und hiermit zusammenhängende *innerbetriebliche* Automatisierungseffekte. Dann ließe sich entgegenhalten, die oben angesprochenen Effizienz- und Schnelligkeitseffekte seien schon durch andere Kommunikationsmedien wie z.B. das Telefaxgerät realisiert.[21] Zwischenbetriebliche Substitutionspotentiale sind daher immer im Zusammenhang mit den im folgenden zu zeigenden innerbetrieblichen Substitutionseffekten zu sehen.

Voraussetzung für innerbetriebliche Automatisierungseffekte ist die direkte EDI-Verbindung zwischen den Anwendungssystemen verschiedener Unternehmen. Die Möglichkeiten der direkten Weiterleitung und unmittelbaren Weiterverarbeitung ohne manuelle Eingriffe führen zu einer Kommunikation ohne Medienbrüche.[22] Sie eröffnet grundsätzlich ein breites Substitutionspotential: Funktionen, die bei herkömmlicher Papier-Geschäftsabwicklung ausschließlich mit der manuellen Weiterleitung oder Datenneueingabe als Voraussetzung für eine interne Weiterverarbeitung beschäftigt waren, können weitgehend entfallen. Dies betrifft in erster Linie administrative Funktionen wie Postausgang und -eingang, Rechnungsausgang und -eingang, Rechnungsprüfung, Dokumentation, Datenerfassung, Hauspost und Botengänge.[23] Andere Abläufe lassen sich rationeller abwickeln. Hierzu zählen sämtliche Funktionen, die direkt oder indirekt von der EDI-Geschäftsabwicklung tangiert sind. Erhebliche Personal- und Arbeitseinsparungen sind die Folge. Die vorerwähnte Schweizer Unternehmung spricht beispielsweise von Arbeitseinsparungen in Höhe von ca. 3 Millionen Schweizer Franken.

---

19) Vgl. Picot (1990c).
20) Burch (1989), S. 55.
21) Im Vergleich zu Telefax (ca. 1 Minute Übertragungsdauer) ist die Übertragung über EDI (bei gleichem Text weniger als 5 Sekunden Dauer) zwar schneller und damit (außerhalb des Stadtbereiches) billiger. Im Vergleich zur Briefpost (1-2 Tage) spielt dieser Unterschied kaum eine Rolle. Vgl. zu den Unterschieden verschiedener Übertragungsarten Mertens, Miebach (1993), S. 45.
22) Vgl. Picot, Neuburger, Niggl (1991), S. 26.
23) Vgl. Picot, Neuburger, Niggl (1993b), S. 28.

Nicht zuletzt verdeutlichen derartige Beispiele das immense Automatisierungs- und Substitutionspotential von EDI. Dabei handelt es sich bei den bisher gezeigten Aspekten lediglich um übergreifende Ökonomisierungseffekte. Weitere Substitutionspotentiale ergeben sich für die konkrete Aufgabenabwicklung der einzelnen Wertaktivitäten, wie im folgenden Abschnitt zu zeigen ist.

2.2 Konkrete Rationalisierungs- und Automatisierungseffekte für die Aufgabenabwicklung in der Wertkette

Das deutliche Substitutions- und Automatisierungspotential von EDI führt unweigerlich zu einer erheblichen Rationalisierung der ökonomischen Aufgabenabwicklung. Konkret denkbare Effekte sind jetzt in Abhängigkeit von EDI-Partner und EDI-Einsatzart zu analysieren. Ausgangspunkt ist die Porter'sche Wertkette. *Unterstützende Wertaktivitäten* stehen zunächst im Vordergrund. Zu ihnen zählen die Bereiche Unternehmensinfrastruktur, Personalwirtschaft, Forschung und Entwicklung sowie Beschaffung. Der Bereich Unternehmensinfrastruktur teilt sich wiederum in Führung/Planung, Finanzen, Rechnungswesen, Rechtsfragen, Organisation und EDV.[24]

Auf der *Führungs- und Planungsebene* fallen typische Funktionen, die durch EDI entfallen können wie z.B. Posteingang, Rechnungsprüfung oder Datenerfassung kaum an. Starke Unterstützung leistet EDI durch einen schnellen Zugang zu aktuellen Daten und Informationen. Durch die Möglichkeit der schnellen internen Weiterleitung ist gewährleistet, daß "everyone in the company is working with the same information and that it is both accurate and up-to-date."[25] In einer Zeit, in der schnelle Reaktionen auf Anforderungen der Geschäftspartner gefordert sind, ist dies ein nicht zu vernachlässigender Vorteil von EDI.

Während auf der Führungs- und Planungsebene potentielle EDI-Partner grundsätzlich sämtliche Geschäftspartner sein können, kommen als EDI-Partner für den *Finanzbereich* in erster Linie Banken in Frage. Im Zusammenhang mit der schon bewährten elektronischen Kommunikation im Interbankenverkehr automatisiert EDI die zwischenbetriebliche Zahlungsabwicklung.[26] Ziel ist sicherlich nicht nur der Ersatz von Papier i.S. von Schecks durch Elektronik.[27] Ein wesentlicher Rationalisierungseffekt liegt in der verbesserten Kontrolle über Zahlungsein- und Zahlungsausgänge, die zu einem besseren Cash Flow führen kann.[28] So hat z.B. eine Firma festgestellt, daß die Einführung von EDI den Anteil der nicht bezahlten Rechnungen von 30 % auf weniger als 5 % reduzieren konnte.[29] Der schnelle Informationsfluß über aktuelle Zah-

---

24) Vgl. Porter (1989), S. 62 sowie S. 67ff.
25) Emmelhainz (1990), S. 36.
26) Vgl. z.B. Hunt (1992), S. 120ff.
27) Vgl. Hunt (1992), S. 125. Zugrundeliegt hier die in den USA übliche Zahlungsweise über Scheck.
28) Vgl. Pfeiffer (1992), S. 95f; Butler Cox Foundation (1987), S. 11.
29) Vgl. Butler Cox Foundation (1987), S. 11.

lungseingänge und -ausgänge läßt zudem ein schnelles Reagieren zu. Das U.S. Treasury Department konnte z.b. über 60 Millionen $ jährlich allein durch die auf EDI basierende Übermittlung von Zahlungsinformationen einsparen.[30]

Schwerpunkt des *Rechnungswesens* ist der kommerzielle Datenaustausch mit Kunden, Lieferanten, Handel, Post, Finanzamt und weiteren Institutionen wie z.B. DATEV oder Steuerberatern. Im Mittelpunkt steht die elektronische Abgabe von Steuermeldungen[31], der Empfang elektronischer Fernmelderechnungen[32] sowie vor allem der elektronische Austausch von Lieferanten- und Kundenrechnungen. Dieser Rechnungsaustausch läßt sich einen Schritt weiter durch das sog. Gutschriftsverfahren ersetzen.[33] Hier stellt der Leistungsersteller für seine Lieferungen keine explizite Rechnung. Der Leistungsempfänger erstellt auf der Basis vereinbarter Preise eine Gutschrift an den Empfänger. Der Kreislauf ist geschlossen, wenn die Lieferscheindaten des Lieferanten direkt in die Gutschriftsanzeige des Empfängers eingehen können. Funktionen wie beispielsweise Rechnungseingabe, Ausfüllen der notwendigen Zahlungsanweisungen, Kontrolle und Abgleich der Rechnungsbeträge können weitgehend entfallen. Andere Funktionen wie z.B. Fakturierungs- und Buchungsvorgänge lassen sich leichter durchführen. Die forcierte Entwicklung von Standards auf EDIFACT-Basis für das Rechnungswesen und die Buchführung[34] läßt zusätzliche Automatisierungseffekte in der Zusammenarbeit mit Steuerberatern erwarten.

Die Rationalisierungseffekte von EDI sind bei der administrativen Rechnungsbearbeitung sicherlich mit am höchsten. Betroffen sind primär Rechnungseingabe und Rechnungsprüfung. So konnte z.b. ein kanadisches Handelsunternehmen 200 Mitarbeiter in der Rechnungsprüfung einsparen.[35] Bei einem großen Einzelhandelsunternehmen machte EDI die Eingabe von 10.000 Rechungen pro Tag überflüssig.[36] Von einem anderen Unternehmen sind Einsparungen in Höhe von 10 $ pro Rechnung bekannt.[37]

Indirekt betroffen von EDI sind die Bereiche *Rechtsabteilung, Organisation, EDV* und *Personal*. An sie stellt die Einführung von EDI - unabhängig von der zugrundeliegenden Einsatzweise - neue Anforderungen, so daß im Rahmen der innovativen Auswirkungen auf sie zurückzukommen sein wird.

---

30)   Vgl. Emmelhainz (1990), S. 29.
31)   Vgl. z.B. Schumann (1990), S. 309.
32)   Vgl. zur elektronischen Fernmelderechnung auf EDIFACT-Basis (ELFE) Müller-Berg (1991), S. 48.
33)   Vgl. hierzu und zum folgenden z.B. Hübner (1993), S. 21f sowie auch Picot, Neuburger, Niggl (1993c), S. 184.
34)   Vgl. Mertens, Miebach (1993).
35)   Vgl. Kimberley (1991), S. 179.
36)   Vgl. Butler Cox Foundation (1987), S. 10.
37)   Vgl. Emmelhainz (1990), S. 29.

Direkte EDI-Partner der *Personalabteilung* können z.B. Banken und Versicherungen sein. Typische Einsatzbereiche sind die elektronische Übermittlung von Gehaltszahlungen und Sozialabgaben oder der elektronische Austausch von Sozialversicherungsdaten.

Kommunikationspartner des *FuE-Bereichs* können prinzipiell Lieferanten, Kunden, Mitbewerber oder auch spezialisierte Designbüros sein. Voraussetzung ist der Austausch produktbezogener Daten. Neben dem elektronischen Austausch von Entwicklungsrichtlinien liegt der primäre Rationalisierungseffekt auf der elektronischen Übermittlung und direkten Weiterleitung von Konstruktions- und Zeichendaten. Schätzungen gehen beispielsweise davon aus, daß sich durch EDI zwischen Raumfahrtgesellschaften 5 Personenjahre pro Projekt einsparen lassen, da die Neueingabe der Konstruktionsdaten entfällt.[38]

Der *Beschaffungsbereich* kommuniziert primär mit Lieferanten. Klassische Anwendungsfelder sind hier die elektronische Angebotseinholung sowie die elektronische Bestellung. In der Umstellung des gesamten Bestellverkehrs auf EDI liegt ein weiteres erhebliches Rationalisierungspotential von EDI. So konnte beispielsweise ein Fertigungswerk durch die Umstellung des Bestellvorgangs mit einem bedeutenden Zulieferer auf EDI die Dauer des Bestellzyklusses von 5 Wochen auf 3 Tage sowie das Papierhandling von 5-10 Stunden pro Woche auf 0,5 Stunden pro Woche senken. Auch andere Beispiele verdeutlichen das immense Ökonomisierungspotential: IBM spricht z.B. von Einsparungen in Höhe von 4,4 Millionen $ jährlich durch die Umstellung des gesamten Bestellverkehrs mit Lieferanten auf EDI, Digital von einer Kostensenkung pro Bestellvorgang in Höhe von 85 %.

Eng verbunden mit dem Beschaffungsbereich ist die primäre Wertaktivität *Beschaffungslogistik*. Potentielle EDI-Partner sind Lieferanten, Speditionen sowie logistische Dienstleister. Als Folge der Umstellung des Bestellverkehrs auf EDI lassen sich hier zunächst die Lagerbestände deutlich reduzieren. Bei dem vorerwähnten Fertigungsunternehmen verringerte sich beispielsweise der Lagerbestand von 880 Tsd. $ auf 43 Tsd. $. Bei weiteren Unternehmen liegen die Einsparungspotentiale bei 50 % bis 90 %.[39] Darüber hinaus lassen sich durch EDI Transport- und Bestandsdaten schnell übertragen und intern problemlos weiterleiten. Die Folge sind aktuelle Informationen über Lieferungen, Transporte und Lagerbestand, die kurzfristige Dispositionen und Entscheidungen erlauben. So konnte z.B. ein europäischer Automobilhersteller sein Bestellwesen von Wochen- auf Tagesbasis umstellen.[40]

Als weitere *primäre Wertaktivitäten* interessieren Produktion, Marketing, Ausgangs- und Vertriebslogistik sowie Kundendienst.[41]

---

38) Vgl. Butler Cox Foundation (1987), S. 11.
39) Vgl. Pfeiffer (1992), S. 97.
40) Vgl. Butler Cox Foundation (1987), S. 11.
41) Vgl. Porter (1989), S. 66f.

Der *Produktionsbereich* kommuniziert primär mit Kunden und Lieferanten. Substitutiv ist hier der reine Austausch produktrelevanter Daten, wie z.B. der Status über den Produktionsfortschritt.

Für den *Marketing-Bereich* kommen als Kommunikationspartner prinzipiell Kunden, Handel oder Lieferanten in Frage. Durch EDI lassen sich hier insbesondere Verkaufszahlen, Artikelstammdaten, Preise, Bestelldaten und nicht zuletzt Angebote schnell und rationell übertragen.[42]

Der Bereich *Ausgangs- oder Vertriebslogistik* kommuniziert über EDI primär mit Kunden, Handel, Speditionen, Zoll sowie externen Dienstleistungen. EDI führt beispielsweise zu einer schnelleren Abwicklung der Zollformalitäten. Ständige aktuelle Informationen über Fracht und Standort erlaubt die elektronische Verbindung zu Speditionen.

Eher wenig substitutive Einsatzmöglichkeiten sind bisher für den *Kundendienst* bekannt. Kommunikationspartner sind zweifelsohne Kunden. Vorstellbar wäre beispielsweise eine direkte Online-Verbindung zu Kunden, über die Instandhaltungs- und Wartungsaufträge direkt von den Kunden an den Kundendienst übermittelt werden können. Durch die Weiterverarbeitung dieser Daten können Schritte wie z.B. das Ausfüllen entsprechender Auftragsformulare oder ihre Weiterleitung an den jeweils geeigneten Kundendienst entfallen. Ein weiteres Einsatzfeld wäre beispielsweise die elektronische Übermittlung von Gebrauchsanweisungen.

Zusammenfassend läßt sich ein erhebliches Rationalisierungspotential als Folge eines substitutiven Einsatzes von EDI erkennen. Es erstreckt sich über sämtliche unterstützenden und primären Wertaktivitäten und begründet sich primär in der schnellen und automatisierten Gestaltung zwischenbetrieblicher Kommunikationsvorgänge einerseits und der effizienten Daten- und Dokumentenverarbeitung andererseits. Konkret drückt sich die Ökonomisierung in Kosten-, Personal- und Arbeitseinsparungen aus. Abbildung 8 faßt die wesentlichen Substitutionseffekte noch einmal beispielhaft zusammen. In Abhängigkeit von der Branche und jeweils primär zugrundeliegendem Geschäftsvorfall fallen sie im konkreten Fall sicherlich unterschiedlich aus.

---

42) Vgl. z.B. Dorn (1992), S. 221.

Substitutionspotential	Substitutionseffekt	Konkrete Beispiele[43]
Ersatz zwischenbetrieblicher Kommunikationsprozesse	Substitution von Papier sowie herkömmlichen Transportmedien wie v.a. die Briefpost	Übertragungskosten bei:[44] • Brief: 1,-- DM • Telex: 1,63 DM (0,67 DM) • Telefax: 1,15 DM (0,46 DM) • EDI: <0,20 DM (<0,10 DM)
Innerbetriebliche direkte Weiterleitung ohne manuellen Eingriff	• Rationalisierung der administrativen Daten- und Dokumentenbearbeitung • Zeitgewinne • Qualitätsverbesserung	• Einsparungen von 9,-- bis 23,-- DM pro Geschäftsvorgang • Studie bei 200 US-Managern: Bearbeitung Papierdokument: $ 49 EDI-Dokument: < $ 5 • 40 % weniger Rücksendungen bei Hewlett Packard • Elektronische Fernmelderechnung (ELFE): administrativer Aufwand bei ca. 1.600 Rechnungen: vor ELFE: ca. 130 Std. nach ELFE: ca. 2 Std.

Direkte Weiterverarbeitung in unterschiedlichen betrieblichen Anwendungssystemen	Rationalisierung bzw. Straffung administrativer Abläufe wie z.B. Rechnungsprüfung, Auftragsvorbereitung und -plazierung, Bestellwesen, Bestandssteuerung etc.	• BMW: Einsparung von 8 Personen durch maschinelle Rechnungsprüfung
		• Digital:
		  * Auftragsvorbereitung ohne EDI: 5-10 Std/Wo. mit EDI: 10 Min./Wo.
		  * Auftragsplazierung: ohne EDI: 25 Std./Wo. mit EDI: < 2 Std./Wo.
		• Douglas Aircraft Company: Ersatzteilbestellabwicklung: ohne EDI: 10,-- DM mit EDI: 2,-- DM pro Bestellung
		• General Motors: Senkung der Produktionskosten pro Fahrzeug um 200,-- DM.

Abb. 8: Wesentliche Substitutionspotentiale und -effekte im Überblick

43) Zu den folgenden Beispielen vgl. im einzelnen Mertens, Miebach (1993), S. 45; Burger-Balogh (1990), S. 46 sowie S. 116; Emmelhainz (1990), S. 29f; Picot (1990c), S. 19f; Butler Cox Foundation (1987), S. 11.

44) Die Preise in Klammern beziehen sich auf den Nachttarif.

3. Innovativer Einsatz: Chancen für eine Optimierung der inner- und zwischenbetrieblichen Koordinationsformen

Beim innovativen Einsatz von EDI steht die Neuausrichtung der inner- und zwischenbetrieblichen Wertschöpfungsprozesse im Mittelpunkt.[45] Konkret geht es dabei um die Frage nach innovativen Chancen oder Möglichkeiten durch EDI für ihre Optimierung.

Inner- und zwischenbetriebliche Wertschöpfungsprozesse drücken sich in verschiedenen Formen der inner- und zwischenbetrieblichen Arbeitsteilung aus. Die zwischenbetriebliche Arbeitsteilung betrifft die Aufteilung der gesamten Wertschöpfung auf selbständige Unternehmen; die innerbetriebliche Arbeitsteilung die Zusammenarbeit auf Unternehmens- und Arbeitsplatzebene.[46] Für beide stehen verschiedene inner- und zwischenbetriebliche Koordinationsstrukturen zur Verfügung, die für unterschiedliche zugrundeliegende Leistungsbeziehungen effizient sind. Für diese Leistungsbeziehungen läßt EDI womöglich neuartige oder veränderte effizientere Koordinationsstrukturen zu. Effizienzkriterium sind dabei die Transaktionskosten, da die Einführung von Informations- und Kommunikationssystemen wie z.B. EDI durch veränderte Transaktionskosten zu einer Verschiebung grundlegender Koordinationsstrukturen führen kann.[47]

Bei einer Analyse der Auswirkungen eines innovativen EDI-Einsatzes ist daher für jede Leistungsbeziehung zu überprüfen, ob nicht durch EDI eine i.S. geringerer Transaktionskosten neuartige oder effizientere Koordinations- und Abwicklungsform zur Verfügung steht. Ziel ist eine durch EDI unterstützte Optimierung der inner- und zwischenbetrieblichen Arbeitsteilung.

Bei den dabei im einzelnen zu zeigenden Auswirkungen kann es sich lediglich um potentiell denkbare ökonomische Auswirkungen handeln. Ihre Abschätzung vernachlässigt diverse Voraussetzungen, die für eine tatsächliche Realisierung erfüllt sein müssen. Hierzu gehört zunächst eine reibungsfreie Kommunikation, von der implizit ausgegangen wird. Sie schließt Einschränkungen durch fehlende Nachrichten- und Kommunikationsstandards, darüber hinausgehende technisch erforderliche Bedingungen oder rechtliche Regelungen aus. Daß es sich hierbei noch um eher realitätsferne Annahmen handelt, verdeutlicht im Anschluß Abschnitt III/1. Eine weitere wesentliche Voraussetzung betrifft das Management. Notwendig ist hier das Bewußtsein für die innovativen Chancen und Möglichkeiten, die EDI bietet. Erforderlich ist zudem die Fähigkeit und der Wille zur Durchsetzung der teilweise einschneidenden Reorganisationsmaßnahmen. Die über die eigenen Unternehmensgrenzen hinausgehenden organisatorischen Veränderungen erfordern zudem ein ganzheitliches, unternehmensübergreifendes Denken sowie eine veränderte Lieferanten- und Kundenpolitik.[48] Schließlich stellt ein innovativer EDI-Einsatz

---

45) Vgl. Sedran (1991), S. 19.
46) Vgl. Picot (1992a), S. 23f.
47) Vgl. Picot (1989), S. 369.
48) Vgl. auch Picot, Neuburger, Niggl (1993a), S. 25.

bestimmte Voraussetzungen an die davon betroffenen Mitarbeiter. Sowohl durch die Einführung von EDI als auch durch EDI-bedingte organisatorische Veränderungen stellen sich an sie neuartige, womöglich stärkere Anforderungen. Dies erfordert frühzeitige Qualifikationsmaßnahmen. Sie beziehen sich einerseits auf die EDI-Kommunikation, andererseits auf die mit EDI zusammenhängenden aufbau- und ablauforganisatorischen Veränderungen. Die Kommunikation betreffende Qualifikationsanforderungen unterscheiden zwischen der generellen Bewußtseinsweckung für das EDI-Prinzip, die EDI-Abläufe, Vorteile von EDI etc. sowie spezifische Kenntnisse über technische Details wie Standards, Hard- und Software, Systemkonfiguration, Implementierungsanforderungen etc.[49] Bei aufbau- und ablauforganisatorischen Veränderungen sind zudem Trainings- und Umschulungsmaßnahmen notwendig, die sie für ihr verändertes Aufgabenfeld gezielt vorbereiten.[50]

Vor dem Hintergrund dieser Prämissen geht es jetzt um die Analyse ökonomischer Auswirkungen eines innovativen EDI-Einsatzes.

Ausgangspunkt sind zunächst verschiedene inner- und zwischenbetriebliche Koordinationsstrukturen (3.1), die für unterschiedliche Leistungsbeziehungen effizient sind. Anschließend erfolgt eine Analyse potentieller Einflußmöglichkeiten von EDI auf diese Koordinationsstrukturen, um neuartige oder veränderte Koordinationsmuster für die jeweils zugrundeliegenden Leistungsbeziehungen zu ermitteln (3.2). Auf der Basis des Porter'schen Wertsystems sind abschließend konkret denkbare organisatorische Auswirkungen zu zeigen (3.3).

3.1 Koordinationsstrukturen

Eine Systematisierung verschiedener Koordinationsstrukturen erscheint weniger problematisch bei den Koordinationsformen Markt und unternehmensinterne Abwicklung als den zwei Endpunkten eines Kontinuums "von Koordinationsformen, die eine Kombination aus Elementen marktlicher und hierarchischer Abwicklungsformen darstellen."[51] Bezüglich alternativer Koordinationsmuster zwischen Markt und interner Abwicklung finden sich in der Literatur unterschiedliche Systematisierungsansätze.[52] Die hier zugrundegelegte Systematisierung erfolgt nach dem Grad der Integration des Koordinationspartners.[53] Während bei marktlicher Abwicklung diese Integration fehlt, lassen sich interne Koordinationsformen durch vollständige Integration

---

49) Vgl. z.B. Carter u.a. (1987); Emmelhainz (1990), S. 146ff; Jackson (1988), S. 149f. In der Literatur werden weitere Differenzierungen vorgenommen. Sie betreffen den Mitarbeiter-Status: Top-Management, EDI-Benutzer, Systembetreuer (vgl. Jackson (1988), S. 149f oder Emmelhainz (1990), S. 148) sowie den zugrundeliegenden Aufgabenbereich (Vgl. Carter u.a. (1987), S. 15). Die Qualifikation der Kommunikationspartner spricht Kimberley (1991), S. 174 an.

50) Dieser Aspekt wird in der Literatur häufig vernachlässigt. Ausführungen zu Qualifikationsmaßnahmen betreffen meistens die Kommunikationsebene. Gespräche am Rande der ELTRADO-Untersuchung zeigten jedoch die nicht zu unterschätzende Bedeutung.

51) Baur (1990), S. 90.

52) Vgl. zu einer Diskussion näher Baur (1990), S. 194ff.

53) Vgl. auch Baur (1990), S. 95f.

38

charakterisieren. Das dazwischen existierende Spektrum zeigt teils stärker marktliche, teils stärker intern-hierarchische Elemente. Dies entspricht einem eher geringeren bzw. höheren Integrationsgrad. Bei tendentiell geringerem Integrationsgrad soll im folgenden von Kooperationsformen gesprochen werden. Mit zunehmenden Integrationsgrad handelt es sich um vertikale Beherrschungsformen.[54]

Die nachfolgende Untersuchung geht von den Koordinationsstrukturen Markt, Kooperationsformen, Beherrschungsverhältnisse und interne Abwicklung aus.[55]

Markt
Marktliche Koordinationsstrukturen bieten sich für standardisierte Leistungsbeziehungen, die wenig veränderlich sowie nur gering spezifische Aufgaben betreffen, an. Notwendig sind Informationen über Qualität, Menge und Marktpreis. Die Koordination erfolgt über den Marktpreis.
Transaktionskostentheoretisch halten sich die Anbahnungskosten in Grenzen, da für Vergleich und endgültige Entscheidung vergleichsweise wenig Informationen notwendig sind. Gering sind auch die Abschluß- und Abwicklungskosten, da i.d.R. klassische Verträge wie z.B. Kaufverträge zugrundeliegen. Unsicherheitsbedingte, die Transaktionskosten erhöhende Vereinbarungen, die die nachvertragliche Phase betreffen, fallen kaum an.

Kooperationsformen
Kooperationsformen bezeichnen eine mittel- bis langfristig ausgelegte, vertraglich geregelte Zusammenarbeit rechtlich selbständiger Unternehmen.[56] Bezüglich der Richtung der Zusammenarbeit sind vertikale, horizontale und diagonale Kooperationen zu unterscheiden.[57] Vertikale Kooperationen beziehen sich auf Unternehmen auf benachbarten Stufen der Wertschöpfungskette wie z.B. Kunde und Lieferant. Horizontale Kooperationen betreffen Branchenwettbewerber auf gleicher Wertschöpfungsstufe, während diagonale Kooperationen zwischen Unternehmen unterschiedlicher Branchen geschlossen werden.
Unterschiedliche Auffassungen bestehen über eine Systematik verschiedener Kooperationsformen. Sie erstrecken sich "über ein Kontinuum von ("einfachen") langfristigen Liefer- oder technologischen Kooperationsabkommen bis zu hochkomplexen, auf gemeinsamen Normen und Werten beruhenden Gruppen oder Allianzen".[58]

---

54) Vgl. zu dieser Unterscheidung auch Baur (1990), S. 96ff sowie Picot (1992a), S. 38f. Vgl. auch Haury (1989), S. 2, die zwischenbetriebliche Kooperationen in "laterale " bei gleichberechtigten Unternehmen und "hierarchische" bei einseitigem Weisungsbefugnis unterteilt.
55) Vgl. zum folgenden Picot, Reichwald (1991), S. 291ff.
56) Vgl. z.B. Rotering (1990), S. 38f.
57) Vgl. zum folgenden z.B. Bronder (1993), S. 66ff.
58) Baur (1990), S. 102. Von einer näheren Differenzierung soll im folgenden abgesehen werden, da dies den Rahmen der Arbeit sprengen würde und für den vorliegenden Untersuchungsgegenstand nicht maßgeblich ist.

Kooperationen bieten sich an, wenn durch sie Vorteile realisierbar sind, die andere Abwicklungsformen nicht verwirklichen können.[59] Die Literatur kennt eine Vielzahl dieser Vorteile.[60] Häufig genannt sind Zeitvorteile, Kostenvorteile, Know-how Vorteile, Skalenvorteile, Kompetenzgewinn, Marktzutritt, Verringerung der Risiken sowie Einflußnahme auf den Wettbewerb. Transaktionskostentheoretisch sind Kooperationen effizient, wenn die Kosten für Entstehung und Abwicklung geringer sind als bei anderen Koordinationsstrukturen.[61] Sie bieten sich für Aufgabenstellungen mit geringer strategischer Bedeutung, geringer Spezifität und hoher Veränderlichkeit an. Geringe strategische Bedeutung und geringe Spezifität sprechen gegen eine stärkere Integration, da Transaktionskosten verursachende Anreiz- oder Überwachungssysteme nicht erforderlich sind. Die hohe Veränderlichkeit spricht gegen eine marktliche Abwicklung, da mit ihr verbundene Beschreibungsprobleme vertragliche Sonderregelungen erfordern, die bei marktlicher Abwicklung zu hohen Transaktionskosten führen.

Vertikale Beherrschungsverhältnisse

Mit zunehmender Spezifität sowie erhöhten Beschreibungs- und Bewertungsproblemen der zugrundeliegenden Leistungen werden marktliche Abwicklungsformen ineffizient. Vertragliche Sondergestaltungen über eine möglichst exakte Beschreibung der Leistung oder Anreiz- und Überwachungssysteme zur Vermeidung opportunistischen Verhaltens führen zu hohen Transaktionskosten. Zu empfehlen ist dann die vollständige Integration, die bei hoher strategischer Bedeutung sicherlich sinnvoll ist. Gegen eine interne Abwicklung sprechen interne Koordinationskosten für Suche und Einstellung von Mitarbeitern oder für entsprechende organisatorische Umstellungsmaßnahmen.

Dieser Mehraufwand wird bei geringer strategischer Bedeutung der zugrundeliegenden Leistung fraglich, sobald diese externe Geschäftspartner zur Verfügung stellen. Erforderlich ist eine langfristige Koordination mit ihnen, die einen gewissen Integrationsgrad zuläßt. Dieser Anforderung werden vertikale Beherrschungsverhältnisse gerecht. Bei ihnen handelt es sich um mittel- bis langfristig ausgelegte, vertraglich geregelte Formen der Zusammenarbeit, denen einseitige Abhängigkeitsverhältnisse zugrundeliegen.[62] Sie basieren auf unterschiedlichen Faktoren. Um ihr Spektrum zumindest anzudeuten, sind im folgenden einige Formen beispielhaft zu skizzieren.[63] Bei der *'quasi-vertikalen Integration'* hält der Besteller das Eigentum an spezifischen Produktionsfaktoren wie z.B. Werkzeuge, Pressen etc., die im Besitz des Lieferanten sind. Bei der *'Vertikalen Quasi-Integration'* resultiert das Beherrschungsverhältnis aus der Größe des Anteils des Bestellers am Umsatz des Lieferanten und des hieraus resultierenden Drohpotentials. *'Implizite Verträge'* basieren auf der Drohung, die stillschweigende Vertrags-

---

59) Vgl. Porter, Fuller (1989), S. 372.
60) Vgl. zum folgenden Bronder (1993), S. 19ff; Vizjak (1990), S. 82ff; Gahl (1989), S. 14ff; Porter, Fuller (1989), S. 375f.
61) Vgl. z.B. Haury (1989), S. 52.
62) Vgl. auch Hanker (1990), S. 364f, der hier von vertikaler strategischer Partnerschaft oder Haury (1989), S. 2, die von hierarchischer Kooperation spricht.
63) Vgl. zum folgenden Baur (1990), S. 96ff.

verlängerung abzubrechen. Bei der 'de facto vertikalen Integration' besteht die Abhängigkeit durch die geographisch abgestimmte Lage von Besteller und Lieferanten.

Bei der 'partiellen Integration' erfolgt eine teilweise Integration einer Produktionsstufe mit der glaubhaften Drohung einer vollständigen Integration. Vertikale Beherrschungsformen bieten sich damit für Aufgabenstellungen mit zunehmender Spezifität und erhöhten Beschreibungs- und Bewertungsproblemen an, deren geringe strategische Bedeutung gegen die interne Abwicklung spricht.

Interne Abwicklung

Die interne Abwicklung bietet sich für strategisch bedeutende, spezifische, häufig wiederkehrende Aufgabenstellungen in einer unsicheren, komplexen Umwelt an. Die internen Koordinationskosten sind geringer als externe Transaktionskosten bei Markt- oder Kooperationsbeziehungen. Unternehmen stellen gleichsam Beherrschungs- und Überwachungssysteme dar. Die unternehmensinterne Abwicklung sagt noch nichts über die unternehmerische Struktur aus. Sie muß nicht unbedingt typisch hierarchisch sein. Bei hoch veränderlichen Aufgaben kann sie eine Clan-Organisation darstellen.[64] Die Koordination bei dieser gruppenorientierten Organisationsform erfolgt durch die Orientierung der Organisationsmitglieder an gemeinsamen Werten, Qualitätsvorstellungen, Normen und Einstellungen. Abbildung 9 faßt die verschiedenen Koordinationsstrukturen zusammen.

Verän-derlich-keit / Be-schrei-bungs-proble-me der Auf-gabe	hoch	zwischenbetriebliche Koordinationsstrukturen Kooperations- Beherrschungs- formen verhältnisse	Clan wertverbundene kommunikations-intensive Gruppen-arbeit
	gering	Markt Markt mit standardisierter Aufgabenabwicklung	Hierarchie interne strategisch relevante Fachaufgaben
		gering	hoch
		Spezifität der Aufgabe	

Abb. 9: Koordinationsstrukturen im Überblick[65]

---

64) Vgl. z.B. Picot, Reichwald (1991), S. 291; zur Clanorganisation vgl. auch Ouchi (1980).
65) In Anlehnung an Picot, Reichwald (1991), S. 291.

3.2   Potentielle Einflußmöglichkeiten von EDI auf die Koordinationsstrukturen

Die Untersuchung der Auswirkungen von EDI auf die Effizienz der Koordinationsstrukturen erfordert die Untersuchung des Einflusses von EDI auf die Transaktionskosten. Effizient ist die Koordinationsstruktur mit den minimalsten Transaktionskosten. Daher sind im folgenden durch EDI beeinflußte Abwicklungsformen einerseits mit den herkömmlichen, andererseits mit den übrigen zur Verfügung stehenden Abwicklungsformen zu vergleichen.

3.2.1   Elektronische Marktbeziehungen

Zunächst wird der Einfluß von EDI auf klassische Marktbeziehungen untersucht (3.2.1.1), um anschließend konkrete elektronische Marktbeziehungen aufzuzeigen (3.2.1.2).

3.2.1.1   Einfluß von EDI auf klassische Marktbeziehungen

Es erscheint sinnvoll, einer näheren Analyse der Auswirkungen von EDI den Aufbau einer klassischen Markttransaktion zugrundezulegen. Ein für diesen Zweck geeignetes Modell teilt die Markttransaktion in zwei Phasen[66]: Eine Informations- und Entscheidungsphase sowie eine Abwicklungsphase (vgl. Abb. 10). Zu der Informations- und Entscheidungsphase zählen die Suche nach potentiellen Marktpartnern, die Suche nach Informationen zu deren Angeboten und Nachfragen, dessen Vergleich sowie die Entscheidung über den Abschluß einer bestimmten Markttransaktion. Die Abwicklungsphase betrifft sämtliche mit Abschluß und Abwicklung der Markttransaktionen verbundenen Aktionen und Maßnahmen. Neben Primärtransaktionen, die sich auf den Produktkauf beziehen, zählen hierzu indirekt darauf bezogene sekundäre Transaktionen wie z.B. der Abschluss einer Transportversicherung.[67]

---

66)   Vgl. zum folgenden Schmid (1990), S. 5ff. Vgl. zu ähnlichen Phasenmodellen z.B. Schmid, Zbornik (1991), S. 42f; Scheidegger, Zbornik (1993), S. 13ff; Himberger u.a. (1991), S. 23.
67)   Vgl. Himberger u.a. (1991), S. 7.

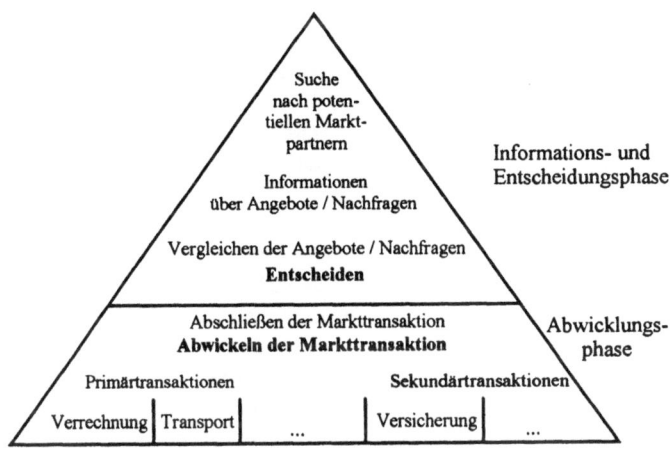

Abb 10: Klassische Markttransaktionen[68]

Transaktionskostentheoretisch ist die Informations- und Entscheidungsphase mit Anbahnungskosten verbunden, während die Abwicklungsphase zu Vereinbarungs- und Abwicklungskosten führt. Kontroll- und Anpassungskosten sind in diesem Modell weniger berücksichtigt, da sie - wie unter 3.1 festgehalten wurde - bei zugrundeliegender standardisierter Aufgabenstellung nicht erforderlich erscheinen.

Auf der Basis dieses Modells ist jetzt der Einfluß von EDI näher zu untersuchen. Grundsätzlich reduziert EDI als elektronisches Kommunikationsmedium Zeit und Kosten für die *Informationsgewinnung*. Eine schnellere und gezieltere Suche nach potentiellen Marktpartnern wird möglich[69], so daß EDI Suchkosten senken kann. Der Austausch kommerzieller Daten und Dokumente erlaubt eine schnelle elektronische Einholung aktueller Informationen wie z.B. Angebote. Unterschiedlich unterstützen kann EDI die *Entscheidungsphase*.[70] Zunächst kann EDI entscheidungsrelevante Informationen selektieren. Bei geringeren Informationskosten entsteht

---

68) In Anlehnung an Schmid (1990), S. 6.
69) Notwendige Voraussetzungen wie technisch-infrastrukturelle Bedingungen, rechtliche Regelungen sowie die entsprechenden Informationsdienste und Datenbanken werden hier bewußt außer Acht gelassen. Sie betreffen institutionelle Rahmenbedingungen, die in Abschnitt III/2.1.1 wieder aufgegriffen werden.
70) Vgl. zum folgenden Hohagen, Schmid (1991), S. 6.

eine größere Markttransparenz,[71] so daß sich die Vergleichsmöglichkeiten verbessern. Denkbar ist auch das automatisierte Zusammenbringen von Angeboten und Nachfragen. Damit senkt EDI Vergleichs- und Entscheidungskosten. Dies umso mehr, wenn über den Abschluß der vorgeschlagenen Transaktion sofort entschieden werden kann oder wenn diese Entscheidung ganz dem System überlassen wird. Der Kosteneffekt ist sicherlich am größten, wenn Preis- und Mengenentscheidungen durch das System gefällt werden.[72] Durch eine effizientere Gestaltung der Informations- und Entscheidungsphase kann EDI damit Anbahnungskosten i.S. von Such-, Informations-, Vergleichs- und Entscheidungskosten senken.

Ähnlich wie die Informations- und Entscheidungsphase unterstützt EDI die *Abwicklungsphase*. Nach Abbildung 10 läßt sie sich in die Phasen Abschluß und Abwicklung einer Markttransaktion unterteilen. Herkömmliche papierunterstützte Verfahren des Abschlusses wie Bestellung per Brief oder Fax ersetzt EDI durch elektronische Bestellungen, elektronische Aufträge sowie entsprechende elektronische Auftragsbestätigungen. Bei marktlicher Abwicklung stellt der Preis die kaufentscheidende Information dar. Zusätzliche Vertragsverhandlungen fallen annahmegemäß kaum an. Durch elektronisch effiziente Vertragsabschlussvereinbarungen wie z.B. elektronische Bestellung und elektronische Auftragsbestätigung senkt EDI die bei marktlichen Transaktionen ohnehin nicht hohen Vereinbarungskosten.[73]
Die Abwicklung von Markttransaktionen unterstützt EDI durch eine vereinfachte und schnelle Kommunikation mit direkt oder indirekt betroffenen Geschäftspartnern wie z.B. Spediteuren und durch eine Automatisierung der erforderlichen Abläufe.[74] Erforderliche Dokumente wie Lieferscheine, Zolldokumente oder Versicherungspolicen lassen sich elektronisch schnell übertragen und unmittelbar weiterverarbeiten.[75] Folgende Beispiele verdeutlichen dies: Extern wird durch EDI der elektronische Austausch von Rechnungen sowie die elektronische Zahlungsabwicklung stark vereinfacht. Interne Effizienzvorteile ergeben sich durch die direkte Weiterverarbeitung der Rechnungs- und Zahlungsdaten in Fakturierung und Buchhaltung.

Ähnliche Unterstützungspotentiale ergeben sich für Transport und Verzollung betreffende Primärtransaktionen. Die standardisierte und automatisierte Kommunikation mit Spediteuren vermindert den mit Transporten verbundenen Abwicklungsaufwand. Bei internationalem Geschäftsverkehr auf herkömmlicher Basis erschweren ihn zudem notwendige Zollformalitäten. EDI mit dem Zoll kann hier unterstützen und die Effizienz der Abwicklung erhöhen.
Sinnvoll erscheint auch der Einbezug von Sekundärtransaktionen. EDI mit den entsprechenden Institutionen wie z.B. Versicherungen erleichtert den Abschluß erforderlicher Transaktionen wie z.B. einer Transportversicherung.

---

71) Vgl. z.B. Picot (1993b), S. 57.
72) Dann handelt es sich um 'automatisiertes Handeln'. Vgl. Ritz (1991b), S. 11.
73) Vgl. auch Ritz (1991a), S. 8.
74) Vgl. Picot, Reichwald (1991), S. 297.
75) Vgl. Ritz (1991a), S. 27; Hohagen, Schmid, (1991), S. 6.

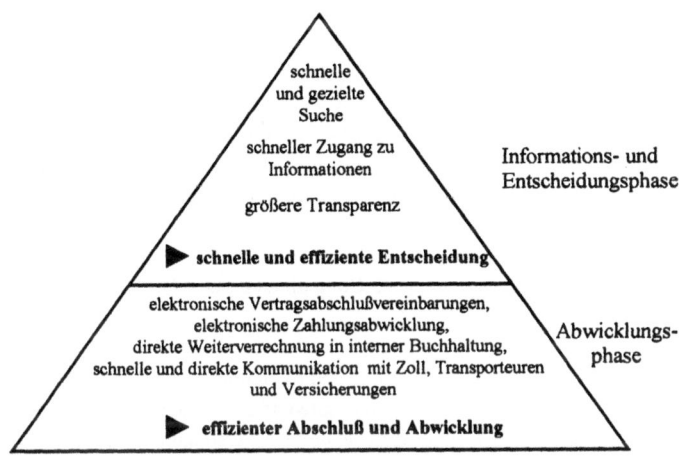

Abb. 11: Transaktionskostensenkende Potentiale von EDI für klassische Markttransaktionen

3.2.1.2 Elektronisch unterstützte Marktbeziehungen und elektronische Märkte

Die elektronische Unterstützung ist in verschiedenen Ausprägungen denkbar:
Zum einen lassen sich die oben gezeigten Phasen einzeln unterstützen, sobald dies erforderlich oder sinnvoll erscheint. Die Marktbeziehung ändert sich nicht an sich. EDI unterstützt sie durch einen schnellen Informationszugang sowie einen schnellen Datenaustausch. Hier läßt sich von *elektronisch unterstützten Marktbeziehungen* sprechen.

Zum anderen stellt EDI die technische Infrastruktur für die Entstehung und Entwicklung sogenannter *elektronischer Märkte* [76] zur Verfügung. In der Literatur finden sich für sie unterschiedliche Begriffsfassungen.[77] Als wesentliches Kennzeichen definiert z.B. Hubmann "das flexible Zusammentreffen von Angebot und Nachfrage in elektronischen IuK-Systemen."[78] Während Hubmann eher die dahinterstehende Idee anspricht, bezieht sich folgende Definition

---

76) Der Begriff wurde erstmals durch die Arbeiten von Malone, Yates, Benjamin (1986) und (1987) bekannt.
77) Vgl. zu unterschiedlichen Begriffsdefinitionen Hubmann (1989), S. 115; Picot, Neuburger, Niggl (1991), S. 28; Hanker (1990), S. 349; Himberger u.a. (1991), S. 9; Ritz (1991a), S. 5.
78) Hubmann (1989), S. 115.

mehr auf die konkrete Realisierung: "Märkte sollen als elektronisch gelten, sofern sämtliche Interaktionen zwischen den Partnern, die zu einem Vertragsabschluß gehören, auf einem durchgängigen (in diesem Sinne) integrierten elektronischen System abgewickelt werden; eine zusätzliche Systemeinbindung ist zur Ausnutzung des technologischen Potentials anzustreben."[79]

Den unterschiedlichen Begriffsabgrenzungen liegt folgendes konstituierende Prinzip zugrunde. Elektronische Märkte sind Systeme, die Markttransaktionen in der Form unterstützen, daß entweder einzelne Phasen oder der gesamte Prozeß elektronisch durchgeführt werden kann.[80] IuK-Systeme fungieren quasi als Intermediäre, die Angebot und Nachfrage abgleichen können.[81] Auf der nächsthöheren Entwicklungsstufe steht Automatisiertes Handeln.[82] Ohne menschliches Zutun lösen entsprechend programmierte Computersysteme Markttransaktionen aus.[83]

An elektronische Märkte stellen sich bestimmte technische und ökonomische Anforderungen. Zur *technischen Realisierung* sind zwei Voraussetzungen notwendig:[84] Eine gemeinsame und für sämtliche Marktteilnehmer bzw. ihren Computeranwendungen verständliche Sprache zur Beschreibung der Marktaktivitäten sowie ein einheitliches technisches Kommunikationsprotokoll, das die Verbindung zwischen den unterschiedlichen Computersystemen über bestehende Netze gewährleistet.

Diese Voraussetzungen kann EDI prinzipiell erfüllen.[85] Die gemeinsame Sprache gewährleisten Standards. Die für EDI erforderlichen Kommunikationsnetze und -dienste stellen die Kommunikation zwischen den verschiedenen Computersystemen her. So bietet EDI die technische Infrastruktur für die Entstehung und Institutionalisierung elektronischer Märkte.

Wesentliche Kriterien für elektronische Märkte in *ökonomischer* Hinsicht sind "die Gleichberechtigung sämtlicher Teilnehmer sowie die Freiwilligkeit der Teilnahme."[86] Die mit elektronischen Märkten verbundenen Fix- und Wechselkosten[87] verlangen regelmäßige und häufige Kontakt- und Tauschbeziehungen. Dies deutet womöglich daraufhin, daß das bei marktlichen Transaktionsbeziehungen bisher weniger entscheidungsrelevante Aufgabenmerkmal Häufigkeit

---

79) Krähenmann (1991), S. 12.
80) Das heißt, daß sowohl die zwischenbetriebliche Kommunikation als auch die bei marktlichen Transaktionen anfallende Informationsverarbeitung elektronisch unterstützt oder automatisiert wird. Vgl. Krähenmann (1991), S. 12, der dies als grundsätzliches Charakteristikum elektronischer Märkte bezeichnet.
81) Hier wird der von Malone, Yates, Benjamin (1986) u.a. angesprochene "brokerage effect" deutlich. Vgl. Malone, Yates, Benjamin (1986), S. 10; vgl. auch Picot, Reichwald (1991), S. 297.
82) Vgl. Ritz (1991a), S. 30.
83) Diese fortgeschrittenste Form beschränkt sich gegenwärtig mit geringem Erfolg auf den Finanzbereich. Technische Voraussetzung ist die kaum realisierbare Festschreibung der hochstandardisierten Produkte in Algorithmen. Vgl. Ritz (1991a), S. 30.
84) Vgl. zum folgenden Himberger u.a. (1991), S. 14; Schmid (1990), S. 8; Schmid, Zbornik (1991). Mitunter wird im Zusammenhang mit der technischen Realisierung von elektronischem Marktsystem gesprochen. Vgl. z.B. Ritz (1991a), S. 6; Himberger u.a. (1991a), S. 13.
85) Vgl. auch Schmid (1990), S. 14f.
86) Vgl. Ritz (1991a), S. 6.
87) Vgl. hierzu Bakos (1991), S. 304ff.

durch EDI eine neue Dimension erhalten könnte. Nicht auszuschließen ist, daß in Abhängigkeit der Häufigkeit der zugrundeliegenden marktlichen Beziehungen unterschiedliche elektronische Marktbeziehungen effizient sind. Bei geringer Häufigkeit sind elektronische Marktbeziehungen nicht zu empfehlen, während mit zunehmender Häufigkeit die Implementierung oder Inanspruchnahme elektronischer Marktbeziehungen effizient erscheint.

Für diese sind wiederum verschiedene Ausprägungen denkbar. Neben dem Ersatz klassischer Marktbeziehungen durch elektronische Marktbeziehungen resp. Märkte lassen sich bewährte interne Abwicklungsformen durch effizientere elektronische Marktbeziehungen ersetzen. "Die Möglichkeit, über einen Elektronischen Markt jederzeit flexible Angebote verschiedener Hersteller vergleichen und bestellen zu können, senkt die mit dem Fremdbezug verbundenen Transaktionskosten und kann dadurch zu einem vermehrten Zukauf bislang unternehmensintern erstellter Komponenten führen."[88] Beispiel ist der direkte elektronische Zugang zu elektronischen Märkten wie z.B. AMADEUS[89], der in größeren Unternehmen die nicht selten anzutreffenden eigenen Abteilungen für die Organisation von Reisen ersetzen könnte. Bei den zugrundeliegenden standardisierten, strategisch nicht bedeutsamen Aufgaben ist die interne Abwicklung nicht unbedingt erforderlich und möglicherweise mit der Häufigkeit der notwendigen Transaktionen erklärbar. Die elektronische Anbindung an AMADEUS ersetzt sie. Dieses Beispiel verdeutlicht, daß EDI für interne Abteilungen mit standardisierten, strategisch nicht bedeutenden Aufgaben elektronische Marktbeziehungen als effizientere Abwicklungsformen zur Verfügung stellt.[90]

Durch elektronische Marktbeziehungen entstehen möglicherweise neuartige Formen der zwischenbetrieblichen Kooperation. Für standardisierte Güter bietet sich die gemeinsame Entwicklung von elektronischen Märkten an. Mehrere gleichgeartete Marktteilnehmer schließen sich zusammen, um gemeinsam elektronische Absatzkanäle[91] oder Beschaffungsmärkte aufzubauen. Einen Schritt weiter denkbar ist die Gründung einer eigenen, für dessen Betrieb zuständigen Organisation. Anstrengungen in dieser Richtung sind deutlich in der Tourismusbranche zu beobachten.[92] Auf der Beschaffungsseite sind noch keine Tendenzen erkennbar. Konkret vorstellbar wäre z.B. der Zusammenschluß mehrerer Hersteller, um für Standard-Zuliefergüter gemeinsame elektronische Beschaffungskanäle aufzubauen.

Zusammenfassend kann EDI Transaktionskosten bei marktlichen Abwicklungsformen senken.[93] Herkömmliche Marktbeziehungen lassen sich in einzelnen Phasen elektronisch *unterstützen*. Mit zunehmender Häufigkeit der zugrundeliegenden Leistungsbeziehung lohnt sich eine

---

88)   Ritz (1991a), S. 12.
89)   Vgl. hierzu Abschnitt III/2.1.2.2 und die dort angegebene Literatur.
90)   Voraussetzung ist natürlich die Existenz bzw. Entwicklung von elektronischen Märkten für derartige Aufgabenstellungen. Vgl. hierzu näher Abschnitt III/2.1.2.2.
91)   Vgl. Ritz (1991a), S. 8.
92)   Vgl. Abschnitt III/2.1.2.2 und die dort angegebene Literatur.
93)   Vgl. auch Griese (1992), S. 172.

elektronische und automatisierte *Abwicklung*. Dies betrifft einzelne Phasen, die gesamte Transaktion einschließlich rechtlich bindenden Vertragsabschluß oder sogar die zusätzliche Abwicklung sekundärer Transaktionen.

3.2.2 Unterstützung kooperativer Aufgabenabwicklungen

Kooperationen bieten sich für Aufgaben mit hoher Veränderlichkeit, jedoch geringer strategischer Bedeutung und geringer Spezifität an. Der Einfluß von EDI wird zunächst untersucht (3.2.2.1), bevor auf direkt mit EDI zusammenhängende Kooperationsformen eingegangen wird (3.2.2.2).

3.2.2.1 Elektronisches Unterstützungspotential

Die Suche nach geeigneten Kooperationspartnern sowie die Gestaltung der zugrundeliegenden Kooperationsverträge kann EDI weniger unterstützen. Da es sich nicht um standardisierte Leistungsbeziehungen handelt, ist die Suche nach geeigneten Vertragspartnern und die Vertragsgestaltung[94] vergleichsweise komplizierter als bei Marktbeziehungen und daher kaum automatisierbar.

Das Potential von EDI liegt in der Unterstützung der Abwicklung von Kooperationsbeziehungen. EDI erleichtert die Koordination zwischen den Kooperationspartnern.[95] Durch die direkte zwischenbetriebliche Kommunikation ohne Medienbrüche ist die Kommunikation und der Informationsaustausch zwischen den Kooperationspartnern ähnlich problemlos wie intern. Durch die Verringerung der Fehlerquote bei zwischenbetrieblich übermittelten und intern weiterverarbeiteten Daten und Informationen werden bisher notwendige Prüfungen der übermittelten Informationen obsolet. Die erhöhte Qualität des Informationsaustauschs spart Koordinations- und Transaktionskosten. Durch die Automatisierung des Informationsflusses und des operativen Geschäftsverkehrs erlaubt EDI die Konzentration auf die strategische Zusammenarbeit. Dieses Unterstützungspotential wurde in der ELTRADO-Untersuchung weitgehend bestätigt.[96] Sowohl Test- als auch Kontrollgruppe stuften das Unterstützungspotential von EDI als ziemlich hoch ein. Differenziert nach unterschiedlichen Unterstützungspotentialen ergab sich - einheitlich bei beiden Gruppen - folgende Rangfolge in der Bewertung: Unterstützung eines schnellen Informationsaustausches, Verbesserung der Qualität/Eindeutigkeit der Kommunikation, Automatisierung des operativen Geschäftsverkehrs und dadurch Konzentration auf strategische Zusammenarbeit und Erleichterung der zwischenbetrieblichen Arbeitsteilung.

---

94) Im Gegensatz zu Marktbeziehungen mit klassischen Verträgen liegen hier komplexe, langfristige Verträge zugrunde.
95) Vgl. Szyperski, Kronen (1991), S. 5.
96) Vgl. zum folgenden ausführlich Kilian u.a. (1994).

Derartige Unterstützungspotentiale eröffnen vielfältige konkrete Umsetzungsmöglichkeiten. Bestehende Kooperationen lassen sich zunächst effizienter durchführen. Bei bisher intern durchgeführten Aufgaben stellt sich die Frage, ob sie sich nicht durch Kooperationen auf EDI-Basis effizienter abwickeln lassen. In diesem Fall ist eine stärkere Kooperationstätigkeit zu erwarten, die dann zumindest indirekt auf EDI zurückführbar ist.

3.2.2.2 'EDI-Kooperationen' und 'EDI-Netze'

Durch EDI ist zudem die Herausbildung neuartiger Kooperationsformen vorstellbar. Da EDI die notwendige Voraussetzung für ihre Entstehung darstellt, soll im folgenden von 'EDI-Kooperationen' gesprochen werden.

'EDI-Kooperationen' entstehen, wenn Unternehmen auf der Basis eines direkten zwischenbetrieblichen Informationsaustauschs gemeinsam bestimmte Aufgaben bewältigen. Beispiele sind Warenwirtschaftssysteme oder Rationalisierungsgemeinschaften. *Warenwirtschaftssysteme*[97] wie z.B. MADAKOM[98] lassen sich als 'EDI-Kooperationen' zwischen Handel und Industrie interpretieren. Auf der Basis von EDI hat die Industrie direkten Zugang zu den aktuellen Scannerdaten des Handels. Sie lassen sich für schnelle und aktuelle Marktstrategien aufbereiten. Hiervon profitiert wiederum der Handel. *Rationalisierungsgemeinschaften*[99] sind als 'EDI-Kooperationen' zwischen Lieferanten, Abnehmern und Transporteuren charakterisierbar. Ziel ist die effiziente Abwicklung der Transportvorgänge zwischen Lieferanten und Abnehmern.

'EDI-Kooperationen' können sich auch aus einer sehr engen Zusammenarbeit mit Geschäftspartnern entwickeln, deren Basis keine Beherrschungsverhältnisse sind. Auf technischer Seite bedingt EDI die enge elektronische Verbindung. Die Zusammenarbeit ist kooperativ. Beispiel ist die elektronische Zusammenarbeit zwischen VEBA Wohnen und Handwerkern, um gemeinsam Wartungs- und Reparaturaufgaben zu bewältigen.[100] EDI sichert den direkten zwischenbetrieblichen Informationsaustausch. Die Zusammenarbeit besteht darin, daß die Durchführung der Aufträge bei den Handwerkern liegt, damit zusammenhängende Verwaltungsarbeiten sowie die Kundenpflege in den Aufgabenbereich des Produktionsunternehmen fällt.

---

97) Warenwirtschaftssysteme setzen sich aus den Modulen Disposition und Bestellwesen, Warenaus- und Wareneingang sowie Marketing- und Managementinformationen zusammen. Vgl. Zentes, Anderer (1993a), S. 25ff; Zentes, Anderer (1993b), S. 349ff.
98) MADAKOM (steht für Marktdatenkommunikation) ist ein System zur standardisierten Bereitstellung von artikelbezogenen Verkaufsdaten. Vgl. hierzu Hallier (1992), S. 115ff.
99) Vgl. Hautz (1991), S. 1.
100) Vgl. Strohmeyer (1992); vgl. auch Thomas (1990b), S. 24, der hier von einem "EDI-System Handwerkerkopplung" spricht.

Bei 'EDI-Kooperationen' bestehen zwischen den Kooperationspartnern explizite Beziehungen unabhängig davon, ob diese vertraglich geregelt sind.[101] Vorstellbar ist auch eine andere Form der zwischenbetrieblichen Zusammenarbeit mit EDI als notwendiger Bedingung. Zwischen den Geschäftspartnern bestehen hier implizite Beziehungen. In Abgrenzung zu 'EDI-Kooperationen' soll es sich um 'EDI-Netze'[102] handeln. Sie können sich automatisch herausbilden, lassen sich jedoch auch bewußt einrichten bzw. installieren. Voraussetzung für die automatische Entstehung ist EDI als technische Infrastruktur. Implizite Beziehungen entstehen zwischen Unternehmen, zwischen denen regelmäßige Kommunikationsbeziehungen sowie ein häufiger Informationsaustausch stattfindet. Dies ist beispielsweise der Fall bei Banken, Versicherungen, Steuerberatern, Post, DATEV und anderen Dienstleistungen wie z.B. Mehrwertdiensten. Zwischen ihnen müssen nicht unbedingt explizite Vereinbarungen bestehen. Die enge elektronische Verbindung erlaubt einen direkten Informationsaustausch und führt zu einer engen Zusammenarbeit. Da es sich bei den angesprochenen Unternehmen um gleichberechtigte Partner handelt, entstehen keine vertikalen Beherrschungsformen. Zwischen ihnen bilden sich durch EDI implizite Netzbeziehungen heraus.

'EDI-Netze' lassen sich schließlich auch bewußt zwischen Unternehmen, zwischen denen regelmäßig und häufig Informations- und Kommunikationsbeziehungen bestehen, installieren. Die Einrichtung von EDI-Verbindungen erleichtert die Kommunikation und den Informationsaustausch. Konkretes Beispiel ist ein 'EDI-Netz', das in Singapur für den Bereich der medizinischen Versorgung eingerichtet wird. Es verbindet Behörden, Klinken, Krankenkassen und Ärzte.[103]

Zusammenfassend ist festzuhalten, daß EDI zwischenbetriebliche Kooperationen sinnvoll und effizient unterstützen kann. Als neuartige Kooperationsformen auf der zwingenden Basis von EDI bilden sich womöglich 'EDI-Kooperationen' oder 'EDI-Netze' heraus.

3.2.3 Enge elektronische Anbindung

EDI verbindet die Anwendungssysteme verschiedener Unternehmen. Die schnelle Übertragung und direkte Weiterleitung relevanter Daten und Informationen führen zu einer Integration zwischenbetrieblicher Computersysteme. Dieser 'electronic integration effect' von EDI[104] läßt eine enge elektronische Anbindung externer Geschäftspartner zu. Sie kann Beherrschungsverhältnisse direkt oder indirekt unterstützen (3.2.3.1). Die Folge können elektronische Hierarchien sein (3.2.3.2).

---

101) Fehlt die vertragliche Regelung, bestehen informelle Allianzen. Vgl. Lewis (1991), S. 117.
102) Dies wird dem Charakter der impliziten Beziehungen gerechter.
103) Vgl. o.V. (1989d), S. 14.
104) Vgl. Malone, Yates, Benjamin (1986), S. 10.

3.2.3.1 Ausweitung vertikaler Beherrschungsformen

Direkt forciert EDI die 'vertikale Quasi-Integration', wenn EDI die Beschaffung auf einen Hauptlieferanten reduziert und damit der Anteil des Abnehmers am Umsatz des Lieferanten erhöht wird.

Indirekt kann EDI die 'quasi-vertikale Integration' unterstützen. Kein Einfluß besteht auf das zugrundeliegende Machtverhältnis des Eigentums des Bestellers an spezifischen Werkzeugen des Lieferanten. Der schnelle Informationsaustausch und die direkte Informationsweiterleitung unterstützen die Abwicklung erforderlicher Transaktionen.

Die enge elektronische Anbindung kann unmittelbare Voraussetzung für alternative vertikale Beherrschungsformen sein. Hierzu zählen JiT-Anbindungen.[105] Just-in-time (JiT) bezeichnet eine Lieferphilosophie, bei der die richtige Ware in richtiger Qualität und Menge zum richtigen Zeitpunkt an den richtigen Ort geliefert werden soll.[106] Dies betrifft sowohl den typischen Zuliefermarkt[107] wie auch den Handel[108]. Hier sieht JiT eine möglichst zeitnahe Versorgung der Verkaufsstätten vor.[109]
Notwendige Voraussetzung ist ein direkter und schneller Datenaustausch, wie er sich durch EDI realisieren läßt. Insbesondere die bei bestimmten Standards wie z.B. VDA, ODETTE oder EDIFACT zur Verfügung stehenden Nachrichtentypen Lieferabruf und Feinabruf ermöglichen JiT-Lieferungen. Vertragliche Grundlage sind mittel- bis langfristige Rahmenabkommen.[110]
Faktisch können einseitige Machtverhältnisse sowohl auf Seiten des Abnehmers als auch auf Seiten des Lieferanten bestehen. Vom Abnehmer gehen sie aus, wenn die gewünschte Ware nach dessen Produktionsablauf geliefert werden muß. Das Risiko besteht hier beim Lieferanten, der im Normalfall auch die Lagerhaltung übernimmt. Von ihm können wiederum Abhängigkeitsverhältnisse ausgehen, wenn die von ihm zu liefernden Teile maßgeblich für die Produktion des Abnehmers sind und kurzfristig keine alternative Beschaffungsquelle zur Verfügung steht. Das Risiko liegt dann beim Abnehmer.
Ein zugrundeliegendes Abhängigkeitsverhältnis ist charakteristisches Kriterium für vertikale Beherrschungsformen. Sofern EDI die notwendige Voraussetzung für JiT-Lieferbeziehungen ist, konstituiert EDI die vertikale Beherrschungsform 'JiT-Anbindung'.

---

105) Vgl. auch Hanker (1990), S. 364, der von "JIT-Verbund" spricht.
106) Vgl. Wildemann (1988), S. 11.
107) Der JiT-Verbund besteht hier i.d.R. zwischen Abnehmer und Zulieferer. Vgl. z.B. Hanker (1990), S. 364.
108) Der JiT-Verbund besteht hier z.B. zwischen Konsumartikelhersteller und seinem Distributor. Vgl. Hanker (1990), S. 366.
109) Vgl. z.B. Zentes (1990), S. 7.
110) Zu den Vertragsbestandteilen zählen u.a. die im Bezugszeitraum prognostizierte Gesamtbestellung, Teilmengen, Abrufzeiträume und -termine, zahlreiche Vereinbarungen über Qualitätssicherungen sowie Absprachen zur Kosten- und Preissenkung. Vgl. hierzu sowie zu weiteren Vertragsbestandteilen Steckler (1993), S. 1225 und Jansen (1993), S. 60f.

Einen Schritt weiter gewinnt die vertikale Beherrschungsform 'de facto vertikale Integration' an Bedeutung. Mitunter erfordern JiT-Lieferungen die unmittelbare Nähe der Lieferanten zu dem Produktionswerk des Abnehmers. Das Risiko einer Vertragsstrafe auf Grund von transportbedingten[111] Lieferverzögerungen, die z.b. durch Stau, Unfälle oder Wetterprobleme ausgelöst werden, und der damit verbundenen Gefahr des Stillstands der Produktion beim Abnehmer läßt sich hierdurch reduzieren. Folge ist eine 'de facto vertikale Integration'. Damit kann EDI zu 'vertikalen JiT-Anbindungen' führen, die Formen der 'de facto vertikalen Integration' forcieren können. Nicht auszuschließen ist die Herausbildung weiterer vertikaler Beherrschungsformen. Ihnen müssen nicht unbedingt Verträge zugrundeliegen. Beispiele sind 'implizite Beherrschungsformen'. Sie basieren auf direktem Zugriff auf unternehmerische Entscheidungen des abhängigen Unternehmens.[112] Ihn läßt EDI zu, so daß EDI diese Beherrschungsform hervorrufen kann.

Die Integration verschiedener unternehmensspezifischer Anwendungssysteme durch EDI schafft prinzipiell die gleichen technischen Voraussetzungen wie die interne Integration verschiedener arbeitsplatzbezogener Computersysteme. Der zwischenbetriebliche Datenfluß ist ähnlich schnell wie der innerbetriebliche. Dies führt zu der kritischen Überprüfung bisher intern durchgeführter Aufgaben. Dies betrifft spezifische, strategisch nicht bedeutende Aufgabenstellungen.[113] Deren spezifischen Beschreibungsprobleme sprechen für eine interne Abwicklung, da sie einen schnellen Informationsaustausch erfordern. Ist der erforderliche Informationsaustausch zwischenbetrieblich ähnlich gewährleistet, spricht die geringe strategische Bedeutung gegen eine interne Abwicklung. Der durch die Spezifität erforderliche Integrationsgrad läßt sich durch vertikale Beherrschungsformen erzielen.

Über die elektronische Anbindung forciert EDI die Auslagerung zwar spezifischer, jedoch strategisch nicht bedeutsamer Aufgaben. Ihre Abwicklung erscheint durch vertikale Beherrschungsformen effizienter, wenn der zwischenbetriebliche Informationsfluß ähnlich problemlos realisierbar ist wie der interne.

3.2.3.2 Elektronische Hierarchien

Der Wechsel von Eigenfertigung zu Fremdfertigung aus Sicht des herrschenden Unternehmens stellt sich für abhängige Unternehmen gegenteilig dar.[114] Aus ihrer Sicht entstehen elektronische Hierarchien.[115] Eine elektronische Hierarchie stellt "eine längerfristig geschlossene, elektronische Integration der Informationsverarbeitung zwischen zwei rechtlich selbständigen Un-

---

111) Z.B. durch Stau, Unfall oder Wetterprobleme.
112) Vgl. Klebe, Roth (1991), S. 184.
113) Hier handelt es sich annahmegemäß um die Aufgabenmerkmale, bei denen Beherrschungsformen effizient sind.
114) Vgl. Semlinger (1993), S. 321.
115) Vgl. hierzu Malone, Yates, Benjamin (1986) sowie Hubmann (1989), S. 164ff.

ternehmen dar, an der andere Unternehmen nicht unmittelbar partizipieren können."[116] Die geschlossene elektronische Integration ist durch EDI gewährleistet. Hierdurch forcierte Auslagerungen wie z.b. die oben angesprochene JiT-Anbindung führen zu elektronischen Hierarchien. Verfahren die Lieferanten analog[117], entstehen mehrstufige elektronische Zulieferhierarchien. Sie ähneln den aus der Diskussion über 'lean production' oder 'lean management' bekannten japanischen Zulieferpyramiden. Sie sind in Zulieferer der ersten, zweiten, dritten etc. Stufe strukturiert.[118] Die Zulieferer der ersten Stufe sind i.d.R. Systemlieferanten. Um sie gruppieren sich die Zulieferer der zweiten Stufe als Teilelieferanten[119], die in einer 3. oder 4. Stufe weitere Zulieferer einschalten können.[120]

Zusammenfassend führt EDI zu einer elektronischen Integration rechtlich selbständiger Unternehmen. 'Klassische' vertikale Beherrschungsformen werden unterstützt. Neuartige vertikale Beherrschungsformen wie z.B. die 'vertikale JiT-Anbindung' bilden sich heraus. Ein- oder mehrstufige elektronische Hierarchien können entstehen.

3.2.4 Konsequenzen für die interne Abwicklung

Die interne Abwicklung, sei es als Hierarchie oder im Sinne einer Clanorganisation, empfiehlt sich für strategisch relevante, spezifische Aufgabenstellungen. Aus den vorherigen Überlegungen läßt sich erkennen, daß sich durch EDI bestimmte interne Aufgaben über zwischenbetriebliche Koordinationsstrukturen oder marktliche Abwicklungen effizienter realisieren lassen. Aus interner Sicht heißt dies eine verstärkte Auslagerung derjenigen Aufgaben, die durch die elektronische EDI-Vernetzung extern effizienter abwickelbar sind. Die interne Abwicklung empfiehlt sich zur Kontrolle opportunistischen Verhaltens bei strategisch bedeutenden Aufgaben. EDI kann damit zunächst zu einer starken Auslagerung und einer damit verbundenen Konzentration auf das strategische Kerngeschäft führen. Um weitere Auswirkungen auf deren interne Abwicklung geht es zunächst (3.2.4.1), bevor auf den Zusammenhang zu 'lean management' eingegangen wird (3.2.4.2).

3.2.4.1 Interne Auswirkungen von EDI

Innerbetrieblich kann EDI interne Organisations- und Koordinationskosten senken. Bei klassischer verrichtungsorientierter, hierarchischer Arbeitsteilung mit der Trennung von Verantwor-

---

116) Hubmann (1989), S. 165.
117) Keipper Recaro als Lieferant von Mercedes verlangt beispielsweise von seinen Unterlieferanten JiT-Lieferungen. Vgl. Nagel (1988), S. 2291. Vgl. auch Kremel (1990), S. 144.
118) Vgl. Womack, Jones, Roos (1991), S. 154; vgl. auch Picot, Neuburger, Niggl (1993a), S. 22.
119) Vgl. zu der Unterscheidung System- und Teilelieferant Abschnitt III/2.3.2.2 und die dort angegebene Literatur.
120) Vgl. Womack, Jones, Roos (1991), S. 154.

tungs- und Ausführungsstellen müssen intern empfangene Daten über womöglich mehrere Verantwortungsstellen zu den jeweiligen Ausführungsstellen weitergeleitet werden. Informations- und Koordinationskosten entstehen. Durch die Möglichkeit der direkten internen Weiterverarbeitung und Weiterleitung empfangener Daten erlaubt EDI den Zugang zu ihnen prinzipiell von jedem Arbeitsplatz aus. Direkte EDI-Schnittstellen und EDI-Kommunikationsbeziehungen zwischen den betroffenen ausführenden Stellen senken die Koordinationskosten. Voraussetzung sind entsprechende organisatorische Anpassungen. Sie betreffen eine verstärkte Aufgabenintegration, Dezentralisation sowie Delegation.[121]

Aufgabenintegration

Der direkte Zugang zu relevanten Daten erlaubt die Zusammenfassung bestimmter Tätigkeiten i.S. einer horizontalen oder vertikalen Aufgabenintegration.[122] Bei horizontaler Aufgabenintegration lassen sich bisher arbeitsteilig bewältigte Funktionen wie Bestellabwicklung, Bestands- und Lagerprüfung oder Lieferantenauswahl integrieren. Bei vertikaler Aufgabenintegration liegt die Ausführung eines Auftrages vom Empfang bis zur Fertigstellung bei einer Abteilung.

Dezentralisierung

Von externen Geschäftspartnern übermittelte Daten lassen sich durch EDI schnell und unproblematisch an jeden Arbeitsplatz weiterleiten. Eine dezentrale Informationsversorgung prinzipiell jeder Stelle wird möglich. Damit lassen sich sämtliche Aufgaben in den Abteilungen mit den für diese Aufgabenstellungen spezifischen Kenntnissen dezentral abwickeln. Um das Einholen notwendiger Entscheidungen oder erforderlicher Rücksprachen zu vermeiden, empfiehlt sich die Umverteilung der Entscheidungs-, Mitsprache- und Informationsrechte auf diese Stellen.[123] Die dezentrale Informationsversorgung durch EDI unterstützt die Dezentralisierung der notwendigen Kompetenzen, um eine effiziente interne Abwicklung zu gewährleisten.

Delegation

In engem Zusammenhang hiermit steht Delegation.[124] Dezentralisierung erfordert autonom handlungsfähige, ganzheitlich denkende Mitarbeiter. Dies setzt u.a. eine Delegation von Verantwortung voraus.[125] Über veränderte Abwicklungsformen ermöglicht EDI indirekt eine verstärkte Delegation. Direkt fordert EDI Delegation zur Vermeidung interner ineffizienter Abläufe. Trotz direkter zwischenbetrieblicher EDI-Schnittstellen und EDI-Kommunikationsbeziehungen erforderliche interne Rücksprachen oder Nachfragen bei verantwortlichen Stellen sind ineffizient und lassen sich durch die Übertragung von Verantwortung auf die ausführenden Stellen vermeiden. Zur Vermeidung überflüssiger Abläufe und damit verbundenen Koordinationskosten fordert EDI eine verstärkte Delegation.

---

121) Vgl. hierzu auch Picot, Neuburger, Niggl (1993a), S. 22f sowie Kilian u.a. (1994).
122) Vgl. Picot, Reichwald (1987), S. 125.
123) Vgl. Picot, Neuburger, Niggl (1993a), S. 23.
124) Vgl. zum folgenden Picot, Neuburger, Niggl (1993a), S. 22f.
125) Vgl. Picot, Reichwald (1984), S. 73.

Ein Einfluß von EDI auf die *Clanorganisation* ist nur indirekt erkennbar. Die Koordination erfolgt über gemeinsame Werte und Normen der Organisationsmitglieder. In Folge einer horizontalen oder vertikalen Aufgabenintegration lassen sich ganzheitliche Aufgaben auf Teams oder Gruppen übertragen. Dies unterstützt womöglich die Bildung von Clanorganisationen.

3.2.4.2 EDI und 'lean management'

Diese Überlegungen führen zu der in Literatur und Praxis umfassenden Diskussion um 'lean production' und 'lean management'.[126] Inner- und zwischenbetriebliche Auswirkungen von EDI finden sich in diesen Konzepten teilweise wieder.[127] Wesentliche Prinzipien[128] sind Outsourcing sowie intensive Vernetzung mit Geschäftspartnern sowie intern Delegation auf unterste Ebene, Dezentralisierung sämtlicher erforderlicher Aufgaben, Teamarbeit, Kostensenkung, Automatisierung der Abläufe sowie entsprechende Managementanforderungen.

Durch die Ökonomisierung externer und interner Kommunikationswege stellt EDI zunächst den erforderlichen Informations- und Kommunikationsfluß zur Verfügung. Extern unterstützt EDI Funktionsauslagerung sowie enge zwischenbetriebliche Vernetzung durch Kooperations- und Beherrschungsformen. Intern führt EDI unmittelbar zu Automatisierungseffekten und Kostenersparnissen. Mittelbar unterstützt EDI organisatorische Veränderungen i.S. des 'lean-Gedankens' wie z.B. Dezentralisierung und Delegation. Durch den direkten Zugang zu relevanten Daten prinzipiell von jedem Arbeitsplatz aus und dem schnellen Informationsaustausch zwischen verschiedenen Arbeitsplätzen unterstützt EDI zudem das für lean management wesentliche Prinzip[129] der Gruppenarbeit. Trotz der starken Unterstützung dieser lean-Prinzipien führt EDI keineswegs automatisch zu 'lean management'.[130] Grenzen bestehen bei den übrigen Kerngedanken. Hierzu zählen z.B. das Prinzip der ständigen Verbesserung (KAIZEN)[131] oder das Prinzip der Fehlerbehandlung an der Wurzel.[132] Sie kann EDI nicht unterstützen. Sie erfordern personelles Engagement, das durch entsprechende Motivations- und Qualifikationsmaß-

---

126) Vgl. hierzu v.a. die Studie von Womack, Jones, Roos (1991), die die Diskussion primär hervorrief. Zu einer Kurzfassung vgl. Warschat, Ganz (1992). Ursprünglich war ausschließlich von 'lean production' die Rede (vgl. auch Jansen (1993), S. 1). In jüngerer Zeit sprechen Veröffentlichungen vermehrt von 'lean management'. In der Literatur gibt es keine einheitliche Definition. Zu unterschiedlichen Begriffsauffassungen vgl. Pfeiffer, Weiß (1992), S. 43 oder Seger (1992), S. 411f. Dies wird auch an ganz unterschiedlichen Klassifikationen über 'lean management' deutlich.
127) Vgl. Picot, Neuburger, Niggl (1993a).
128) Vgl. zum folgenden im Überblick Picot, Neuburger, Niggl (1993a), S. 20ff sowie Bösenberg, Metzen (1992), S. 181ff sowie S. 196; Womack, Jones, Roos (1991), S. 119 und S. 154f; Pfeiffer, Weiß (1992), S. 70ff; Jansen (1993), S. 7; Rommel u.a. (1993), S. 176ff; Stürzl (1992), S. 44ff und S. 82ff.
129) Vgl. Stürzl (1992), der lean management fast mit Gruppenarbeit gleichsetzt.
130) Vgl. Picot, Neuburger, Niggl (1993a), S. 25.
131) Vgl. hierzu ausführlich Imai (1986). Vgl. auch Bösenberg, Metzen (1992), S. 106ff oder Frieling (1992), S. 171.
132) Vgl. Bösenberg, Metzen (1992), S. 113ff.

nahmen zu fördern ist.[133] Weitere Prinzipien sind verstärkte Kooperationsfähigkeit- und bereitschaft sowie eine veränderte Lieferanten- und Kundenpolitik.[134] Wesentlich ist v.a. eine starke Kundenorientierung, die sämtliche Unternehmensfunktionen auf die Kundenbedürfnisse und Marktgegebenheiten ausrichtet.[135] Diese Prinzipien stellen neuartige Anforderungen an das Management und die Mitarbeiter und sind durch EDI nicht zu unterstützen.

Zusammenfassend ist festzuhalten: bei entsprechendem EDI-Einsatz kann EDI zu intern schlankeren Unternehmensstrukturen führen und damit die technisch-organisatorische Basis für die Realisierung von 'lean management' zur Verfügung stellen. Hartley und Mortimer ist zuzustimmen: "EDI paves the way to lean production."[136]

3.3 Konsequenzen für die Aufgabenabwicklung in der Wertkette

EDI verändert inner- und zwischenbetriebliche Koordinationsstrukturen, da für zugrundeliegende Leistungsbeziehungen effizientere Abwicklungsformen zur Verfügung stehen. Um die Auswirkungen hiervon auf die unternehmensinterne Aufgabenabwicklung geht es im folgenden. Zunächst stehen unterstützende Aktivitäten im Vordergrund (3.3.1), bevor auf primäre Aktivitäten eingegangen wird (3.3.2).

Zuvor ist übergreifend über sämtliche Wertaktivitäten auf folgende Auswirkungen hinzuweisen. Zum einen führen die durch den innovativen EDI-Einsatz bedingte Optimierung interner Abläufe und sich in Folge hiervon herausbildende schlankere Unternehmensstrukturen zu einer Straffung sämtlicher Funktionsbereiche oder Wertaktivitäten. Für Kooperationen kommen zum anderen sämtliche Aktivitäten der Wertkette in Betracht[137], so daß bei effizienter EDI-Unterstützung auf EDI basierende Kooperationen prinzipiell in sämtlichen Aktivitäten zu erwarten sind.

3.3.1 Unterstützende Wertaktivitäten bei innovativem EDI-Einsatz

Vielfältige Auswirkungen hat der innovative EDI-Einsatz auf die *Führungs- und Planungsebene*. Der schnelle Datenaustausch sowie der schnelle Zugang zu Informationen durch EDI lassen eine schnellere Entscheidungsfindung zu. Vor dem Hintergrund der steigenden Bedeutung des Faktors Zeit als Wettbewerbsfaktor[138] wird diese zunehmend gefordert. Der für die Entschei-

---

133) Vgl. auch Rommel u.a. (1993), S. 192; Jansen (1993), S. 90; Picot, Neuburger, Niggl (1993a), S. 25.
134) Vgl. Bösenberg, Metzen (1992), S. 58f sowie Picot, Neuburger, Niggl (1993a), S. 25.
135) Vgl. Bösenberg, Metzen (1992), S. 91ff; Womack, Jones, Roos (1991), S. 188; Jansen (1993), S. 8. Vgl. auch Wildemann (1992), S. 55, der hier von "Reverse Engineering" spricht.
136) Hartley, Mortimer (1991), S. 112.
137) Vgl. Bronder (1993), S. 71.
138) Vgl. z.B. Picot, Reichwald, Nippa (1988), S. 112.

dungsfindung notwendige Informationsstand muß zu einem früheren Zeitpunkt erreicht sein als in der Vergangenheit. EDI sowie die hieraus entstehenden engen Geschäftsbeziehungen verstärken dies wiederum. Schnelle Reaktionsfähigkeit wird zunehmend erwartet, sobald EDI einen schnellen Informations- und Kommunikationsfluß zuläßt oder externe Geschäftspartner auf der Basis enger Geschäftsbeziehungen notwendige Entscheidungen schnell fordern. An Hand von Abbildung 12 lassen sich die Konsequenzen hieraus beispielhaft verdeutlichen.[139]

Informationsstand

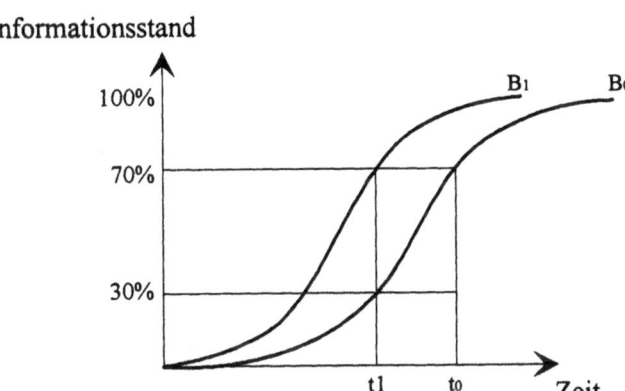

Abb. 12: Zusammenhang zwischen Entscheidungszeitpunkt und notwendigem Informationsstand[140]

Zum Zeitpunkt t_0 wird üblicherweise der für bestimmte Entscheidungen erforderliche Informationsstand von 70 % erzielt. In der Vergangenheit zeigte sich dieser Entscheidungszeitpunkt als ausreichend. Die angesprochene steigende Bedeutung von Zeit als Wettbewerbsfaktor sowie die erwartete schnellere Reaktionsfähigkeit führen zu einem früher erforderlichen Entscheidungszeitpunkt t_1. Bei herkömmlichen Wettbewerbsbedingungen (B_0) beträgt der Informationsstand zu diesem Zeitpunkt nur ca. 30 %. Die Entscheidung wäre nur mit erhöhten Risiken zu fällen. Der unter veränderten Wettbewerbsbedingungen (B_1) notwendige Informationsstand von 70 % zum Zeitpunkt t_1 erfordert deutlichen Anpassungsbedarf bei der internen

139) Vgl. auch Kilian u.a. (1994); Picot, Neuburger, Niggl (1991), S. 29 sowie Picot, Neuburger, Niggl (1992b), S. 53.
140) Quelle: Picot, Neuburger, Niggl (1991), S. 29.

Informationsverarbeitung. Durch den schnellen Datenaustausch sowie vor allem durch den schnellen und aktuellen Zugang zu externen Informationen und Daten wirkt EDI sehr unterstützend.

Schnelle und aktuelle Daten und Informationen lassen sich zudem für eine bessere Planung und Prognose neuer unternehmerischer Ideen strategisch nützen.[141] Durch EDI bedingte schlankere Unternehmensstrukturen einerseits und intensive Formen der Zusammenarbeit mit externen Geschäftspartnern andererseits führen zu veränderten Managementanforderungen.[142] Für die Lieferanten stellen sich neuartige Anforderungen durch die Entstehung elektronischer Hierarchien. Sie müssen sich über die angestrebte Rolle klar werden. Abhängige Lieferanten können z.b. die Rolle eines aktiven Partners anstreben oder eine eher passive Integration in die Logistik des herrschenden Unternehmens vorziehen.[143]

Im *Finanzbereich* ändert sich die Zusammenarbeit mit Banken. Die enge elektronische Vernetzung mit Banken erlaubt andere Formen der Zusammenarbeit und Arbeitsteilung. Die Auslagerung bestimmter Funktionen, Verfahren des Cash-Managements, Electronic-Funds Systeme oder die direkte Übertragung von 'JiT-Informationen' zählen hierzu. Letztere informieren den Begünstigten vor der Buchung des Zahlungseingangs.[144] Die Kontrollmöglichkeiten über die inner- und zwischenbetrieblichen Geld- und Güterbewegungen[145] verbessern sich. Mit der erhöhten Handelsgeschwindigkeit[146] kann eine Beschleunigung des Zahlungsverkehrs[147] verbunden sein, die in Verbindung mit Elektronischem Zahlungsverkehr oder Electronic Funds-Systemen zu einem höheren Cash-Flow führen kann.[148]

Ansatzpunkte für EDI-unterstützte Auslagerungen sind im *Rechnungswesen* deutlich.[149] Beispiel ist die Auslagerung der Buchhaltung auf eine externe Institution wie z.B. die DATEV. EDI kann zudem zu einer engen elektronischen Zusammenarbeit mit Steuerberatern führen. Neben dem elektronischen Austausch erforderlicher Rechnungswesensdaten lassen sich elektronische Belege direkt an den Steuerberater weiterleiten. Darüber hinaus lassen sich z.B. Rechnungswesensdaten aus Nachrichten gewinnen, die dafür ursprünglich nicht konzipiert wurden. Beispiel ist die Ableitung aus Buchungssätzen aus zwischen Geschäftspartnern elektronisch übermittelten Rechnungen, Auftragsformularen etc. Auch die Zusammenarbeit zwi-

---

141) Vgl. Dearing (1990), S. 5; Anner (1990), S. 47.
142) Vgl. hierzu auch die zum Beginn des 3. Kapitels angesprochenen Voraussetzungen.
143) Vgl. Picot, Neuburger, Niggl (1992b), S. 53.
144) Vgl. auch Kilian u.a. (1994). Die steigende Bedeutung und Notwendigkeit dieser Informationen wurde der Verf. im Rahmen der ELTRADO-Untersuchung wiederholt verdeutlicht.
145) Beispielsweise lassen sich schneller und einfacher working capital, Bank- und Lagerkosten sowie Warenbewegungen kontrollieren; vgl. Burch (1989), S. 50; Kimberley (1991), S. 179; Essen (1990), S. 3. Transporte lassen sich schneller und besser planen und überwachen; vgl. Anner (1990). S. 47.
146) Vgl. Preston (1988), S. 14 sowie Sokol (1989), S. 17.
147) Vgl. Sokol (1989), S. 17; Hunt (1992), S. 125; Essen (1990), S. 4.
148) Vgl. Pfeiffer (1992), S. 95f sowie die diesbezüglichen Ausführungen unter Abschnitt II/2.2.
149) Vgl. zum folgenden Mertens, Miebach (1993).

schen Unternehmen, Steuerberater und DATEV wird zur Disposition gestellt. Einige DATEV-Programme lassen sich mit EDI, insbesondere unter Verwendung von EDIFACT sinnvoll unterstützen. Bei Vorlage der buchungsrelevanten Belege wie Rechnungen, Zahlungsanweisungen und Kontoauszüge bereits im EDIFACT-Format lassen sich möglicherweise relevante Felder der elektronischen Belege in die entsprechenden Felder des DATEV-Buchungssatzes übersetzen.

Indirekte Konsequenzen eines innovativen sowie auch substitutiven EDI-Einsatzes sind für Personalwirtschaft sowie die unternehmensinfrastrukturellen Abteilungen EDV, Organisation und Rechtsfragen zu erwarten.

Zusätzliche Anforderungen ergeben sich durch EDI für die *Rechtsabteilung*. Das durch EDI entstehende Vertragsgefüge wird zunehmend komplexer. Bei den Vertragsbeziehungen geht es um den EDI-Vertrag, Verträge mit Mehrwertdiensten, sowie um die durch neuartige Kooperations- und Koordinationsformen, durch stärkere Kunden- und Lieferantenanbindung oder durch Einbeziehung von Dienstleistungen entstehenden Vertragsbeziehungen. Aufgabe der Rechtsabteilung ist die Gestaltung dieser Verträge.

Die Optimierung interner und externer Abläufe durch EDI sowie damit verbundene schlankere Unternehmensstrukturen sowie verstärkte Auslagerungen beeinflussen stark die *Organisationsabteilung*. Restrukturierungs- und Reorganisationsmaßnahmen werden erforderlich, um den veränderten aufbau- und ablauforganisatorischen Anforderungen gerecht zu werden.

Für die *EDV-Abteilung* ändert sich das Aufgabenspektrum durch technische Fragestellungen bei EDI. Entscheidungen über Standards, Kommunikationsdienste, Konvertierungssoftware, Sicherheitsanforderungen etc. sind zu treffen.[150] Zur Realisierung einer effizienten Kommunikation ist die Integration an interne Anwendungssysteme notwendig. Schlankere Unternehmensstrukturen erfordern die Einrichtung direkter EDI-Kommunikationsschnittstellen.

Reorganisationsmaßnahmen durch Auslagerung oder intern schlankere Unternehmensstrukturen beeinflussen den *Personalbereich*. Notwendig werden Umschulungs- und Qualifikationsmaßnahmen, Entlassungs- wie auch Akquisitionsaufgaben.

Der direkte Austausch von Produktdaten unterstützt *FuE*-Kooperationen[151] oder Formen des 'Konferenz-Engineering'[152], an der Entwickler unterschiedlicher Unternehmen teilnehmen. Vorstellbar sind auch internationale Entwicklungsprojekte. Denkbar ist hier eine zwischenbetriebliche Arbeitsteilung rund um die Uhr und rund um den Globus: der Entwicklungsingenieur in Europa übermittelt abends seinen Arbeitsstatus per EDI nach Kalifornien. Die dortigen Entwickler erhalten - jetzt morgens - den aktuellen Stand und senden ihren weiterentwickelten Stand am Ende ihres Arbeitstages nach Japan. Die Entwickler hier schicken die Daten zurück nach Europa.[153] Diesen EDI-unterstützten Formen der Zusammenarbeit im FuE-Bereich liegen

---

150) Vgl. im einzelnen die technischen Rahmenbedingungen unter Abschnitt I/4.1.
151) Vgl. hierzu näher Rotering (1990), S. 38ff; Schneider, Zieringer (1991), S. 34ff.
152) Vgl. Picot, Neuburger, Niggl (1993a), S. 22.
153) Vgl. Dorn (1992), S. 216.

Kooperationsformen zugrunde. Auf der Basis von Beherrschungsverhältnissen bietet sich zudem die frühzeitige intensive Einbeziehung von Lieferanten in gemeinsame Entwicklungsprojekte im Rahmen von 'simultaneous engineering'[154] oder die Auslagerung auf externe Designbüros oder Forschungsinstitutionen an.[155]

In der *Beschaffung* empfehlen sich elektronisch unterstützte Marktbeziehungen oder elektronische Märkte.

Die erleichterte Informationssuche und vereinfachte Vergleichsmöglichkeiten auf nationalen und internationalen Beschaffungsmärkten können die zugrundeliegende Beschaffungsstrategie verändern. Die Konzeption eines 'single sourcing' läßt sich z.B. kritisch überprüfen, wenn bisher zu hohe Kosten für Information, Suche und Vergleich diese Konzeption rechtfertigten. Die erleichterte Ausdehnung der Beschaffungstätigkeiten auf internationale Beschaffungsquellen unterstützt globale Beschaffungskonzeptionen wie 'European Sourcing' oder 'World Sourcing'.

Konkretes Beispiel für elektronische Märkte sind elektronische Beschaffungsmärkte.[156] Ein elektronischer Beschaffungsmarkt ist ein "elektronisch unterstützter Koordinationsmechanismus, bei dem der zustandekommende Leistungsaustausch über einen an Ergebnissen orientierten Preismechanismus gesteuert wird".[157] Hinzu kommt ein Informationsmarkt über beschaffungsrelevante Informationen wie z.B. Informationen von Wirtschaftsverbänden, Handelskammern, Forschungsinstituten etc. Sowohl elektronisch unterstützte Marktbeziehungen als auch elektronische Beschaffungsmärkte verändern die Art bestehender Lieferantenbeziehungen. Dies bleibt nicht ohne Folge für Lieferantensuche und -pflege. Auch das Procedere der Beschaffungstätigkeiten verändert sich.

Die unterstützte bzw. weitgehend elektronische Abwicklung marktlicher Beschaffungsvorgänge führt zu einer Konzentration auf die Beschaffung nicht standardisierter Güter oder die Auswahl der optimalen Koordinationsstruktur für bestimmte Beschaffungsvorgänge.

3.3.2 Primäre Wertaktivitäten bei innovativem Einsatz

Auf den Bereich *Beschaffungslogistik* wirken sich JiT- Lieferungen sowie insbesondere die durch EDI enstehenden vertikalen Beherrschungsformen 'JiT-Anbindungen' aus. Folgen für die Abnehmerunternehmen sind die Auslagerung der Lagerhaltung auf Lieferanten, Speditionen oder externe Lager, die Übertragung der Qualitätsprüfung auf Lieferanten oder der Wegfall der Eingangskontrolle. Lieferanten oder abhängige Unternehmen müssen diese Aufgaben in ihre

---

154) Vgl. z.B. Clark, Fujimoto (1991), S. 213ff. Hier werden wiederum Parallelen zu der Konzeption eines 'lean management' deutlich. Vgl. Picot, Neuburger, Niggl (1993a), S. 22.

155) Benetton arbeitet z.B. sehr intensiv mit derartigen Subunternehmen zusammen. Vgl. Hanker (1990), 365.

156) Vgl. hierzu sowie zum folgenden Hubmann (1989), S. 115ff.

157) Hubmann (1989), S. 116.

Prozesse integrieren. Die Reduktion der Lagerhaltung beim Abnehmer[158] ist mit vermehrten Lieferungen verbunden. Diese Transportvorgänge unterstützen beispielsweise elektronische Fracht- und Laderaumbörsen. Zudem ist in Verbindung mit Satellitenkommunikation eine elektronische Verfolgung der Lieferspediteure denkbar.

Im *Produktionsbereich* bietet sich insbesondere im Zusammenhang mit 'JiT-Anbindungen' eine kritische Überprüfung der Leistungstiefe an. Intern produzierte Teile lassen sich auf der Basis von 'JiT-Anbindungen' jetzt extern produzieren. I.S. einer Leistungstiefenoptimierung[159] unterstützt EDI vermehrte Zulieferungen bei geringer eigener Fertigung. Im Idealfall konkretisiert sich diese ausschließlich auf strategisch relevante Teile. Diese Überlegung führt zu 'lean production'[160]. Wesentliche Prinzipien[161] sind u.a. eine Verringerung der Fertigungstiefe bei konsequenter Funktionsauslagerung. In Folge von 'JiT-Anbindungen' entstehende 'de-facto-Integrationen' implizieren möglicherweise zudem eine Standortverlagerung der Produktion.

Vielfältige Auswirkungen zeigen sich für den *Marketingbereich*. Denkbar sind z.B. Informationssysteme für Kunden oder die automatisierte Übermittlung von Produktinformationen wie Eigenschaften, Preise etc.[162] Handelt es sich hierbei um Angebote, entstehen elektronische Angebotsmärkte. Enge Kooperationen mit dem Handel über Warenwirtschaftssysteme wie z.B. MADAKOM erlauben einen schnellen Zugang zu Handelsdaten. Aktuelle Analysen dieser Daten unterstützen eine stärkere Marktorientierung sowie die Entwicklung aktiver Marktstrategien.[163] Vorstellbar ist auch EDI-Werbung. Analog zu FAX- oder BTX-Werbung lassen sich Werbebotschaften per EDI direkt auf die Bildschirme übermitteln. Voraussetzung ist der Austausch von Textdaten über EDI.[164] Eine bewußte Einrichtung von 'EDI-Netzen' bietet sich z.B. zwischen Marketingbereich und Verkaufsstellen an, um ein ständiges Feedback über aktuelle Verkaufszahlen, -mengen sowie verkaufte Produktarten und -qualitäten zu gewährleisten.

Die Auswirkungen auf die *Ausgangslogistik* ähneln denjenigen in der Beschaffungslogistik. Lagerhaltung und Qualitätskontrolle lassen sich auch hier auslagern.

Potentielle Auswirkungen für den *Kundendienst* sind primär Fehlerminimierung und ein besserer und erweiterter Kundendienst.[165] Eine intensive Vernetzung sowie engere Kooperation mit Kunden könnten zu einer verstärkten Fernwartung führen.[166] Denkbar ist zudem die Verstärkung der Informationskomponente durch zusätzliche produktbezogene Informationen sowie

---

158) Vgl. zu Beispielen sowie ausführlichen Berechnungen zur Reduktion der Lagerhaltung Pfeiffer (1992), S. 96ff.
159) Vgl. Picot (1991a).
160) Vgl. hierzu Abschnitt II/3.2.4 sowie die dort angegebene Literatur. Der Begriff 'lean production' ist hier in Abgrenzung zu 'lean management' bewußt gewählt, da hier nur der Produktionsaspekt relevant ist.
161) Vgl. im Überblick Picot, Neuburger, Niggl (1993a), S. 21ff.
162) Vgl. Boland (1991), S. 99.
163) Dies entspricht wiederum den Ideen des 'lean management', die von einer starken Markt- und Kundenorientierung ausgehen.
164) Unterstützend können hier Entwicklungen im Multimedia-Bereich wirken.
165) Vgl. Strohmeyer (1992), S. 470. Vgl. auch Hunt (1992), S. 125; Hill, Ferguson (1991a), S. 13; Essen (1990), S. 4; Loucks (1991), S. 61.
166) Vgl. Rupf (1992).

das Angebot produktbezogener Datenbanken. Konkretes Beispiel ist bei einem Hersteller von Tafelgeschirr die Bereitstellung eines Informationsservices, der Informationen über die Ersatzbeschaffung von Teilen dieses Tafelgeschirrs vermittelt.[167]

4. Zusammenfassung und Abschätzung der praktischen Relevanz

Die im folgenden zusammengefaßten Ergebnisse (4.1) sind im Anschluß entsprechenden Ergebnissen der ELTRADO-Untersuchung gegenüberzustellen (4.2), um möglicherweise Hinweise auf ihre praktische Relevanz zu erhalten (4.3).

4.1 Zusammenfassung: Inner- und zwischenbetriebliche Aufgabenabwicklung durch EDI auf Kommunikations-, Koordinations- und Organisationsebene

Im vorangegangenen Abschnitt wurde deutlich, daß EDI zu weitreichenden Veränderungen in der unternehmerischen Aufgabenabwicklung führen kann. Je nach zugrundegelegter Einsatzweise betreffen sie die Kommunikations-, Koordinations- und Organisationsebene.

Der substitutive Einsatz beeinflußt v.a. die *Kommunikationsebene*. Hier ersetzt EDI das der zwischenbetrieblichen Kommunikation zugrundeliegende herkömmliche Medium Papier durch Elektronik. Die Folgen sind zwischenbetrieblich eine Rationalisierung der Kommunikationsprozesse sowie innerbetrieblich eine Automatisierung der Abläufe. Dies beeinflußt die unternehmerische Aufgabenabwicklung. Je nach Einsatzpartner und Einsatzart sind unterschiedliche Bereiche betroffen. In Abhängigkeit von Einsatzpartner und Einsatzart faßt Abbildung 13 denkbare Auswirkungen zusammen.

Der innovative Einsatz von EDI verändert die Art der inner- und zwischenbetrieblichen Koordinations- und Abwicklungsformen. Dies betrifft die *Koordinations- und Organisationsebene*. Für zugrundeliegende Leistungsbeziehungen erweisen sich im Zuge von EDI neuartige Formen der inner- wie auch zwischenbetrieblichen Zusammenarbeit als effizient. Die Folge ist eine Restrukturierung bestehender inner- und zwischenbetrieblicher Abwicklungsformen. Sie erstreckt sich von elektronisch unterstützten Marktbeziehungen über verschiedene Formen der zwischenbetrieblichen Kooperations- und Beherrschungsverträge bishin zu schlankeren Unternehmensstrukturen. Je nach zugrundeliegenden Einsatzbedingungen wirkt sich dies wiederum unterschiedlich auf die unternehmerische Aufgabenabwicklung aus. Abbildung 13 zeigt zusammenfassend denkbare konkrete Auswirkungen in Abhängigkeit von Einsatzpartner und Einsatzart.

---

167) Vgl. Oswald (1990), S. 140.

Bereich	Einsatzpartner	Einsatzweise (s:) / Einsatzart (i:)
Unternehmensinfrastruktur Führung/Planung Finanzen Rechnungswesen Rechtsfragen Organisation EDV	Banken, Kunden, Lieferanten, Handel, Post, Finanzamt, DATEV	s: schneller Daten- u. Dokumentenaustausch; i: schnelle Entscheidungsfindung /veränderte Managementanforderungen s: Automatisierte Zahlungsabwicklung / i: cash-Management i.V.m. Banken, FEDI, JiT-Information s: elektron. Rechnungen, Steuermeldungen, Austausch der Buchungsdaten / i: Outsourcing Vertragsgestaltung in Folge von EDI Veränderung d. Aufbau- u. Ablauforganisation Entscheidung bzgl. Standards, Dienste, Integration an interne Anwendungssysteme, Zugriffsberechtigungen
Personalwirtschaft	Banken, Versicherungen	s: Elektron. Weitergabe von Gehaltszahlungen und Sozialabgaben, elektron. Austausch von Sozialversicherungsdaten i: Umschulung, Qualifikation, Entlassung, Aquisition
Forschung und Entwicklung	Lieferanten, Kunden, Designbüros, Mitbewerber	s: durch Austausch von Entwicklungsrichtlinien und Konstruktionsdaten i: FuE-Kooperationen, "Konferenz-Engineering", internationale Entwicklungsprojekte, simultaneous Engineering
Beschaffung	Lieferanten	s: Elektronische Bestellung, Angebotseinholung i: Elektronische Beschaffungsmärkte, elektronische Abwicklung von Beschaffungstransaktionen, globale Beschaffungskonzeptionen
Beschaffungslogistik	Lieferanten, Speditionen, logistische Dienstleistungen	s: Übertragung von Transport- und Bestandsdaten i: Auslagerung Lagerhaltung, Qualitätsprüfung/ Wegfall Eingangskontrolle, elektron. Verfolgung der Lieferspedieure, JiT-Anbindungen
Produktion	Lieferanten, Kunden	s: Austausch produktrelevanter Daten (Produktionsfortschritt) i: Verringerung Fertigungstiefe, lean production, Konzentration auf strategisch wichtige Aufgaben
Marketing	Kunden, Handel, Lieferanten	s: Übertragung von Verkaufszahlen, Artikelstammdaten, Preisen, Angebote, Bestelldaten i: Kundeninformationssysteme, EDI-Werbung, Warenwirtschaftssysteme, elektronische Angebotsmärkte
Ausgangs-/Vertriebslogistik	Kunden, Handel, Speditionen, Zollabwicklung	s: schnellere Informationen über Fracht und Standort i: Auslagerung Lagerhaltung, Qualitätskontrolle
Kundendienst	Kunden	s: Übertragung Gebrauchsanweisungen i: Fehlerminimierung, besserer und erweiterter Kundendienst, Ferndiagnose, Verstärkung der Informationskomponente

Abb. 13: Unternehmerische Aufgabenabwicklung im Zuge von EDI in Abhängigkeit von Einsatzweise, Einsatzart und Einsatzpartnern

4.2   Gegenüberstellung empirischer Beobachtungen

Abbildung 13 verdeutlicht nochmals im Zusammenhang das immense Potential von EDI sowohl beim substitutiven als auch beim innovativen Einsatz. Interessant erscheint jetzt die Gegenüberstellung mit empirischen Beobachtungen, um erste Tendenzen für eine Umsetzung dieses Potentials in der Praxis abzuschätzen.[168]

Nach der ELTRADO-Untersuchung überwiegt in der Praxis der substitutive EDI-Einsatz.
Hierfür sprechen die hinter der EDI-Einführung stehenden Zielsetzungen bei den befragten
Unternehmen. Abbildung 14 verdeutlicht plakativ die unterschiedliche Beantwortung: Eher für
einen substitutiven EDI-Einsatz sprechende Ziele wie Realisierung von Kosteneinsparungen
oder die Automatisierung inner- und zwischenbetrieblicher Geschäftsabläufe standen bei den
befragten Unternehmen eindeutig im Vordergrund. Zielsetzungen, die eher für einen innovativen Einsatz sprechen wie z.B. die Initiierung von Reorganisationsprojekten, die Verringerung der Fertigungstiefe oder das Entfallen von Funktions- und Aufgabenbereichen spielten
eine vergleichsweise geringere Rolle.

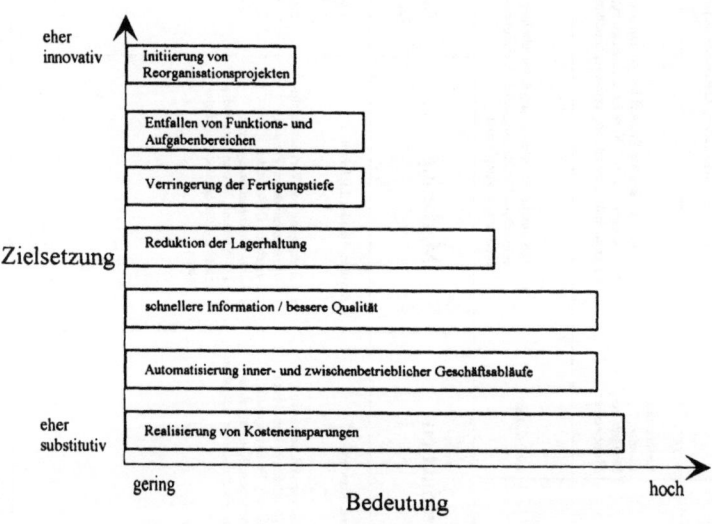

Abb. 14: Unterschiedliche Zielsetzungen eines EDI-Einsatzes im Vergleich

---

168)   Den folgenden Überlegungen liegt in erster Linie die ELTRADO-Untersuchung zugrunde. Vgl. zu den
        Ergebnissen im einzelnen Kilian u.a. (1994).

In eine ähnliche Richtung zielt eine weltweite Untersuchung bei ca. 20.000 EDI-Benutzern, in der sich als Hauptmotiv für einen EDI-Einsatz die Kostenreduktion herausstellte.[169] Für einen schwerpunktmäßig substitutiven Einsatz spricht nicht zuletzt auch die Vielzahl empirischer Beispiele in der Literatur, die den Einsparungseffekt von EDI primär in den Vordergrund stellen.

Zur Abschätzung konkreter Auswirkungen dieses substitutiven EDI-Einsatzes auf die unternehmerische Aufgabenabwicklung stellt sich jetzt die Frage nach den vorherrschenden Einsatzbereichen von EDI. Nach der ELTRADO-Untersuchung handelt es sich primär um

- die administrative Geschäftsabwicklung, unterstützt durch den Austausch kommerzieller Daten (88 % der befragten Unternehmen);
- den Finanzbereich, unterstützt durch den elektronischen Zahlungsverkehr (34 % der befragten Unternehmen);
- den FuE-Bereich, unterstützt durch den Produktdatenaustausch (23 % der befragten Unternehmen).

Weniger relevant erscheinen Einsatzbereiche, denen der Austausch unstrukturierter Geschäftsdaten (14 %), der Austausch von Steuer- und Zollerklärungen (11 %), der Austausch personenbezogener Daten (6 %) oder elektronische Bestellungen und Flugreservierungen (2 %) zugrundeliegen.

Dieses Bild bestätigt auch die Betrachtung der EDI-Einsatzpartner bei den befragten Unternehmen. In erster Linie handelt es sich um Kunden, Lieferanten und Banken. Zu den übrigen potentiell abgegrenzten Einsatzpartner (vgl. hierzu Abb. 2) bestehen - zumindest in der Transport- und Automobilbranche - nur bei einem eher geringen Anteil der befragten Unternehmen EDI-Verbindungen. Abbildung 15 verdeutlicht die EDI-Beziehungen bei den befragten Unternehmen. Die Prozentzahlen geben jeweils den Anteil der diese EDI-Verbindungen eingegangenen Unternehmen an.

---

169) Vgl. Kimberley (1991), S. 178f.

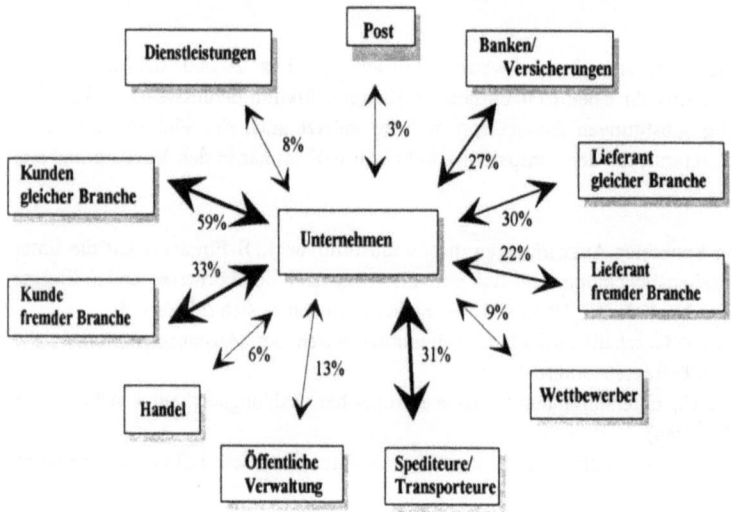

Abb. 15: EDI-Beziehungen in der Automobil- und Transportbranche[170]

Für konkrete Auswirkungen auf die unternehmerische Aufgabenabwicklung in der Wertschöpfungskette läßt sich damit vermuten: die zuvor gezeigten Automatisierungs- und Rationalisierungspotentiale und damit verbundene Veränderungen herkömmlicher Abläufe konkretisieren sich auf die unterstützenden Wertaktivitäten Rechnungswesen, Beschaffung, Finanzen und FuE sowie auf die primären Wertsaktivitäten Logistik und Marketing. In den übrigen Wertaktivitäten spielt EDI - zumindest in der Automobil- und Transportbranche - noch eine eher untergeordnete Rolle.

Auch wenn der substitutive EDI-Einsatz gegenwärtig in der Praxis überwiegt, lassen sich vereinzelt Tendenzen eines innovativen Einsatzes erkennen. Zukünftig ist möglicherweise jedoch verstärkt mit ihm zu rechnen. Hierfür spricht folgendes:
Elektronische Marktbeziehungen erscheinen gegenwärtig zwar uninteressant. Der gleichzeitig bestehende Wunsch nach elektronischen Transaktionsbeziehungen bei rund 38 % der befragten Unternehmen sowie nach offener Kommunikation bei ca. 31 % der befragten Unternehmen deutet jedoch auf prinzipielle Potentiale für elektronische Märkte hin.
46 % der befragten Unternehmen planen jetzt oder zukünftig *Kooperationsstrategien* mit ihren EDI-Partnern. Automobilunternehmen ziehen FuE-Kooperationen vor, während bei Transporteuren der Schwerpunkt im Logistikbereich liegt.

---

170) Nennenswerte Unterschiede zwischen Automobil- und Transportunternehmen bestanden lediglich hinsichtlich der Kunden gleicher Branche (Anteil bei den Automobilunternehmen 80 %, bei Transporteuren 15 %), Kunden fremder Branche (Auto: 18 %, Transport: 45 %), Speditionen (Auto: 25 %, Transport: 45 %) und öffentliche Verwaltung (Auto: 7 %, Transport: 25 %).

Bestätigt haben sich verstärkte *'JiT-Anbindungen'* auf EDI-Basis insbesondere in der Automobilindustrie. Tendenziell für Beherrschungsverhältnisse spricht auch die häufig als Ziel angegebene Anbindung von Geschäftspartnern durch EDI.

Interne *Reorganisationsmaßnahmen* waren nur bei wenigen Unternehmen beobachtbar. Tendenziell sind aus Zusatzinformationen am Rande der Interviews sowie auch aus während Kongressen geführter Gespräche zukünftig stärkere innerbetriebliche Veränderungen erkennbar. Deutliche Ansatzpunkte sind z.B. Auslagerungen auf Speditionen, Lieferanten und Dienstleistungen.

Aus den empirischen Beobachtungen lassen sich abschließend folgende Schlußfolgerungen ziehen:

- Das *substitutive* Potential wird erkannt und zum Teil umgesetzt. Vor dem Hintergrund des gesamten zwischenbetrieblichen Kommunikationsvolumens einerseits und der gesamten innerbetrieblich erforderlichen administrativen Daten- und Dokumentenverarbeitung andererseits wird ein über die bisher bei den befragten Unternehmen umgesetzten Anwendungsfelder hinausgehendes Rationalisierungs- und Ökonomisierungspotential deutlich.
- Das *innovative* Potential von EDI wird noch zuwenig erkannt und realisiert.

Unterschiedliche Vermutungen können diese empirischen Beobachtungen erklären. Ein häufig in der Praxis gehörtes Argument sind gerade erst erfolgte Reorganisationsvorhaben, die erneute organisatorische Umstrukturierungen bei innovativem EDI-Einsatz verhindern. Gegen diese spricht auch die nicht selten vertretene Auffassung, bei EDI handle es sich um ein rein technisches Problem. Diesbezüglich wurde von den Gesprächspartnern bei der ELTRADO-Untersuchung, die bezeichnenderweise fast immer der Technik-Abteilung zugehörten, das geringe Interesse der Organisationsabteilung bemängelt.

In diesem Kontext paßt die Vermutung, daß die innovativen Potentiale zwar gesehen werden. Die genaue Ermittlung der mit ihnen verbundenen Kosten- und Leistungseffekte ist jedoch schwierig und verhindert ihre Umsetzung. Ein Problem ist z.B. die Quantifizierung sämtlicher Größen wie z.B. die Kosten organisatorischer Anpassungen oder die Nutzeffekte durch Warenwirtschaftssysteme. Problematisch ist sicherlich auch die Zurechenbarkeit von Kosten- und Leistungswirkungen, wenn sie zeitlich verzögert oder organisatorisch und räumlich verteilt auftreten. Äußerst schwierig ist zudem die zuverlässige Abschätzung sämtlicher mittel- bis langfristiger Auswirkungen von EDI in ihren Kosten- und Leistungswirkungen.[171]

Schließlich können externe Rahmenbedingungen die Realisierung sowohl innovativer als auch substitutiver Potentiale verhindern. Auch dieses Argument klang in der Praxis häufig an. Es bestätigt die dieser Arbeit zugrundeliegende Überlegung, daß institutionelle Probleme einen effizienten und effektiven EDI-Einsatz verhindern. Um diese institutionellen Rahmenbedingungen und ihre Weiterentwicklung geht es im folgenden Kapitel.

---

171) Vgl. Picot (1990a); Picot, Neuburger, Niggl (1992a), S. 39f sowie zu den hier angesprochenen Problemen der Kosten- und Leistungsermittlung allgemein Picot, Reichwald, Behrbohm (1985).

III. ERKLÄRUNG UND DEUTUNG INSTITUTIONELLER ENTWICKLUNGEN

EDI verändert die inner- und zwischenbetriebliche Aufgabenabwicklung und Arbeitsteilung. Dies ist bei allen Rationalisierungseffekten und strategischen Vorteilen nicht unproblematisch. Die Basis einer veränderten Aufgabenabwicklung ist die elektronische, standardisierte Kommunikation. Die bestehenden institutionellen Rahmenbedingungen sind auf die herkömmliche Papierkommunikation ausgerichtet. Die Basis der faktischen Arbeitsteilung (= elektronische Kommunikation) entspricht nicht der Basis der diese Arbeitsteilung beeinflussenden institutionellen Bedingungen (= Papier).

Aufgabe der institutionellen Bedingungen ist die Vorgabe eines geeigneten Rahmens für eine möglichst reibungsfreie Geschäftsabwicklung. Reibungen drücken sich in Transaktionskosten zur Durchsetzung und Überwachung von Handlungsrechten sowie in negativen externen Effekten aus. Ziel des bestehenden institutionellen Rahmens ist eine möglichst reibungsfreie Geschäftsabwicklung auf Papierbasis. Bei veränderter Kommunikationsbasis erfolgen zunächst keine institutionellen Anpassungen. Es entstehen rechtliche und organisatorische Freiräume, die Wirtschaftssubjekte zur Erreichung ihrer eigenen Ziele unter Umständen opportunistisch ausnützen. Die Folge sind einerseits negative externe Effekte, andererseits erhöhte Transaktionskosten bei den Geschäftspartnern, da diese entsprechende Mechanismen zur Handhabung und Vermeidung einsetzen. Sie führen zu Transaktionskosten erhöhenden Reibungen und vermindern die gezeigten Effizienzwirkungen von EDI. Sind gesamtwirtschaftlich die negativen externen Effekte und entstehenden Transaktionskosten höher als die Kosten der Implementierung sie vermeidender Rahmenbedingungen, bietet sich die Anpassung institutioneller Regelungen an. Um Ansatzpunkte für institutionellen Regelungsbedarf zu erkennen oder in der Praxis bereits zu beobachtende institutionelle Entwicklungen zu erklären, liegt es nahe, die auf EDI basierende Geschäftsabwicklung vor dem Hintergrund relevanter Rahmenbedingungen hinsichtlich auftretender Probleme und erhöhter Transaktionskosten zu untersuchen. Die Analyse erfolgt in Anlehnung des bisherigen Untersuchungsverlaufs auf der Kommunikations- sowie auf der Organisations- und Koordinationsebene.

1. Institutionelle Auswirkungen auf der Kommunikationsebene

Auf der Kommunikationsebene geht es um institutionelle Anpassungen als Folge von Problemen bei der auf EDI basierenden zwischenbetrieblichen Kommunikation. Im Mittelpunkt steht der Austausch von standardisierten Daten. An ihnen bestehen Verfügungsrechte i.S. von Property Rights. Zu Analysezwecken bietet sich die Property Rights Theorie an. Ausgangspunkt sind die zu konkretisierenden Property Rights beim Datenaustausch (1.1). Es folgt eine Analyse potentieller Problemfelder (1.2), bevor institutionelle Anpassungen zu untersuchen sind (1.3).

1.1 Property Rights beim standardisierten Datenaustausch

EDI ersetzt die Datenübermittlung auf Papierbasis durch elektronische Kommunikation. Konkret impliziert dies Übertragung, Empfang und Weiterverarbeitung von standardisierten Daten. An ihnen bestehen Handlungs- und Verfügungsrechte. Im einzelnen zählen zu ihnen Nutzungsrechte, das Recht zur Veränderung von Substanz oder Form, das Recht auf Erfolgsaneignung sowie das Veräußerungsrecht.[1] Bezogen auf EDI beinhalten sie folgendes (vgl. auch Abbildung 16):

Die *Nutzungsrechte* betreffen das Recht zur internen Weiterverarbeitung und Nutzung der EDI-Daten. Beispiel ist die statistische Aufbereitung der über EDI übermittelten kommerziellen Daten wie z.b. Rechnungen, Aufträge oder Lieferabrufe.

Das *Recht zur Veränderung der Substanz oder Form* betrifft das Recht zur inhaltlichen oder formalen Veränderung der EDI-Daten zur bedarfsgerechten internen Weiterver- oder bearbeitung. Beispiel ist die Veränderung der Rechnungsdaten zur direkten Übernahme in die Fakturierung oder Buchhaltung.

Das *Recht zur Erfolgsaneignung* betrifft das Recht zur Aneignung der mit der standardisierten Datenübertragung verbundenen Vorteile und Erträge. Es handelt sich um die mit dem EDI-Einsatz zusammenhängenden Leistungseffekte.

Das *Veräußerungsrecht* betrifft das Recht zur Veräußerung der EDI-Daten an Dritte. Beispiel ist der Verkauf übermittelter Konstruktions- oder Entwicklungsdaten an dritte Unternehmen.

Bei der Spezifizierung und Zuordnung dieser Rechte ist zwischen dem sendenden und empfangenden Unternehmen zu unterscheiden. Aus der Sicht des Absenders der Daten, der i.d.R. auch der Ersteller ist, beziehen sich diese Rechte auf die gesendeten bzw. zu sendenden Daten. Aus der Sicht des Empfängers betreffen sie die an ihn übertragenen Daten.

---

1) Vgl. Abschnitt I/3.6 und die dort angegebene Literatur.

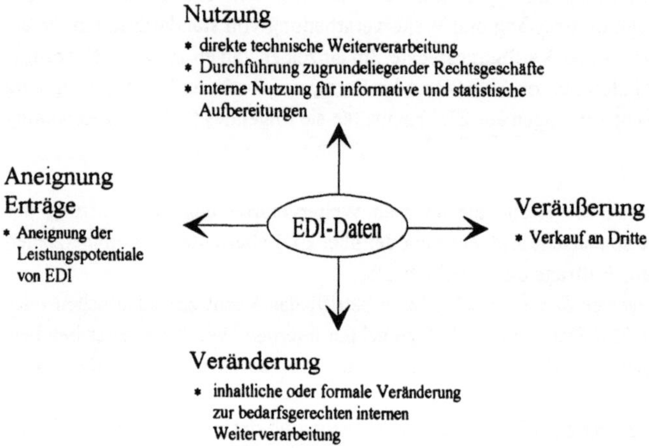

Nutzung
* direkte technische Weiterverarbeitung
* Durchführung zugrundeliegender Rechtsgeschäfte
* interne Nutzung für informative und statistische
  Aufbereitungen

Aneignung
Erträge
* Aneignung der
  Leistungspotentiale
  von EDI

EDI-Daten

Veräußerung
* Verkauf an Dritte

Veränderung
* inhaltliche oder formale Veränderung
  zur bedarfsgerechten internen
  Weiterverarbeitung

Abb. 16: Property Rights beim elektronischen Datenaustausch

Diese Rechte gelten im Prinzip genauso für die Kommunikation auf Papierbasis. Papierdokumente lassen sich ebenfalls für statistische Aufbereitungen nutzen, formal verändern oder an Dritte veräußern. Der primäre Unterschied besteht in der technisch uneingeschränkten Möglichkeit der direkten zwischenbetrieblichen Kommunikation und problemlosen internen Weiterverarbeitung, die in vergleichbarem Maß bei Papier nicht gegeben ist. Barrieren wie beispielsweise die Neueingabe empfangener Daten verhindern hier die direkte Weiterverarbeitung. Diese Möglichkeit der internen Weiterverarbeitung birgt Chancen und Gefahren zugleich. Chancen bestehen in der Realisierung der damit verbundenen Effizienzvorteile, Gefahren in dadurch erleichterten Mißbrauchsmöglichkeiten. Genau hierin liegen zwei weitere wesentliche Unterschiede zu Papierdokumenten. Zum einen existieren institutionelle Regelungen, die gerade einer effizienten Realisierung der elektronischen Kommunikation auf EDI-Basis entgegenstehen. Zum anderen bilden sich möglicherweise neuartige Formen des Mißbrauchs heraus, die aus Erfahrungen mit der Papierkommunikation noch weitgehend unbekannt sind. Eine exakte Spezifikation und Zuordnung dieser Daten fehlt[2], so daß mit derartigen Problemen zu rechnen ist.
Diese Unterschiede rechtfertigen eine nähere Analyse potentieller Probleme.

---

2) Für umfassende rechtliche Bestimmungen ist das Thema Elektronische Kommunikation über EDI noch zu jung. Vgl. auch Gallasch (1993), S. 585. Eine intensive Auseinandersetzung mit rechtlichen Problemen und Fragen erfolgt bei Kilian u.a. (1994).

1.2 Probleme durch technische und rechtliche Freiräume

Probleme auf der Kommunikationsebene hängen mit nicht spezifizierten Handlungsrechten an übermittelten Daten zusammen. Sie werden im folgenden in Abhängigkeit der zugrundeliegenden Verfügungsrechte untersucht. Zunächst geht es um Probleme im Zusammenhang mit Nutzungsrechten.

Das *Nutzungsrecht* läßt sich weiter differenzieren in
- das Recht zur Weiterverarbeitung standardisierter Daten an der Schnittstelle zwischen internem Anwendungssystem und externem Kommunikationsweg;
- das Recht zur internen Nutzung für informative oder statistische Aufbereitungen;
- das Recht zur internen Weiterverarbeitung für die Durchführung damit verbundener Rechtsgeschäfte.

Prinzipiell läßt EDI die direkte Weiterverarbeitung der Daten an der Schnittstelle internes Anwendungssystem/externe Kommunikation zu. Voraussetzung sind einheitliche Standards auf der Inhalts- und Übertragungsebene. Inhaltlich müssen für sämtliche in Frage kommenden Nachrichten elektronische Nachrichtentypen zur Verfügung stehen. Diese Voraussetzungen sind nicht gegeben. Es existiert eine Vielzahl von Standards, die teils länder-, teils branchenspezifisch einsetzbar sind. Sie decken lediglich die sie betreffenden Nachrichten ab. Der VDA-Standard stellt z.B. keinen Nachrichtentypen für elektronische Überweisungen zur Verfügung. Die EDI-Anwender müssen sich auf mehrere Standards einstellen. Gerade bei internationaler branchenübergreifender Kommunikation kann dies sehr kostenintensiv sein.[3] Ineffizient erscheint auch die zusätzliche Installation herkömmlicher Verfahren, wenn für die gewünschten Nachrichten keine elektronischen Nachrichtentypen zur Verfügung stehen. Deutlich wird ein Slack zwischen erforderlichen und zur Verfügung stehenden Standards und Nachrichtentypen. Er schränkt das Recht zur Weiterverarbeitung ein.

Eine willkürliche unternehmensinterne Nutzung der Daten schränken rechtliche Regelungen zum Teil ein. Sie verlangen zusätzliche Maßnahmen, die die Effizienz der EDI-Kommunikation vermindern. Zwei Beispiele verdeutlichen dies: Die Bestimmungen der elektronischen Speicherbuchführung[4] sowie die Anforderungen zur steuerlichen Anerkennung von elektronischen Rechnungen.
Die Bestimmungen der elektronischen Speicherbuchführung erfordern bei Nutzung übermittelter Daten in der internen Buchhaltung bestimmte Maßnahmen. Zur Weiterverarbeitung in der internen Buchhaltung muß z.B. die Vollständigkeit der Inhalte mit technischen Verfahren nachgewiesen werden. Die Nutzung der Daten ist nur mit zusätzlichen Dokumentations- und

---

3) Vgl. z.B. Filz u.a. (1989), S. 81, die die Kosten für Zulieferer bei unterschiedlichen Standards ansprechen.
4) Vgl. hierzu auch näher Kilian u.a. (1994).

Absicherungsmaßnahmen möglich, die technische, personelle und organisatorische Vorkehrungen erfordern.[5]

Kostenverursachende Zusatzmaßnahmen erfordern auch die Anforderungen des Umsatzsteuergesetzes zur steuerlichen Anerkennung elektronisch übermittelter Rechnungen.[6] Eine Rechnung im umsatzsteuerlichen Sinn setzt das Vorliegen einer Urkunde voraus.[7] Als Urkunde gilt jedes Schriftstück, mit dem über eine Lieferung oder sonstige Leistung abgerechnet wird. Die Finanzverwaltung erkennt elektronische Rechnungen nur dann als Rechnung an, wenn zusätzlich inhaltlich übereinstimmende schriftliche Abrechnungen vorliegen. Durch Stempelaufdruck und Unterschrift muß das leistende Unternehmen als Rechnungsaussteller erkennbar sein. Um diese Anforderungen zu erfüllen, kann der Rechnungsersteller verschiedene Maßnahmen ergreifen. Sie sind unterschiedlich kostenintensiv und stehen den Rationalisierungseffekten von EDI entgegen. Beispiele[8] sind die zusätzliche Erstellung herkömmlicher Papierrechnungen[9], der Ausdruck sämtlicher in einem festgelegten Datenübertragungszeitraum elektronisch übermittelter Einzelrechnungen, die Erstellung einer Sammelrechnung mit sämtlichen Nettoentgelten und Umsatzsteuerbeträgen eines bestimmten Zeitraums[10], Dateiausdruck sämtlicher elektronisch übermittelter Rechnungsdaten oder die Übersendung von Mikrofiches[11]. Deutlich wird, daß die steuerliche Anerkennung von elektronischen Rechnungen primär beim leistenden Unternehmen zusätzliche Kosten verursacht.

Rechtliche Regelungen können nicht sämtliche potentiellen Mißbrauchsgefahren abdecken. Bei individuellen, opportunistisch handelnden Nutzenmaximierern ist eine willkürliche Nutzung nicht auszuschließen. Sie kann zu Nachteilen für Kommunikationspartner oder Dritte führen. Beispiele sind die Aufbereitung kommerzieller Daten für informative Rückschlüsse auf das Partnerunternehmen[12] oder die Nutzung empfangener Entwicklungs- und Konstruktionsdaten für langfristige Strategieplanungen oder eigene Neuentwicklungen. Zur Vermeidung miß-

---

5) Der Empfänger muß die bildhafte Archivierung auf Papier oder im COM-Verfahren (computer output on microfilm) sicherstellen. Der Verfasser muß eine mit der 'Urschrift' inhaltlich identische Wiedergabe der elektronischen Handelsdaten gewährleisten. Zudem ist eine bildhafte Übereinstimmung elektronischer Belege mit Papierbelegen vorgeschrieben.

6) Nationale Rechtsgrundlagen für die steuerliche Anerkennung von elektronischen Rechnungen sind §§ 14, 14a, 15, 18 UStG sowie §§ 145-147 AO.

7) Vgl. hierzu den Erlaß der Finanzverwaltung vom 28.12.1987; Vgl. BStBl 1988 I, S. 31.

8) Vgl. zum folgenden Büchner (1991), S. 1468ff.

9) Vorteile bestehen hier nur noch beim Empfänger, da durch die elektronische Zusendung die manuelle Neuerfassung wegfällt.

10) Vgl. hierzu auch ausführlich o.V. (1987). Die Bestimmungen sind länderspezifisch unabhängig. Vgl. Kremel (1990), S. 138, der die gleichen Regelungen für Österreich anspricht. Dagegen ist in Italien eine Papierrechnung zusätzlich erforderlich. Vgl. Gallasch (1993), S. 592.

11) Voraussetzung ist hier, daß die auf Mikrofich übermittelten Daten jederzeit lesbar gemacht werden können.

12) Hier läßt sich entgegenhalten, daß elektronisch übermittelte Daten früher auf Papier übersendet wurden und analog auswertbar waren. EDI erleichtert zwar eine opportunistische Nutzung der Daten. Fraglich ist, ob EDI die Gefahr an sich erhöht.

bräuchlicher Nutzung sind gegensteuernde Maßnahmen erforderlich. Sie erhöhen die Transaktionskosten der EDI-Kommunikation und verlangen eine stärkere Spezifizierung der Nutzungsrechte.

Zumeist bezieht sich EDI auf die Anbahnung und Durchführung von vertraglich vereinbarten Lieferungs- und Leistungsbeziehungen. Beispiele sind die Ausführung elektronischer Bestellungen oder die Einleitung von JiT-Lieferungen. Diesbezügliche Daten werden so weiterverarbeitet, daß die sie betreffenden Handlungen durchgeführt werden.[13] Dies ist nicht unproblematisch. Das Vortäuschen einer falschen Identität, das Abstreiten einer Sende- oder Empfangshandlung wie auch das Verfälschen oder Verdoppeln von Nachrichten können zu einem Verlust der Verbindlichkeit der Daten mit nicht absehbaren Folgen führen.[14] Zur Vermeidung sind zusätzliche Maßnahmen wie z.b. bilaterale Vereinbarungen oder Sicherheitsvorkehrungen erforderlich. Sie vermindern als die Verbindlichkeit bestätigende zusätzliche Maßnahmen die Effizienzvorteile von EDI.

Das *Veränderungsrecht* betrifft das Recht zur inhaltlichen und formalen Veränderung der durch EDI übermittelten Daten. Die direkte Weiterverarbeitung läßt eine an unternehmensindividuellen Zwecken ausgerichtete willkürliche interne Veränderung zu. Bei individuellen Nutzenmaximierern ist eine Schädigung der Kommunikationspartner oder Dritter nicht auszuschließen.

Mißbrauchsgefahren zeigen sich bei kommerziellen Daten. Es handelt sich um Geschäftsdaten mit externer Bedeutung. Rechnungen sind beispielsweise die Grundlage für steuerliche und buchhalterische Zwecke, Aufträge stellen die Basis für Vertragsbeziehungen dar. Primär steuer- und beweisrechtliche Gründe fordern, jederzeit auf Originaldokumente zurückgreifen zu können. Bei willkürlicher Veränderung elektronisch übermittelter Daten ist dies nicht gewährleistet. Mißbrauchsmöglichkeiten wie z.B. die bewußte Manipulation von Rechnungsdaten aus steuerlichen Gründen oder die nachträgliche Veränderung von Auftragsdaten eröffnen sich. Die rechtlich geforderte Nachweisbarkeit elektronisch übermittelter Daten in ursprünglicher Form wundert kaum. Sie implizieren zusätzliche Transaktionskosten erhöhende Maßnahmen wie vertragliche Absicherungsmechanismen oder technische Sicherungsverfahren. Dies gilt auch für potentielle Gefahren, die von diesen rechtlichen Regelungen nicht erfaßt sind.

Technische Freiräume einer beliebigen Datenveränderung sind auch bei Text- oder Produktdaten gegeben. Gleichgelagerte Probleme lassen sich vermuten. Entgegenzuhalten ist einerseits die nicht mit kommerziellen Daten vergleichbare geringe Bedeutung nach außen sowie andererseits die hinter dem Austausch dieser Daten stehenden Formen der Zusammenarbeit. Eine mit kommerziellen Daten vergleichbare Nachweis- und Beweispflicht ist bei Text- oder Produktdaten weniger zu vermuten. Hierfür spricht, daß speziell diese Fälle betreffende rechtliche Bestimmungen fehlen.[15] Hinter dem Produkt- und Textdatenaustausch steht auch eine andere

---

13) Vgl. Picot, Neuburger, Niggl (1991), S. 22.
14) Vgl. z.B. Raubold (1990), S. 209 oder Scheidegger, Zbornik (1993), S. 27ff.
15) Ein Grund könnte jedoch auch darin liegen, daß der Schwerpunkt von EDI meistens auf dem kommerziellen Datenaustausch liegt.

Intention. Ziel ist weniger die Datenübermittlung zur Geschäftsabwicklung als vielmehr der Datenaustausch als Grundlage einer zwischenbetrieblichen Zusammenarbeit wie z.B. FuE-Kooperationen oder Konferenzentwicklungen. Um effizient interagieren zu können, ist eine Veränderung der übermittelten Daten erforderlich. Grenzen bestehen bei einer Weiterverarbeitung und Veränderung für nicht mit den gemeinsamen Zielen übereinstimmende Zwecke. Diesbezügliche Gefahren sind im FuE-Bereich zu vermuten, wenn z.B. gemeinsame Forschungsergebnisse für Kooperationen mit anderen Partnern verändert werden. Analog sind entsprechende - insbesondere vertragliche, die z.B. die Geheimhaltung betreffen - Maßnahmen zur Handhabung und Vermeidung erforderlich.

Das *Recht zur Erfolgsaneignung* betrifft das Recht zur Aneignung der mit EDI verbundenen Erträge. Dies erscheint unproblematisch. Prinzipiell entstehen die Leistungseffekte für die EDI einführenden Unternehmen. Sie eignen sich die mit EDI verbundenen Erträge an. Problematisch wird dies, wenn vom EDI-Partner geforderte Maßnahmen ergriffen werden müssen, die die potentiell erzielbaren Leistungseffekte einschränken. Zum Vorteil des Kommunikationspartners müssen u.U. erhebliche Nachteile in Kauf genommen werden. Sie drücken sich in effizienzmindernden Kosten aus. Beispiel ist die Notwendigkeit, sich auf unterschiedliche Standards bei der Datenübertragung einstellen zu müssen.[16] Mit mehreren Branchen kommunizierende Unternehmen müssen Branchenstandards einführen, um ihre Geschäftsverbindungen aufrecht zu erhalten. Zum Vorteil ihrer Geschäftspartner nehmen sie einen erheblichen Mehraufwand durch standardspezifische Umstellungs- und Konvertierungssoftware, die Anbindung unterschiedlicher Standards an interne Anwendungssysteme sowie durch notwendige personelle und organisatorische Maßnahmen in Kauf. Er mindert die Effizienzeffekte von EDI, so daß das Recht auf Erfolgsaneignung eingeschränkt ist. Die EDI-Verbindung führt zu Nachteilen für das eigene Unternehmen bei Vorteilen für die Geschäftspartner.

Das *Veräußerungsrecht* betrifft das Recht zum Verkauf der EDI-Daten. Der Unterschied zwischen der Veräußerung von Informationen in Form von EDI-Dateien oder auf der Basis von Papier erscheint geringfügig. Durch einen vergleichsweise unkomplizierten Zugang zu entsprechenden Daten und geringeren Kontrollmöglichkeiten auf Grund von fehlendem Papier ist die Mißbrauchsgefahr hier möglicherweise größer als bei Papierdokumenten. Eine nähere Betrachtung erscheint daher lohnenswert.
Die Frage stellt sich, bei welcher Art der Daten eine Veräußerung zweckmäßig ist. Uninteressant erscheint der Verkauf kommerzieller Daten wie Rechnungs-, Auftrags- und Lieferabrufdaten. Ein zusätzlicher Absicherungsbedarf erscheint nicht erforderlich.
Kritischer ist es bei Produkt- oder Textdaten. Die Veräußerung ist aus urheberrechtlichen Gründen, auf Grund der Gefahr einer Industriespionage oder des Wunsches nach Know-How Sicherung problematisch. Primär betrifft dies Produktdaten wie Entwicklungs- und Konstruktionsdaten. Prinzipiell besteht die Gefahr eines eigennützigen, willkürlichen Verkaufs an Dritte.

---

16) Vgl. z.B. Filz u.a. (1989), S. 81.

Problematisch ist dies bei geheimen Konstruktionszeichnungen oder sich in den Daten wiederspiegelndem Know-How der sendenden Unternehmen. Entsprechende vertragliche und technische Absicherungsregelungen werden erforderlich. Bei Textdaten hängen diese Probleme und Gefahren vom konkreten Inhalt ab. Bei reinen Geschäftsdokumenten ist zu überlegen, ob dies interessant ist. Im Fall einer Veräußerung stellt sich die Frage, ob und inwieweit Gefahren eines unerwünschten Zugriffs und Einblicks in fremdes Know-How auftreten können und zusätzliche Maßnahmen erfordern. Enthalten die Textdaten kaum internes Know-How, ist weniger davon auszugehen. Bei strategischen Informationen treten vergleichbare Mißbrauchsgefahren auf, die entsprechende Transaktionskosten erhöhende vertragliche Maßnahmen erfordern.

Zusammenfassend läßt sich festhalten:
- Unterschiedliche Standards schränken die direkte Weiterverarbeitung an der Schnittstelle Anwendungssystem/Kommunikation ein.
- Rechtliche Regelungen schränken die willkürliche Nutzung teilweise ein. Sie führen zu kostenverursachenden Zusatzmaßnahmen.
- Nicht von ihnen abgedeckte Gefahren für eigennützige Nutzung können sich für Kommunikationspartner oder für Dritte nachteilig auswirken.
- Die Weiterverarbeitung zur Durchführung der datenbetreffenden Handlungen ist durch die Gefahr des Verlustes der Verbindlichkeit eingeschränkt. Zusätzliche Regelungen werden notwendig.
- Zur Vermeidung von Mißbrauchsgefahren durch Datenveränderung sind Transaktionskosten erhöhende Maßnahmen erforderlich.
- Das Recht zur Erfolgsaneignung ist eingeschränkt, sobald Partnerbedingte Maßnahmen Effizienzvorteile durch EDI schmälern.
- Vertragliche Zusatzmaßnahmen werden erforderlich, wenn Nachteile aus einer Datenveräußerung entstehen können.

Diese Probleme stehen dem EDI-Konzept und den mit EDI verbundenen Rationalisierungsvorteilen entgegen. Sie weisen auf die Notwendigkeit angepaßter institutioneller Rahmenbedingungen hin. Diese betreffen Entwicklungen mit dem Ziel einer reibungsfreien Kommunikation.

1.3   Institutionelle Anpassungen

Konkret interessiert im folgenden die Entstehung des EDI-Rahmenvertrages (1.3.1), die Entwicklung von Sicherheitsmechanismen (1.3.2), die Weiterentwicklung von Standards (1.3.4) sowie die Herausbildung zwischenbetrieblicher Zusammenarbeitsformen für die Abwicklung der Kommunikation (1.3.5).

1.3.1 EDI-Rahmenvertrag

Der EDI-Rahmenvertrag ist ein Mustervertrag für den EDI-Einsatz, der nach der endgültigen Verabschiedung bilaterale EDI-Verträge zwischen den Geschäftspartnern ersetzen soll.[17] Seine Entstehung steht im Mittelpunkt der folgenden Betrachtung.

In Abschnitt 1.2 wurde deutlich, daß rechtliche und technische Freiräume zu Unsicherheit führen, die zusätzliche zwischenbetriebliche Abmachungen erfordern. Neben mündlichen Vereinbarungen kommen schriftliche EDI-Verträge in Frage.[18] Sie enthalten Vereinbarungen über Vertragsschluß, Sicherungsmechanismen, Verfügbarkeit des Systems, Verantwortlichkeit und Haftung, Krisenmanagement, Beweisfragen, technische Fortentwicklung, Ansprechpartner, Geheimhaltung, Datenschutz, Gerichtsstand und anwendbares Recht sowie Qualitätssicherung.[19] Die Folge ist eine Vielzahl bilateraler Verträge, die sich ausschließlich auf die EDI-Kommunikation beziehen und jeweils ähnliche Vertragsbestandteile enthalten. Sie existieren neben den die eigentliche Geschäftsgrundlage betreffenden Verträgen und bedeuten für die EDI-Anwender zusätzliche Transaktionskosten[20], da für jeden weiteren EDI-Partner bilaterale Vereinbarungen getroffen werden müssen.[21] Werden diese hypothetisch über sämtliche EDI-Partner zusammengefaßt, entsteht ein immenser und bei steigendem EDI-Einsatz wachsender Transaktionskostenblock. Die ihm zugrundeliegende Vielzahl bilateraler Vereinbarungen bezieht sich jeweils auf dieselbe Transaktion: Die Kommunikation über EDI. Dies erscheint ineffizient, so daß sich die Frage nach einer effizienteren Lösung stellt. Sie könnte der EDI-Rahmenvertrag sein. Er soll generelle, rechtliche Probleme bei der EDI-Kommunikation regeln, um bilaterale Vereinbarungen zu ersetzen.

Der EDI-Rahmenvertrag ist damit interpretierbar als eine juristische Institution, die zur Senkung des oben angesprochenen Transaktionskostenblocks entsteht. Voraussetzung ist, daß die Kosten für Entwicklung und Anwendung insgesamt geringer sind als die durch bilaterale Verträge entstehenden Kosten. Dies ist zu vermuten: Die Entwicklung eines Rahmenvertrages durch einen speziellen Arbeitskreis erscheint gesamtwirtschaftlich effizienter als bei einer Vielzahl von EDI-Partnern jeweils neu zu entwickelnde bilaterale Vertragsabsprachen. Voraussetzung ist das Erreichen einer kritischen Masse von EDI-Anwendern, die bilaterale EDI-Verträge abschließen. Abbildung 17 verdeutlicht die Zusammenhänge.

---

17)   Vgl. zum EDI-Rahmenvertrag ausführlich Kilian u.a. (1994).

18)   Vgl. die Vielzahl an Autoren, die im Zusammenhang mit der Einführung von EDI wiederholt die Notwendigkeit eines EDI-Vertrages herausstellen. Vgl. für viele Kremel (1990), S. 137.

19)   Vgl. Büchner (1990), S. 21f sowie Büchner (1991), S. 1474ff.

20)   Konkret dürften in erster Linie Vereinbarungskosten anfallen. Anbahnungskosten entstehen weniger, da sich der EDI-Vertrag auf bestehende Geschäftsbeziehungen bezieht oder im Zusammenhang mit einem die Geschäftsgrundlage betreffenden Vertrag geschlossen wird. Der Vertragspartner steht hier jeweils schon fest. Ist hingegen EDI ein Knock-out-Faktor, spielen sie eine - wenn auch untergeordnete - Rolle, da nach einem EDI-fähigen Partner gesucht werden muß.

21)   Vgl. Biervert u.a. (1992), S. 133.

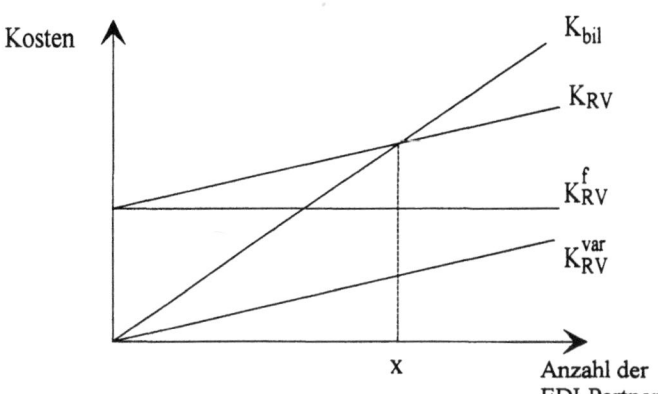

Abb. 17: Kostenvergleich Rahmenvertrag und bilaterale Absprachen

Bei bilateralen Verträgen entstehen gesamtwirtschaftliche Kosten, die mit zunehmendem Einsatz steigen. Die Kostengerade K_{bil} verdeutlicht dies. Bei Entwicklung und Verabschiedung eines EDI-Rahmenvertrages entstehen Anbahnungs-, Vereinbarungs- und Abschlußkosten. Die Höhe ist unabhängig von der Anzahl der EDI einsetzenden Unternehmen. Es handelt sich um Fixkosten (K^f_{RV}). Die EDI einsetzenden Unternehmen müssen ihn möglicherweise durch unternehmensspezifische Zusatzvereinbarungen ergänzen, so daß in Abhängigkeit der Anzahl der EDI-Anwender zusätzliche variable Kosten entstehen (K^v_{RV}). Sie dürften vergleichsweise nicht so hoch sein wie die Kosten bei bilateralen Vereinbarungen, da sie nur einzelne Punkte betreffen und nicht den gesamten Vertrag. Dies rechtfertigt den flacheren Verlauf der Kostenkurve. Die gesamten Kosten der Vereinbarung und Anwendung des Rahmenvertrages setzen sich aus fixen und variablen zusammen (K_{RV}). Ab der kritischen Masse von x Unternehmen, die EDI einsetzen und bilaterale Verträge abschließen, erscheint der Rückgriff auf einen Rahmenvertrag insgesamt effizienter als bilaterale Absprachen. Bei steigendem Ausbreitungsgrad von EDI ist mit einer Durchsetzung des EDI-Rahmenvertrages zu rechnen.

Die ELTRADO-Untersuchung zeigt, daß von den befragten Unternehmen nur ca. 41 % EDI-Verträge abgeschlossen hatten, während ca. 45 % den Abschluß von EDI-Verträgen ablehnten.[22] Diese geringe Akzeptanz von EDI-Verträgen deutet auf sie ersetzende Institutionen hin. Hierzu gehören langfristige Bindungen wie z.B. individuelle und lose Vereinbarungen oder

---

22) 13 % der befragten Unternehmen waren sich über diesen Punkt nicht ganz sicher. Dies kann damit zusammenhängen, daß die Gesprächspartner in erster Linie aus den Technikabteilungen kamen.

Abhängigkeitsstrukturen. Zudem ersetzen vorhandene Lieferverträge und Einkaufsvereinbarungen EDI-Verträge.[23] Interessant ist, daß die Mehrzahl der Befragten EDI-Verträge in der Zukunft für erforderlich halten.

Diese Tendenzen lassen sich unterschiedlich interpretieren. Der EDI-Rahmenvertrag kann einerseits als Institution verstanden werden, die weniger aus tatsächlichen Bedürfnissen entstand,[24] sondern vielmehr seitens der EG für notwendig befunden wurde. Nicht zuletzt durch die Einberufung eines für die Entwicklung zuständigen Gremiums wurde den EDI-Anwendern die Notwendigkeit eines EDI-Rahmenvertrages signalisiert, so daß sie ihn zukünftig - auch nach längerer EDI-Anwendung - für notwendig halten. Für diese These sprechen im Rahmen der ELTRADO-Untersuchung gehörte Äußerungen wie "Komplexitätserzeugung", "Eurokratie" oder "fehlender Bezug zu EDI-Anwendern".

Andererseits könnte der EDI-Rahmenvertrag tatsächlich aus Effizienzgründen entstanden sein. Die Notwendigkeit zusätzlicher vertraglicher Absprachen wurde von den EDI-Anwendern zwar erkannt. Gegebene Vertrags- und Abhängigkeitsstrukturen erschienen jedoch effizienter.[25] Der Zugriff auf einen EDI-Rahmenvertrag verändert die Situation. Im Vergleich zu bilateralen Absprachen oder gegebenen Vertrauens- oder Abhängigkeitsstrukturen erscheint er effizienter.[26]

Für diese Interpretation könnten die unterschiedlichen Entwicklungen in der Automobil- und Transportbranche sprechen. Beide Branchen wenden EDI schon länger an. Automobilfirmen benutzen den VDA-Standard. Für EDI auf VDA-Basis entwickelte der VDA einen Rahmenvertrag. Eine vergleichbare Lösung existiert in der Transportbranche nicht. Die ELTRADO-Untersuchung ergab, daß der überwiegende Teil der Unternehmen mit EDI-Verträgen der Automobilbranche zugehörten. Meistens lag der VDA-Rahmenvertrag zugrunde. Transporteure schlossen nur in vereinzelten Fällen EDI-Verträge ab. Hieraus läßt sich schließen, daß ein Rahmenvertrag erforderlich ist, auf den die EDI-Anwender bei Bedarf zurückgreifen können.

Zusammenfassend wird deutlich: Der EDI-Rahmenvertrag ist als eine von der EG aufgesetzte oder sich aus Effizienzgründen entwickelnde Institution zu interpretieren. Unabhängig hiervon sprechen die empirischen Ergebnisse für eine zunehmende Bedeutung.

---

23) Diese Beobachtungen resultieren aus die Untersuchung begleitende Gespräche.
24) Hierfür spricht die geringe Akzeptanz von EDI-Verträgen.
25) Hierfür sprechen die in der Praxis gemachten Beobachtungen.
26) Hierfür spricht, daß der EDI-Rahmenvertrag zukünftig für erforderlich gehalten wird.

1.3.2 Sicherheitsmechanismen

Die Weiterverarbeitung empfangener Daten ist nicht unproblematisch, wenn sie die Rechtssituation verändert wie z.B. die Ausführung elektronischer Bestellungen. Durch technische Mißbrauchsmöglichkeiten besteht die Gefahr des Verlustes der Verbindlichkeit elektronischer Daten. Zur Vermeidung sind Sicherungsmechanismen erforderlich. Sie stehen zahlreich zur Verfügung und decken unterschiedliche Gefahrenpotentiale ab.[27] Dennoch können zusätzliche Rückfragen zur Bestätigung der Verbindlichkeit erforderlich werden. Sie sind ineffizient und rechtfertigen die Weiterentwicklung der Sicherheitsmechanismen. Diesbezüglich interessieren im folgenden Entwicklungen, die die EDI-spezifische Problematik des Verlustes der Verbindlichkeit betreffen. Die herkömmliche Unterschrift kann bei Geschäfts- und Vertragsbeziehungen auf Papierbasis zwar auch keine völlige Sicherheit bieten. Durch das in sie gesetzte Vertrauen sowie die bessere Greifbarkeit einiger Echtheitskriterien, z.B. durch einen kurzen Blick auf Briefkopf, Briefpapier, Stempel, Siegel und Unterschrift[28], erzeugt sie i.d.R. die notwendige Verbindlichkeit.[29] Die Substitution von Papier durch Elektronik erfordert Institutionen, die analog die Verbindlichkeit elektronischer Dokumente herstellen können. Zwei Entwicklungen interessieren in diesem Zusammenhang: Die Herausbildung elektronischer Unterschriftssubstitute (1.3.2.1) und die Entstehung elektronischer Notare (1.3.2.2).

1.3.2.1 Elektronische Unterschriftssubstitute

Als elektronische Substitute für die 'Papierunterschrift' bilden sich die 'elektronische Unterschrift'[30] und das 'elektronische Unterschriftssurrogat'[31] heraus.

Die *elektronische Unterschrift*, die in der Literatur häufig auch als digitale Unterschrift[32], digitale Signatur[33] oder elektronische Signatur[34] bezeichnet wird, basiert auf einem Verschlüsse-

---

27) Beispiele sind Chiffrierung, Integritäts- und Authentisierungsmechanismen, Zugriffskontrollmechanismen, Audit-Trail, Backup-Konzepte oder Teleservice. Vgl. hierzu ausführlich Kuhns (1991), S. 403ff.
28) Vgl. Klotz (1993), S. XIII.
29) Häufig findet sich in der Praxis der Hinweis "Als EDV-Ausdruck auch ohne Unterschrift gültig", der die Verbindlichkeit herstellen soll. Doch auch dieses Verfahren stößt an seine Grenzen und kann die Unterschrift letztlich nicht ersetzen. Vgl. Tobertge (1989), S. 497.
30) Vgl. Büchner (1991), S. 1459; Seidel (1990), S. 363ff; Kuhns (1991), S. 405; Scheidegger, Zbornik (1993), S. 40f sowie Tobertge (1989), S. 497.
31) Vgl. Rihaczek (1991), S. 568 sowie Scheidegger, Zbornik (1993), S. 33.
32) Vgl. z.B. Scheidegger, Zbornik (1993), S. 40; Tobertge (1989), S. 497 sowie Büchner (1992), S. 41. Der Begriff 'digitalisierte Unterschrift' ist vielleicht etwas verwirrend, da es sich nicht um eine digitalisierte Form der herkömmlichen Unterschrift handelt.
33) Vgl. Kuhns (1991), S. 405.
34) Vgl. Seidel (1990), S. 363.

lungsverfahren unter Verwendung von symmetrischen oder asymmetrischen Verfahren.[35] Sie soll sicherstellen, daß Inhalt und Absender einer Nachricht authentisch sind.[36] Durch die Verschlüsselungsverfahren ist sie technisch realisierbar. Problematisch ist, daß sie juristisch nicht anerkannt ist und damit im Falle eines Rechtsstreites keine gesetzliche Beweiskraft hat.[37] Sie ist "auf keinen Fall mit einer Unterschrift im juristischen Sinne zu verwechseln."[38] Völlige Sicherheit bietet sie nicht, so daß die juristische Nichtanerkennung gerechtfertigt erscheint. Im Vergleich zur Papierunterschrift bietet sie erheblich mehr Sicherheit.[39] Daher erscheint die juristische Nichtanerkennung nicht ganz nachvollziehbar, da letztlich der Methode mit den geringeren Manipulationsmöglichkeiten der Vorzug eingeräumt werden sollte. Erste Hinweise auf eine gesetzliche Anerkennung zeichnen sich im Rahmen einer Novellierung des § 690 Abs. 3 ZPO (Zivilprozeßordnung), der bisher die Rechtsgrundlage für das automatisierte Mahnverfahren bildet, ab.[40]

Die juristische Nichtanerkennung ist Ausgangspunkt für das *elektronische Unterschriftssurrogat*.[41] Dieses Modell legt die für die Papierform gültigen formalrechtlichen Erfordernisse zugrunde. Hierzu zählen Dokumentenechtheit, Abschlussfunktion, Visualisierbarkeit, Identitätsfunktion, Echtheitsfunktion, Disputabilität, Signifikanz, Unmittelbarkeit, Transparenz und - den juristisch nicht geforderten ergänzenden Punkt - Unfälschbarkeit.[42] Rihaczek als wesentlicher Vertreter dieses Ansatzes leitet aus ihnen konkrete Konsequenzen für eine elektronische Unterschrift ab.[43] Abbildung 18 zeigt im Vergleich, wie die formalrechtlichen Anforderungen von Papier erfüllt werden und von dem elektronischen Unterschriftssurrogat erfüllt werden könnten.

Formal-rechtliche Anforderung	Papier	Elektronisches Unterschriftssurrogat
Perpetuierbarkeit: Dokumentenechtheit (Unterschrift muß dokumentenecht sein)	dokumentenechte Tinte o.ä.	Speicherung der Schlüssel des Dokumentes, der Unterschrift während der gesetzlich vorgeschriebenen Zeit, und auch über mehrere Rechnergenerationen

35) Vgl. Seidel (1990), S. 363. Im Unterschied zu symmetrischen private-key-Verfahren verwenden asymmetrische public-key-Verfahren unterschiedliche Schlüssel zwischen Sender und Empfänger. Vgl. hierzu ausführlich Ruland (1987), S. 30ff. Sie läßt sich zusätzlich durch die sogenannte Hash-Funktion ergänzen. Vgl. hierzu näher Ruland (1987), S. 21f oder Fumy (1991), S. 293.
36) Vgl. Kuhns (1991), S. 405.
37) Vgl. Röcker, Hartwick (1991), S. 34. Vgl. auch Rihaczek (1991), S. 568, der der elektronischen Unterschrift die zivilrechtliche Bedeutung innerhalb geschlossener Gruppen zwar zuerkennt, die Funktion einer öffentlich-rechtlichen Formvorschrift jedoch verneint.
38) Scheidegger, Zbornik (1993), S. 40.
39) Vgl. Seidel (1990), S. 364f.
40) Vgl. hierzu näher Seidel (1990), S. 364ff sowie Röcker, Hartwick (1991), S. 34.
41) Vgl. hierzu und zum folgenden Rihaczek (1991) sowie Scheidegger, Zbornik (1993), S. 32ff.
42) Vgl. Scheidegger, Zbornik (1993), S. 33ff sowie Rihaczek (1991), S. 569.
43) Vgl. zum folgenden Rihaczek (1991), S. 569ff.

Immutabilität: Abschlussfunktion (Unterschrift muß sich deutlich auf den zu unterschreibenden Textteil beziehen)	Unterschrift direkt unter zugehörigen Vertragstext	Bei Public-Key-Verfahren gewährleistet, zusätzlich Mechanismus zur Gewährleistung der Unübertragbarkeit des Dokumentes erforderlich
Visualisierbarkeit: (Unterschriebener Text und Unterschrift müssen leicht sichtbar gemacht werden)	Unterschrift sichtbar	Benutzerschnittstelle oder Anzeigegerät, die Nichtmanipulierbarkeit gewährleisten; Bsp.: zusätzliche Chipkarte neben elektronischer Unterschrift
Identitätsfunktion: (genaue Zuordnung einer Unterschrift zu einer Person)	Zuordnung zu einer Person i.d.R. gewährleistet	Einsatz des entsprechenden Sicherheitsmechanismuses wie z.B. elektronische Unterschrift
Echtheit: (Unterschrift darf nur von einer speziellen Person geleistet werden können)	Unterschrift nur durch unterzeichnende Person / Nachweis von Fälschungen über biometrische Verfahren[44]	Elektronische Unterschrift Gefahr einer 100%igen Fälschung/ Nachweis von Fälschungen vergleichsweise sehr aufwendig
Disputabilität: (Prüfung einer Unterschrift auf Echtheit muß auch von Dritter Seite möglich sein)	Unterschrift steht jedem Dritten zur Verfügung	Geeignete Maßnahmen zur Archivierung und Zertifizierung sind erforderlich
Signifikanz: (Unterschreibende muß sich über Folgen seiner Unterschrift, v.a. betr. Änderung der Rechtslage im Klaren sein)	Unterschreibende ist sich Verbindlichkeit/Folgen seiner Tat bewußt (Art gesellschaftlich gewachsenes Wissen)	Bewußtsein (noch) nicht vorhanden, zusätzliche technische, organisatorische und gesellschaftliche Maßnahmen erforderlich
Unmittelbarkeit: (Unterschrift muß unmittelbar vom Unterschreibenden erkennbar sein)	Unterschrift problemlos lesbar	Umformung der elektronischen Zeichen in eine durch den Benutzer lesbare Form
Transparenz : (Zweck und Berechtigung der Unterschrift muß erkennbar sein)	Funktion des Unterschreibenden (z.B. Prokurist oder Geschäftsführer) und dessen Berechtigung ist normalerweise klar ersichtlich	Entsprechende Regelungen für Zweit- und Mehrfachunterschriften
Unfälschbarkeit: (Juristisch nicht gefordert, aber für Güte der Unterschrift maßgebliche Rolle)	Unterscheidung, ob Original oder Fälschung durch Experten möglich	Durch asymmetrische Verschlüsselungsverfahren (z.B. RSA) gewährt.[45]

Abb. 18: Papierunterschrift und Elektronisches Unterschriftssurrogat im Vergleich

---

44) Biometrische Verfahren integrieren in eine Identitätsprüfung unverwechselbare körperliche Merkmale wie z.B. Fingerabdruck oder Messung der Iris mit ein. Vgl. Scheidegger, Zbornik (1993), S. 34.

45) Bei RSA handelt es sich um ein asymmetrisches Schlüsselverfahren nach Rivest, Shamir und Adleman. Problem ist hier, daß auf die asymmetrischen Schlüssel z.B. durch Erpressung Zugriff genommen werden kann und damit die Echtheit (vgl. oben) in Frage gestellt wird.

Die Tabelle zeigt, daß das Instrument der *elektronischen Unterschrift* Bestandteil des Modells des umfassenderen *elektronischen Unterschriftssurrogats* ist, das weitere Sicherheitsmechanismen enthält.[46]

Das elektronische Unterschriftssurrogat erscheint sinnvoll, um den rechtlichen Anforderungen zu genügen. Technisch ist es mit hohem Aufwand und entsprechenden zusätzlichen Kosten verbunden. Die Durchsetzbarkeit ist fraglich, wenn diese Kosten insgesamt höher sind als die Kosten, die durch die eingangs angesprochenen Probleme möglicherweise entstehen.[47]

Ein dies vermeidender Ansatz ist vielleicht eine kritische Überprüfung der rechtlichen Anforderungen. Basis für dessen langjährige Entwicklung ist das Medium Papier. Mit Änderung der Basis verändern sich möglicherweise die Anforderungen an die Unterschrift. Sie sollte zwar die notwendige Verbindlichkeit herstellen, dabei jedoch auf das Medium Elektronik abgestimmt sein.

1.3.2.2 Elektronische Notare

Als eine weitere die Verbindlichkeit elektronischer Dokumente herstellende Institution interessiert die Entstehung elektronischer Notare, häufig auch 'Trust Center' oder 'Trusted Third Party' bezeichnet.[48] Vereinfacht ausgedrückt sind sie Teilnehmer eines offenen Kommunikationssystems, die von allen anderen Teilnehmern als vertrauenswürdig beurteilt werden. Sie dienen als Ansprechpartner, die Auskunft über die Identität der beteiligten Teilnehmer geben. Ziel ist die Herstellung einer vertrauenswürdigen Kommunikation, bei der die Identität des Kommunikationspartners kein großer Unsicherheitsfaktor darstellt. Ihre konkrete Institutionalisierung ist von der ISO, CCITT und den EDIFACT-Gremien vorgesehen. Als Dienste sollen sie nach der CCITT Zertifikationsautorität, Chipkarteneinsatz sowie Auditing übernehmen.[49] Zusätzlich empfiehlt die CCITT die Einführung einer Namensgeberautorität, die die Identität des Chipkartenantragstellers überprüft.[50]

Zusammenfassend sind als institutionelle Entwicklungen zur Herstellung der Verbindlichkeit elektronischer Dokumente 'elektronische Unterschrift' und 'elektronisches Unterschriftssurrogat' als Unterschriftssubstitute sowie elektronische Notare erkennbar.

---

46) Dies geht auch aus der Unterscheidung von Scheidegger, Zbornik hervor. Sie differenzieren zwischen der elektronischen Unterschrift als Sicherheitsmechanismus und dem elektronischen Unterschriftssurrogat als Sicherheitsdienst. Vgl. Scheidegger, Zbornik (1993), S. 40.

47) Dann wird auch die Ausbreitung von EDI und speziell der elektronischen Marktbeziehungen behindert, da auf Grund der Anonymität vor allem hier ein juristisch anerkanntes Unterschriftssubstitut erforderlich ist. Vgl. Scheidegger, Zbornik (1993), S. 32f.

48) Vgl. hierzu und zum folgenden Scheidegger, Zbornik (1993), S. 43ff.

49) Vgl. Scheidegger, Zbornik (1993), S. 44ff; Rihaczeck (1991), S. 573 sowie Rihaczek (1990), S. 419ff.

50) Vgl. Scheidegger, Zbornik (1993), S. 47. Diese Funktion könnte das Einwohnerkontrollamt oder das Handelsregisteramt übernehmen.

1.3.3 Entwicklungen und Tendenzen im Bereich der Standards

Unter Abschnitt III/1.2 wurde gezeigt, daß die Weiterverarbeitung elektronischer Daten an der Schnittstelle Anwendungssystem/Kommunikation eingeschränkt ist. Wesentlicher Grund ist die Vielzahl unterschiedlicher Standards, die zusätzlichen kostenverursachenden Konvertierungs- und Übersetzungsaufwand implizieren. Zur Vermeidung dieser Kosten sind Entwicklungen im Bereich der Standards zu beobachten, auf die im folgenden näher eingegangen wird.

Für EDI sind - vereinfacht ausgedrückt[51] - Standards auf zwei Ebenen erforderlich: auf der Übermittlungsebene zur direkten Übertragung der Daten sowie auf der Inhaltsebene zur problemlosen Lesbarkeit der Nachrichten. Zunächst geht es um Standards für den Nachrichteninhalt.[52]

Zur inhaltlichen Nachrichtenübermittlung stehen für Handels-, Produkt- und Textdaten unterschiedliche Standards zur Verfügung.[53] Standards für *Handelsdaten*[54] sind VDA (Automobilindustrie), SEDAS (Konsumgüterwirtschaft), SWIFT (Interbankenkommunikation) oder ANSI X.12 (USA).[55] Sie sind branchen- oder länderspezifisch einsetzbar. Ihre Vielzahl bedeutet für den EDI-Anwender zusätzliche Übersetzungsnotwendigkeiten bei unterschiedlichen Standards. Dies betrifft v.a. branchenübergreifend kommunizierende Unternehmen, da sie auf unterschiedliche Standards (wie z.b. VDA und SEDAS) zurückgreifen müssen.

Die eingeschränkte Weiterverarbeitung und der kostenverursachende Konvertierungsaufwand erklären die Entwicklung des EDIFACT-Standards. EDIFACT (Electronic Data Interchange For Administration, Commerce and Transport) ist ein Regelwerk der Vereinten Nationen für den elektronischen Datenaustausch in Verwaltung, Handel und Transport.[56] EDIFACT soll international und branchenübergreifend für sämtliche Unternehmen, ob Handwerker, Großunternehmen, Konzern, öffentliche Verwaltung oder Behörde, einsetzbar sein und dabei sämtliche in Frage kommenden Nachrichten abdecken. Der EDIFACT-Standard "is the only standard in the history of EDI development which has ever aspired to being such a universal standard for

---

51) Es soll hier nicht im einzelnen auf das der Übertragung zugrundeliegende OSI-Modell mit den einzelnen Standardisierungsebenen eingegangen werden, da dies den Rahmen dieser Arbeit sprengen würde.
52) Das gesamte Problem der Standardisierung und Standardentwicklung kann hier nicht umfassend dargelegt werden. Vgl. hierzu als spezielle Literatur z.B. Niggl (1994). Im folgenden sollen nur Standards angesprochen werden, deren Entwicklung direkt mit EDI zusammenhängt.
53) Vgl. auch Abschnitt I/4.1.
54) In Deutschland werden für den Handelsdatenaustausch gegenwärtig ca. 1/2 Dutzend Branchenstandards und mehrere firmenspezifische Protokolle und Standards eingesetzt. Vgl. Dirlewanger (1992), S. 36. Ein Beispiel für einen firmenspezifischen Standard ist der von Ford eingesetzte Ford-Net. Vgl. Parfett (1992), S. 27.
55) Vgl. z.B. Thomas (1987), S. 52; Rösch (1991), S. 24.
56) Vgl. Hörig, Barthel (1990), S. 485; Thomas (1987), S. 50. Vgl. zu Bestandteilen und genauem Aufbau z.B. Hörig, Barthel (1990), S. 485f; Schubenel (1989), S. 19ff; Rösch (1991), S. 6ff sowie sehr ausführlich Berge (1991), S. 17ff.

all industries, all countries and all applications".[57] Ziel ist ein mit der gelben Post vergleichbares System, auf dessen Basis langfristig jeder mit jedem kommunizieren soll.[58]

Gegenwärtig befindet sich EDIFACT in der Entwicklungsphase. An Lösungen für wichtige Nachrichtentypen in den Bereichen Handel/Industrie (z.B. Lieferabruf, Liefermeldung), Bank/Versicherung (z.B. Zahlungsauftrag, Belastungsanzeige), Transport (z.B. Buchungsbestätigung, Speditionsauftrag), Zoll (z.B. Zollanmeldung, Zollerklärung) oder Service-Nachrichten (z.B. Kontrollnachricht) wird intensiv gearbeitet.[59] Zumindest langfristig scheint EDIFACT umfassend einsetzbar zu sein und die bestehenden Konvertierungsprobleme lösen zu können. Damit scheint dieses Konzept eine effiziente Lösung für die hier zugrundeliegende Problematik zu sein.

Diese Vermutung relativiert sich bei der praktischen Umsetzung des EDIFACT-Konzeptes. Um sämtliche nationalen und internationalen Anwendungen branchenübergreifend abzudecken, werden äußerst komplexe, häufig unübersichtliche Standards entwickelt.[60] Sie stellen Funktionen zur Verfügung, die einzelne Anwendergruppen nicht nutzen können.

Die weltweite und branchenübergreifende Anwendung einer EDIFACT-Rechnung erfordert beispielsweise, daß für jede nur denkbare Angabe Datenraum an einer bestimmten Stelle zur Verfügung gestellt werden muß. Neben dem Aufwand für die Antizipation sämtlicher potentieller Angaben wird das Volumen der elektronischen Rechnung stark aufgebläht.[61] Dies betrifft jeden Nachrichtentypen, der weltweit und unternehmensspezifisch mit unterschiedlichen Anforderungen eingesetzt werden soll.

In zweifacher Hinsicht erscheint dies problematisch. Zum einen entstehen bei der Entwicklung dieser komplexen Standards Transaktionskosten. Über einen langen Zeitraum müssen mehrere Vertreter aus verschiedenen Branchen regelmäßig zusammenkommen, um sämtliche denkbaren Aspekte in die Entwicklung mit einzubeziehen. Die Entwicklung der EDIFACT-Rechnung dauerte beispielsweise 2 Jahre und erforderte mehrere Mannjahre.[62] Vor dem Hintergrund dieses Aufwandes für die Entwicklung eines Nachrichtentypes, der Vielzahl der notwendigen Nachrichtentypen sowie nicht zuletzt der verschiedenen in diesem Bereich tätigen Arbeits-

---

57) Finch (1990), S. 81.
58) Vgl. Engberg, Buchholz (1987), S. 26.
59) Vgl. Hörig, Barthel (1990), S. 486 sowie Dirlewanger (1992), S. 38. Nach neuerem Stand (November 1993) existieren für 42 Nachrichtentypen verabschiedete Empfehlungen, für 13 Nachrichtentypen Entwürfe und für 113 Nachrichtentypen Vorentwürfe. Vgl. Schlieper (1993), S. 6.
60) Vgl. Hofmann (1989), S. 38.
61) Vgl. Grüning (1990), S. 59.
62) Vgl. auch Schubenel (1989), S. 19, der im Zusammenhang mit der Programmierung von EDIFACT-Nachrichtentypen nur von "Mannjahren" spricht.

kreise[63], ist hier ein immenser Transaktions- und Produktionskostenblock zu vermuten. Zum anderen ist die Implementierung von EDIFACT nicht unproblematisch. EDIFACT stellt eine 100%ige Lösung dar. Für die EDI-Anwender bedeutet die Einführung des gesamten 'Standard-Werkes' entsprechende Kosten für Implementierung, Software, Schulung, Pflege usw. Zudem sind die Übertragungsgebühren höher als bei herkömmlichen Standards wie z.B. VDA[64] oder SEDAS[65]. Die Anwendung wird schwerfällig[66] und ist mit zusätzlichen Kosten verbunden. Zudem müssen die Anwender kaum das gesamte von EDIFACT angebotene Spektrum abdecken. Dem Aufwand für ein 100%iges Nutzenpotential steht ein Nutzen von vielleicht 5-10 % gegenüber.[67] Aus Anwendersicht stellen diese Faktoren die Tragfähigkeit und Effizienz von EDIFACT in Frage.

Eine effizientere Alternative ist die Entstehung sogenannter *EDIFACT-Subsets*.[68] Ein EDIFACT-Subset ist die anwendungsspezifische "Verkürzung eines EDIFACT-Nachrichtentyps auf den benötigten Inhalt"[69]. Technisch heißt dies "eine exakt definierte Untermenge nutzbarer Nachrichtenarten, Datenelemente, Codes und Qualifier aus den umfangreichen Darstellungsmöglichkeiten, die EDIFACT insgesamt bietet"[70].

Aus Anwendersicht erscheinen Subset-Lösungen EDIFACT gegenüber effizienter, da "aus dem Gewirr der Elemente und Segmente"[71] nur die erforderlichen übernommen sind.[72] An Stelle der umfassenden Zielsetzung bei EDIFACT steht hinter der Subsetentwicklung der Gedanke, daß ein Standard dann vollständig ist, wenn kein Element mehr weggelassen werden kann.[73] Zu unterscheiden sind individuell vereinbarte und standardisierte Subsets.[74] Als standardisierte

---

63) Vgl. zu einem Überblick der einzelnen Kommitees und Organisationen für EDIFACT Müller-Berg (1992), S. 179f. Das EDIFACT-Board setzt sich aus Delegierten aller 18 EG- und EFTA-Ländern zusammen. Die Nachrichten-Entwicklung findet in Nachrichten-Entwicklungsgruppen statt, in denen Interessensvertreter aus verschiedenen Branchen zusammenkommen. Unterteilt nach Wirtschaftsgruppen gibt es die Nachrichtenentwicklungsgruppen Handel/Industrie, Transport, Zoll, Bankwesen, Bauwesen, Statistik, Versicherung, Tourismus, Gesundheitswesen und Soziales. Vgl. Müller-Berg (1992), S. 180.

64) Am Rande der ELTRADO-Untersuchung wurde wiederholt auf zusätzliche Übertragungskosten durch die längeren EDIFACT-Nachrichtentypen hingewiesen. Vgl. auch Filz u.a. (1989), S. 82, nach denen der VDA-Standard sogar kostengünstiger als das nicht so komplexe EDIFACT-Subset ODETTE ist.

65) Vgl. Engberg, Buchholz (1987), S. 27, die beispielhaft die kürzere SEDAS-Rechnung der längeren EDIFACT-Rechnung gegenüberstellen.

66) Vgl. Schubenel (1989), S. 19.

67) Vgl. Schulte (1989), S. 50.

68) Vgl. Hofmann (1989), S. 38; Zentes, Anderer (1993a), S. 29; Biervert u.a. (1992), S. 136.

69) Hofmann (1989), S. 38. So gibt es ein Beispiel für eine Rechnung, die im branchenspezifischen Subset nur mehr 20 % des ursprünglichen EDIFACT-Umfanges hat. Vgl. Dirlewanger (1992), S. 37.

70) Schubenel (1989), S. 23.

71) Schubenel (1989), S. 19; vgl. auch Masa (o.J.), S. 120.

72) Vgl. auch Engberg, Buchholz (1987), S. 26, die Subsets für die ökonomischere Lösung halten.

73) Vgl. Schubenel (1989), S. 19.

74) Diese Unterscheidung wurde der ELTRADO-Untersuchung zugrundegelegt. Vgl. Kilian u.a. (1994).

Subsets stehen verschiedene branchenspezifisch anwendbare zur Verfügung.[75] Beispiele für individuell vereinbarte Subsets sind z.B. Subsets für konzerninterne Anwendungen.[76] Durch die Beschränkung auf die notwendigen Bestandteile reduziert sich der Aufwand für die Subsetentwicklung[77] einerseits und Einführung bei den EDI-Anwendern[78] andererseits. Für eine effiziente Lösung spricht dies noch nicht, da der Einsatz bei den Subset-Anwendern noch nicht berücksichtigt ist. Dieser hängt von den zugrundeliegenden Kommunikationsbeziehungen ab. Bei brancheninterner Kommunikation ist auch der Einsatz effizient, da Übersetzung und Konvertierung entfallen.[79] Bei branchenübergreifender Kommunikation entsteht wiederum Übersetzungsaufwand durch unterschiedliche EDIFACT-Subsets. Der Kreis der reibungsfrei kommunizierenden Unternehmen wird bei Verwendung individuell vereinbarter Subsets noch enger, da diese nur zwischen den jeweiligen EDI-Partnern bestehen. Damit stellt das Subset-Konzept nur für die EDI-Anwender, die auf gleiche Subsets zurückgreifen, eine effiziente Lösung da. Sobald unterschiedliche Standards zugrundeliegen, wird der Einsatz zunehmend teurer.

Hängt die langfristige Akzeptanz und Durchsetzbarkeit eines Standards von den komparativen Kosten ab, sind die insgesamt entstehenden Kosten für Entwicklung, Einführung und Einsatz zu vergleichen. Hier ergibt sich vereinfacht folgendes Bild:

Standard Aufwand	EDIFACT		Subsets
Entwicklungs-aufwand	umfassende branchen-übergreifende Nachrichtentypen	>	branchenspezifische Nachrichtentypen
Einführungs-aufwand	100% ige Lösung	>	anwendungsspezifische Lösungen
Einsatz-aufwand	ohne Konvertierung	<	Konvertierung bei unterschiedlichen Subsets
		=	ohne Konvertierung bei identischen Subsets

Abb. 19: Entwicklungs-, Einführungs- und Einsatzaufwand bei EDIFACT und Subsetlösungen

---

75) Vgl. Abschnitt I/4.1 und die dort angegebene Literatur.
76) Vgl. Masa (o.J.), S. 120.
77) Die Entwicklung beschränkt sich auf branchenspezifische Bedürfnisse und Aspekte. Zu einer beispielhaften Vorgehensweise der Subsetentwicklung vgl. näher Hofmann (1989), S. 39.
78) Implementierung, Programmierung und Pflege ist für einen begrenzten Teil der EDIFACT-Elemente notwendig. Vgl. Schulte (1989), S. 50.
79) Vgl. Schulte (1989), S. 50.

86

Vor diesem Hintergrund ist gegenwärtig die Durchsetzung der Subset-Lösung zu vermuten, da der Aufwand hierfür geringer erscheint.[80] Dies bestätigen die Ergebnisse der ELTRADO-Untersuchung. Bei den befragten Unternehmen lag der Anteil der Subset-Anwender deutlich höher als der Anteil der Anwender von EDIFACT. Dieses Ergebnis ist vorsichtig zu bewerten, da es auch mit dem nicht zufriedenstellenden Stand der verabschiedeten EDIFACT-Nachrichten zusammenhängen kann.[81]

Damit entsteht die Gefahr des Steckdosensyndroms:[82] Für jede Branche und jedes Land ist ein anderer Stecker - sprich Standard - erforderlich. Bei steigender Anzahl von EDI-Anwendern mit branchenübergreifender Kommunikation ändert sich womöglich diese Tendenz.[83] Der Aufwand für den Subset-Einsatz steigt, so daß der höhere Entwicklungs- und Einführungsaufwand von EDIFACT gerechtfertigt ist.

In der Praxis sind Tendenzen für eine langfristige Durchsetzung von EDIFACT erkennbar. Sie lassen sich nicht nur auf einen rationalen Vergleich der ohnehin schwer zu ermittelnden Kosten zurückführen. Politische Bestimmungen wie z.B. die Umstellung von ANSI X.12 auf EDIFACT in den USA[84] wie auch Bestrebungen seitens der EDIFACT befürwortenden Großunternehmen oder Banken[85] fördern die Ausbreitung von EDIFACT. In die gleiche Richtung zielt auch die teilweise mit Regierungsunterstützung erfolgte Gründung verschiedener Organisationen und Foren zur Unterstützung von EDIFACT.[86] Auch wird die Entwicklung weiterer Subsets durch die zunehmend restriktivere Handhabung ihrer Bewilligung seitens des EDIFACT-Boards verhindert.[87]

Die Zeit wird zeigen, ob sich das EDIFAFCT-Konzept als eine mit der gelben Post vergleichbaren Institution durchsetzen wird. Gegenwärtig ist dies eher skeptisch zu beurteilen, obgleich in der Literatur sehr oft zuversichtliche, mitunter euphorische Meinungen vertreten werden.

Prinzipiell vorstellbar ist auch eine Art 'Zwischenlösung', in der beide Konzepte nebeneinander stehen und für unterschiedliche Anwendungen effizient sind.[88] Für häufig sich wiederholende, genau definierte Geschäftsbeziehungen in abgegrenzten Anwenderkreisen bietet sich die Verwendung von Subsets an. Sie ist effizient, da sie sich auf die notwendigsten Informationen be-

---

80) Vgl. auch Pfeiffer (1992), S. 52.
81) Gespräche am Rande ergaben, daß die langwierige Entwicklung des EDIFACT-Standards ein Hindernis für die Einführung von EDIFACT ist.
82) Vgl. Grüning (1990), S. 58.
83) Dies ist nach der ELTRADO-Untersuchung zu erwarten.
84) Vgl. Alt (1992), S. 8. Dies ist insofern gravierend, da die Vielzahl der in den USA entwickelten Standards auf ANSI X.12 basieren. Vgl. Coathup (1988), S. 17.
85) Sie drücken sich z.B. in Kooperationen zur Durchsetzung von EDIFACT aus.
86) Vgl. hierzu näher Hörig, Barthel (1990), S. 489.
87) Vgl. Dirlewanger (1992), S. 37.
88) Vgl. zum folgenden Engberg, Buchholz (1987), S. 25ff..

schränkt.[89] Parallel zu diesem geschlossenen Kommunikationssystem existiert EDIFACT als offenes System. Es bietet sich für bisher mit der Post versendete einmalige Informationen, Bestellungen, Zahlscheine etc. an.[90] Da sich EDIFACT-Subsets kollisionsfrei zu bestehenden EDIFACT-Regeln verhalten[91], könnte EDIFACT die maßgeschneiderten Branchenlösungen verbinden.[92] Damit entsteht ein Kommunikationssystem, das gleichzeitig offen und geschlossen ist.

Die Handelsdaten zugrundeliegende Problematik gilt analog für den Bereich der *Textdaten*. Konkurrierende Standards sind ODA/ODIF, SGML sowie DTAM.[93] Kostenverursachend ist analog die Verwendung unterschiedlicher Standards. Ähnlich wie bei Handelsdaten sind Bestrebungen zur Vereinheitlichung zu erwarten. Sie könnten in unterschiedliche Richtungen gehen:

- Die Durchsetzung eines der vorhandenen Standards. Vor dem Hintergrund der ELTRADO-Untersuchung ist dies weniger zu vermuten, da keine deutlichen Unterschiede in der ohnehin geringen Akzeptanz[94] von ODA/ODIF und SGML[95] erkennbar waren.
- Die Entwicklung eines neben diesen Standards existierenden umfassend und übergreifend einsetzbaren Standards ähnlich wie EDIFACT. In der Praxis sind keine diesbezüglichen Entwicklungstendenzen zu beobachten. Der Bedarf nach einer derartigen Lösung ist möglicherweise aus den Ergebnissen der ELTRADO-Untersuchung ersichtlich. Den elektronischen Austausch von Textdaten planen 10 % der befragten Unternehmen. Die Anwendung von ODA oder SGML als zugrundeliegende Standards plant kein Unternehmen. Dieses Ergebnis kann auf Unklarheiten über die Zusammenhänge oder auf eine geplante Anwendung des DTAM-Standards hinweisen.[96] Nicht auszuschließen ist, daß dieses Ergebnis auf fehlende Möglichkeiten zur Realisierung der Anwenderwünsche hinweist. Dann könnte ein einheitlicher Dokumentenstandard oder die im folgenden zu zeigende EDIFACT-Alternative die Lösung sein.

---

89) Die SEDAS-Anwender haben sich beispielsweise bei dem Nachrichtentyp Bestellung auf eine limitierte Informationsstruktur geeinigt, um diese Masseninformationen ökonomisch zu gestalten. Vgl. Engberg, Buchholz (1987), S. 26.
90) Vgl. Engberg, Buchholz (1987), 26f.
91) Vgl. Schubenel (1989), S. 23.
92) Vgl. Engberg, Buchholz (1987), S. 29.
93) Vgl. auch Abschnitt I/4.1.
94) Der Anteil der ODA/ODIF-Anwender lag bei 5 %, der Anteil der SGML-Anwender bei 3 %. Dieses ähnliche Ergebnis sowie die generelle Verneinung einer geplanten Anwendung (0%) sprechen gegen die Durchsetzung eines Standards.
95) Nach dem Standard DTAM wurde auf Grund der vergleichsweise untergeordneten Rolle nicht gefragt.
96) Beides ist kaum zu vermuten, da in der Literatur i.d.R. auf SGML oder ODA als relevante Standards verwiesen wird und DTAM nur am Rande erwähnt wird.

- Standardisierungsbestrebungen im Rahmen der EDIFACT-Entwicklung. Sie sind in der Praxis beobachtbar.[97] Vorstellbar ist auch ein Kompromiß zwischen ODA/ODIF und EDIFACT.[98]

Derartige Entwicklungen hängen auch von der Akzeptanz und Ausbreitung des elektronischen Textdatenaustauschs ab. Sie ist gegenwärtig als gering einzuschätzen[99], so daß der Aufwand für die Entwicklung umfassender Text-Standards kaum gerechtfertigt erscheint. Anstöße geben möglicherweise elektronische Märkte, die neben Handelsdaten zunehmend Textdaten einbeziehen.[100]

Die Überlegungen zu Handels- und Textdaten gelten analog für *Produktdaten*. Unterschiedliche Standards wie STEP, IGES, SET, VDAFS oder CAD*I stehen zur Verfügung.[101] Die Verwendung unterschiedlicher Standards ist kostenintensiv. Bei zu erwartender steigender Akzeptanz[102] entsteht ein Kostenblock, der Anpassungen rechtfertigt. Denkbar sind:

- Die Durchsetzung des STEP-Standards als einheitlicher Standard. Diese in der Literatur mitunter vertretene Meinung[103] bestätigt die ELTRADO-Untersuchung nicht. 30 % setzen den Produktdatenaustausch ein, nur 2 % STEP. 36 % planen den Produktdatenaustausch bei lediglich 7 %, die den Einsatz von STEP planen. Diese Ergebnisse deuten auf die Existenz anderer Standards für Produktdaten hin.
- Die Entwicklung von Standards für Produktdaten im EDIFACT-Format. Diesbezügliche Bestrebungen sind tatsächlich beobachtbar.[104] Sie erstaunen, da die Erweiterung auf den technischen Bereich nicht der Zielsetzung von EDIFACT, Standards für "Administration, Commerce and Transport" zu entwickeln, enspricht. Dagegen spricht auch, daß "the complexities of such interchanges are far greater than those handled by EDIFACT."[105] Der ohnehin bei der Entwicklung von EDIFACT-Nachrichtentypen zu beobachtende Zeit- und Ressourcenaufwand nimmt mit steigender Komplexität zu. Bei zur Verfügung stehenden Standards für diese Komplexität ist die Entwicklung eines EDIFACT-Nachrichtentyps für Produktdaten in Frage zu stellen.

---

97) Vgl. Essen, v. (1990), S. 7.
98) Vgl. zu einem Vergleich zwischen EDIFACT und ODA/ODIF sowie zu Möglichkeiten und Grenzen der gegenseitigen Ergänzung Frank (1991), S. 110.
99) Von den in der ELTRADO-Untersuchung befragten Unternehmen gaben 75 % an, den elektronischen Textdatenaustausch weder anzuwenden noch zu planen.
100) Vgl. Steven (1992), S. 2.
101) Vgl. Abschnitt I/4.1.
102) Vgl. Parfett (1992), S. 105. Auch die ELTRADO-Untersuchung bestätigt dies: 36 % der befragten Automobilunternehmen planen den Produktdatenaustausch.
103) Vgl. z.B. Parfett (1992), S. 105.
104) Vgl. Essen, v. (1990), S. 7.
105) Parfett (1992), S. 105.

Neben den bisher angesprochenen elektronischen Nachrichtenstandards interessieren Standards für die Übermittlung dieser elektronischen Nachrichten. Im Einsatz ist gegenwärtig überwiegend X.25.[106] Möglich sind auch FTAM[107] oder X.400, der als optimale Übermittlungsform gilt. Auf sie soll nicht im einzelnen eingegangen werden. Im folgenden interessieren Übermittlungsstandards, deren Entwicklung direkt auf EDI oder EDIFACT zurückzuführen ist.

Eine derartige Entwicklung stellt der Standard X.435 dar[108], der aus diesem Grund häufig auch als P$_{EDI}$ bezeichnet wird. Seine Entwicklung ist auf die nicht exakte Abstimmung zwischen EDIFACT und X.400 zurückzuführen.[109] X.400 erfüllt die Anforderungen von EDIFACT im wesentlichen. Einige Forderungen blieben offen, so daß X.435 auf der Basis von X.400 als spezieller Übermittlungsstandard für EDIFACT entwickelt wurde. Seine Entstehung ist damit direkt auf EDI und v.a. EDIFACT zurückzuführen.

Zusammenfassend sind folgende institutionelle Tendenzen im Bereich der Standards erkennbar:
- Auf der Ebene der Nachrichtenstandards für Handelsdaten kristallisieren sich EDIFACT als umfassender Standard sowie mehrere Subsets als anwendungsspezifische Lösungen heraus.
- Je nach langfristiger Akzeptanz und Durchsetzung wird sich ein eher offenes oder geschlossenes Kommunikationssystem entwickeln.
- Auf der Ebene der Nachrichtenstandards für Textdaten lassen sich keine definitiven Aussagen treffen. Auf Grund der gegenwärtig erkennbaren geringen Akzeptanz ist weniger die Entwicklung neuer oder einheitlicher Standards zu erwarten.
- Auf der Ebene der Nachrichtenstandards für Produktdaten könnte sich STEP durchsetzen. Denkbar sind auch branchenspezifische Standards. Weniger zu rechnen ist mit Standards im EDIFACT-Format.
- Auf der Ebene der Übertragungsstandards ist die Entwicklung von X.435 zu beobachten, der genau auf die Anforderungen von EDIFACT abgestimmt ist.

1.3.4 Entstehung und Entwicklung von Mehrwertdiensten

Um elektronisch übermittelte Daten intern weiterverarbeiten zu können, ist neben einer direkten Kommunikation die reibungsfreie Übersetzung in die internen Anwendungssysteme erforderlich. Technische Unzulänglichkeiten sowie rechtliche Freiräume einerseits und rechtliche Anforderungen andererseits lassen sie nicht zu und verursachen zusätzliche kostenintensive Maßnahmen. Diese Probleme betreffen prinzipiell sämtliche EDI-Anwender. Dies führt zu der Überlegung, ob hier nicht ein Ansatzpunkt für neue Dienstleistungsunternehmen liegt. Beispiel sind Unternehmen, die sich auf eine reibungsfreie Kommunikation und Konvertierung spezialisieren und dies als Telekommunikationsdienstleistung den EDI-Anwendern anbieten. Da diese

---

106) Vgl. hierzu und zum folgenden Dirlewanger (1992), S. 38.
107) FTAM steht für File Transfer Access and Management.
108) Vgl. Dirlewanger (1992), S. 38 sowie Parfett (1992), S. 65.
109) Vgl. Dirlewanger (1992), S. 38.

Problematik die EDI-Anwender mehr oder weniger gleich trifft, können sie Größenvorteile erzielen. Rechtliche Einschränkungen, die diese Vorteile mindern könnten, bestehen keine.[110] Für die EDI-Anwender ergibt sich demgegenüber die Chance zur Kostenersparnis durch Auslagerung von Kommunikations- und Konvertierungsaufgaben an dafür spezialisierte Unternehmen. Ergebnis wäre eine gegenüber dem direkten Datenaustausch effizientere Kommunikation.

Die so spezialisierten Unternehmen erbringen Dienstleistungen, die sich auf Telekommunikationsnetze beziehen. Daher lassen sie sich dem Bereich der Mehrwertdienste zuordnen.[111] Der Begriff Mehrwertdienst leitet sich aus dem angelsächsischen ab und ist die eingedeutschte Bezeichnung von Value Added Services (VAS).[112] Eine einheitliche Definition oder Abgrenzung fehlt im deutschen Sprachraum.[113] Unterschiedliche Ansätze finden sich zur Klassifikation der Dienste selbst[114] und der ihnen zugeordneten Funktionen[115].

Abgrenzungsprobleme sind auch im Zusammenhang mit EDI erkennbar. Manche Autoren bezeichnen EDI als Mehrwertdienst.[116] Andere Autoren sehen Mehrwertdienste als notwendige Voraussetzung für eine sinnvolle EDI-Anwendung.[117] Diese Auffassung vertritt auch die vorliegende Arbeit. Mehrwertdienste sind hier Dienstleistungen, die auf der Basis von EDI-Netzen erbracht werden. Sie gehen über das reine Übertragen von Daten und Informationen hinaus, indem sie wesentliche Leistungsmerkmale hinzufügen.[118]

Die oben angesprochenen Unternehmen bieten derartige Dienstleistungen an. Neben der reinen Übertragung zählen hierzu Kompatibilitäts-, Verteil- und Speicher-, Informations-, Überwachungs- und Wartungs-, Transaktionsdienste wie auch Managementfunktionen.[119] Diese Mehrwertdienste spezialisieren sich auf das gesamte Paket EDI. Mit zunehmender Anzahl angeschlossener EDI-Anwender erzielen sie Größenvorteile. Gleichzeitig nehmen sie den EDI-

---

110) Vgl. Krähn (1993), S. 46f. Einzige Voraussetzung ist eine Anzeige beim BMPT für Aufnahme, Änderungen oder Aufgabe des Betriebes. Vgl. auch Witte (1992), Sp. 2427.
111) Vgl. Stoetzer (1991), S. 4. Vgl. auch Witte (1991), S. 68, der Mehrwertdienste als Kombination von Telekommunikation und Datenverarbeitung bezeichnet.
112) Vgl. Stoetzer (1991), S. 6; Friedrich (1990), S. 7. Weitere synonyme Ausdrücke sind Value Added Network Services (VANS), Value Added and Data Services (VADS), New Telecommunication Services (NTS) oder Enhanced Services. Vgl. Stoetzer (1991), S. 6, der noch weitere synonyme Ausdrücke nennt.
113) Vgl. zu verschiedenen Definitionen v.a. Stötzer (1991), S. 6ff, der sich intensiv mit verschiedenen Definitionsansätzen auseinandersetzt. Vgl. auch Friedrich (1990), S. 7ff, der den Begriff Mehrwertdienst als "schwammig" bezeichnet.
114) Vgl. z.B. Heuermann (1987), S. 5ff oder Stoetzer (1991), S. 17ff, die die sich auf dem Markt befindenden Mehrwertdienste nach einer Vielzahl unterschiedlicher Kriterien einteilen oder auch o.V. (1989a), S. 8ff.
115) Vgl. für einen guten Überblick z.B. o.V. (1989a), S. 7.
116) Vgl. z.B. o.V. (1989a), S. 7f oder Stoetzer (1991), S. 19. Nach Meinung der Verf. tritt hier der technische Aspekt von EDI zu stark in den Vordergrund.
117) Vgl. z.B. Stoetzer (1991), S. 49.
118) Vgl. als Grundlage hierfür die nicht auf EDI bezogene Definition von Friedrich (1990), S. 8.
119) Diese unterschiedlichen Dienstleistungen liegen der ELTRADO-Untersuchung zugrunde.

Anwendern mit EDI zusammenhängende Aufgaben ab, so daß sich für diese Kostenvorteile ergeben. Insbesondere bei Kommunikation mit mehreren Standards erscheint die Mehrwertdienst-Lösung effizienter. Die zunehmende Ausbreitung von EDIFACT als einheitlicher Standard könnte die Herausbildung von Mehrwertdiensten langfristig wieder in Frage stellen, da bei direkter Kommunikation über EDIFACT keine speziellen Konvertierungsnotwendigkeiten bestehen. Definitive Aussagen zur langfristigen Entwicklung und Akzeptanz von Mehrwertdiensten auf der Basis von EDI lassen sich daher nicht treffen.[120] Prinzipiell sind drei Szenarien denkbar:[121]

- Die Entwicklung eines Mehrwertdienst-Marktes in der gezeigten Form. In Anlehnung an Stoetzer soll hier von einem *Dienstleistungsszenario* gesprochen werden.[122]
- Die Entwicklung eines Mehrwertdienst-Marktes mit neuen, speziell auf EDI abgestimmten Dienstleistungen. In Abgrenzung zum Dienstleistungsszenario soll es sich hierbei um das sog. *erweiterte Dienstleistungsszenario* handeln.
- Der direkte Datenaustausch ohne die Einbeziehung von Mehrwertdiensten. Da hier EDI-bezogene Hard- und Softwareprodukte in den Vordergrund treten, bezeichnet Stoetzer diese Variante als Produktalternative.[123] Im folgenden soll von *Produktszenario* gesprochen werden.

Aus der Sicht des EDI-Anwenders liegt diesen Szenarien die Entscheidung für (entspricht den Dienstleistungsszenarien) oder gegen (entspricht dem Produktszenario) den Einsatz von Mehrwertdiensten zugrunde. Sie ist abhängig von den jeweiligen Kosten im Vergleich zu den erhaltenen Leistungen.[124] Die Alternativen müssen sich nicht ausschließen. Je nach Anwendung und/oder Branche kann sich eine Alternative als effizient und kostengünstig zeigen. Als Folge wird sich langfristig nicht eines der drei Szenarien durchsetzen. Vielmehr kann dann mit Hybridlösungen gerechnet werden.[125] Im folgenden wird untersucht, welche Faktoren aus EDI-Anwendersicht für oder gegen die einzelnen Alternativen sprechen. So lassen sich vielleicht Tendenzaussagen für die langfristige Entwicklung gewinnen.

Für die *Dienstleistungsalternative* spricht aus EDI-Anwendersicht die höhere Effizienz. Aufgaben, die mit der EDI-Kommunikation zusammenhängen, sind standardisierbar und strategisch wenig relevant. Sie lassen sich auf hierfür spezialisierte Mehrwertdienste auslagern.[126] Dies könnte für die Durchsetzung des Dienstleistungsszenarios sprechen. Darauf weisen auch die Ergebnisse der ELTRADO-Untersuchung hin. Von den befragten Unternehmen setzen ca. 1/3 (32,8 %) Mehrwertdienste ein.

---

120) Vgl. auch Stoetzer (1991), S. 49.
121) Vgl. zum folgenden Stoetzer (1991), S. 49ff.
122) Vgl. Stoetzer (1991), S. 49, der dieses Szenario als Dienstleistungsalternative bezeichnet.
123) Vgl. Stoetzer (1991), S. 49f.
124) Vgl. auch Stoetzer (1991), S. 50.
125) Vgl. auch Stoetzer (1991), S. 50.
126) Dies entspricht dem Outsourcing Konzept von Informationsdienstleistungen. Vgl. hierzu z.B. Picot, Maier (1992).

Zu berücksichtigen ist, daß sich mit dem Einsatz von Mehrwertdiensten die Vertragsbeziehungen verkomplizieren. Zu den ohnehin bestehenden Verträgen, die sich auf die Geschäftsgrundlage beziehen, kommen Verträge mit Mehrwertdiensten.[127] Die mit ihrer Ausgestaltung anfallenden Kosten sind mitzuberücksichtigen. Entgegenzuhalten ist zudem die gegenwärtige Kommunikationssituation, in der unterschiedliche Standards, vielfältige rechtliche und sicherheitstechnische Anforderungen sowie Mißtrauen dieser neuen Kommunikationsform gegenüber vorherrschen. Zur Abwicklung erscheint ein Mehrwertdienst effizienter als die unternehmensinterne Abwicklung. Dies kann sich bei sich diesbezüglich verbessernder Kommunikationssituation ändern. Bei Durchsetzung von EDIFACT wird der Konvertierungsbedarf geringer, so daß der Bedarf nach Mehrwertdiensten abnimmt. Hierauf deuten weitere empirische Ergebnisse der ELTRADO-Untersuchung hin. Transporteure, die stärker auf heterogene Standards zurückgreifen können, nutzen Mehrwertdienste zu 44,4 %, während Automobilunternehmen mit VDA als einen für die Automobilindustrie einheitlichen Standard, zu 27,9 % Mehrwertdienste einsetzen. Die möglicherweise zu erwartende Anpassung rechtlicher und gesetzlicher Anforderungen auf das Medium Elektronik könnten den jetzt notwendigen Aufwand hierfür verringern. Langfristig relativiert sich womöglich die Bedeutung von rechtlichen und sicherheitstechnischen Anforderungen. Für die Mehrwertdienste bedeuten diese Entwicklungen eine Verringerung ihres Tätigkeitsspektrums mit der letztendlichen Folge, daß ihre Existenz in Frage gestellt werden kann. Dies spricht dann eher gegen die Durchsetzung des Dienstleistungsszenarios.

Ausgehend von dem oben angesprochenen Entscheidungskriterium der Kosten im Vergleich zu entsprechenden Nutzeffekten ist eine andere Entwicklung denkbar. Bei veränderter Kommunikationssituation wird der Bedarf an Mehrwertdiensten geringer, da sich die dann die vereinfachte Kommunikation unternehmensintern effizienter abwickeln läßt. Für die Mehrwertdienste stellen sich zwei Alternativen: Das billigere Angebot ihrer Leistungen oder das Angebot eines größeren Nutzens. Wenig Sinn macht das billigere Angebot ihrer Leistungen, wenn die Nachfrage nach diesen Leistungen geringer ist. Es bleibt das Angebot von Leistungen, die über die bisherigen Mehrwertdienst-Leistungen hinausgehen und den EDI-Anwendern erhöhten Nutzen bieten. Konkrete Beispiele können die Verknüpfung von EDI mit Datenbank-Dienstleistungen[128] oder auf spezielle oder komplexe EDI-Anwendungen abgestimmte Dienstleistungen, beispielsweise als 'Value added banks' sein. Diese Mehrwertdienste unterstützen speziell die elektronische Zahlungsabwicklung über EDI, das Financial EDI.[129] Für die EDI-Anwender ergibt sich dann folgende Situation: Mit EDI zusammenhängende Basisdienstleistungen wie z.B. die Übertragung, Konvertierung sowie anfallende Sicherheitsmechanismen werden unternehmensintern abgewickelt, während für darüber hinausgehende Dienstleistungen Mehrwertdienste in Anspruch genommen werden. Hierbei handelt es sich nicht um standardisierte EDI-Abwicklungen, sondern um komplexe, speziell mit EDI zusammenhängen-

---

127) Vgl. Picot, Neuburger, Niggl (1991), S. 27.
128) Vgl. Ritz (1992), S. 7, der die zunehmende Wichtigkeit dieser Verknüpfung betonte.
129) Vgl. Cesario (1990), S. 39.

de Aufgaben, bei denen sich der Rückgriff auf den Spezialisten lohnt.[130] Setzt sich diese Form der Mehrwertdienste durch, ist langfristig ein erweitertes Dienstleistungsszenario zu erwarten.

Sowohl das Dienstleistungs- wie auch das erweiterte Dienstleistungsszenario gehen von der Existenz von Mehrwertdiensten für die EDI-Abiwcklung aus. Diese Annahme läßt sich hinterfragen. Die EDIFACT-Entwicklung wie auch zu erwartende rechtliche und gesetzliche Anforderungen stellen ihre Existenzberechtigung in Frage. Die direkte zwischenbetriebliche Kommunikation wird dann effizienter. Mit Mehrwertdiensten zusammenhängende Kosten wie z.b. Übertragungsgebühren oder Aufwendungen bei der Vertragsgestaltung können entfallen. Diese Entwicklung, die für das Produktszenario spricht, ist prinzipiell vorstellbar, beruht jedoch auf starken Annahmen und Prämissen. Im Zusammenhang mit EDI und EDIFACT stellt sie das Ziel der Bemühungen dar.

Entgegenzuhalten sind hier die in der Praxis erkennbaren Bemühungen um die Bildung von Subsets. Für branchenübergreifend kommunizierende Unternehmen erfordern sie wiederum Konvertierungsaufwand, der gegen die generelle Ausschaltung von Mehrwertdiensten spricht. Dies spricht gegen das Produktszenario.

Zusammenfassend lassen sich keine definitiven Tendenzaussagen über die langfristige Entstehung und Entwicklung von Mehrwertdiensten im Zusammenhang mit der EDI-Abwicklung gewinnen. Verschiedene Szenarien sind denkbar: Das Dienstleistungsszenario, das erweiterte Dienstleistungsszenario und das Produktszenario.

---

130) Bei der herkömmlichen Briefpost entspricht dies z.B. der standardisierten Abwicklung des Postausgangs im Unternehmen (Basisdienst) neben der an die Post übertragene Frankierung von Massendrucksachen (Mehrwertdienst).

1.3.5 Operative Kooperationsstrukturen zwischen EDI-Anwendern

Zuletzt interessieren Kooperationen zwischen EDI-Anwendern, die sich auf die technische Abwicklung von EDI beziehen. Zweck ist die gemeinsame Bewältigung der Probleme, die eine reibungsfreie EDI-Kommunikation behindern. Da die technische EDI-Abwicklung weniger strategischen Charakter hat, sondern eher als operativ charakterisierbar ist, soll von 'operativen Kooperationsstrukturen' gesprochen werden. Prinzipiell denkbare Felder sind der Bereich der Standards, der Bereich der Übertragung sowie der Bereich der Anbindung an interne Anwendungssysteme.[131] Probleme im Bereich der Standards sind neben der im Zusammenhang mit Mehrwertdiensten schon angesprochenen Inkompatibilität verschiedener Standards der Bereich des durch standardisierte Nachrichtentypen nicht abgedeckten Nachrichtenbedarfs. Bei einer EDI unterstützten Kommunikation mit einer Vielzahl von Geschäftspartnern sollen unterschiedliche Nachrichten elektronisch ausgetauscht werden. Für sie stehen nicht immer standardisierte Nachrichtentypen zur Verfügung. Bei EDI-Anwendern führt dies zu kostenverursachenden Problemen, da sie auf potentielle Leistungseffekte verzichten müssen oder neben der EDI-Anwendung herkömmliche Verfahren hinzuziehen müssen. Diese Probleme sind nicht unternehmensspezifisch. Sie betreffen unterschiedlich stark[132] sämtliche EDI-Anwender. Zur Handhabung sind möglicherweise zwischenbetriebliche Formen der Zusammenarbeit sinnvoll.[133] Sie können die gemeinsame Standardentwicklung oder die gemeinsame Weiterentwicklung von Nachrichtentypen betreffen.

Die angesprochene Inkompatibilitätsproblematik verlangt EDIFACT. Um dem Anspruch der umfassenden Anwendung gerecht zu werden, müssen in seine Weiterentwicklung branchenspezifische und internationale Erfahrungen einfließen. Branchenübergreifende zwischenbetriebliche Kooperationen erscheinen sinnvoll, um Erfahrungen mit branchenspezifischen Standards in der EDIFACT-Weiterentwicklung zu berücksichtigen. Konkrete Beispiele hierzu sind aus der Praxis weniger bekannt.

Analog verhält es sich bei der gemeinsamen Entwicklung von standardisierten Nachrichtentypen. Diese beziehen sich auf Nachrichten, die von den Unternehmen bisher auf Papier versandt wurden. Aus ihrer genauen Kenntnis ergeben sich konkrete formale und inhaltliche Anforderungen an ihre Standardisierung. Sie resultieren aus langjährigen Erfahrungen und sollten bei der Weiterentwicklung der Standards berücksichtigt werden, um möglichst viele Unter-

---

131) Dieser Abgrenzung liegt einerseits der technische Ablauf einer EDI-Kommunikation zugrunde: Konvertierung einer Nachricht in Standards, Übertragung dieser Nachricht und Anbindung an interne Anwendungssysteme. Zum anderen führen Probleme in diesen Bereichen zu Kosten beim EDI-Anwender (vgl. im einzelnen Abschnitt I/1.2.)

132) Branchenspezifisch kommunizierende Unternehmen werden nur von der Problematik der fehlenden standardisierten Nachrichtentypen tangiert, während branchenübergreifend kommunizierende Unternehmen durch beide Problemfelder Zusatzkosten haben.

133) Vgl. auch Heinzl, Sinß (1993), S. 98, die zwischenbetriebliche Integration als ein mögliches Kooperationsfeld auf dem Gebiet der Datenverarbeitung beurteilen.

nehmen ansprechen zu können. Den wünschenswerten Erfahrungsaustausch können zwischen-
betriebliche Kooperationen bei der Weiterentwicklung der Nachrichtentypen herstellen.[134]
Konkretes Beispiel ist der in der Praxis konkret zu beobachtende Zusammenschluß mehrerer
Banken und Industrieunternehmen. Ziel ist die gemeinsame Entwicklung von EDIFACT-
Nachrichten für den elektronischen Zahlungsverkehr. Dabei sollen v.a. spezielle Wünsche der
beteiligten Industrieunternehmen berücksichtigt werden.

Vorstellbar sind auch zwischenbetriebliche Kooperationen zur gemeinsamen Entwicklung von
Nachrichtenstandards als Wettbewerbsstandards.[135] Hintergrund ist die gemeinsame Durchführung bestimmter Aufgaben oder das Ziel, gemeinsam bestimmte Dienstleistungen auf dem
Markt anzubieten. Konkretes Beispiel sind Reservierungssysteme.[136] Gemeinsam werden
Nachrichtenstandards entwickelt, um auf dieser Basis Reisen in unterschiedlichen Zusammen-
stellungen anbieten zu können. Die kooperierenden Unternehmen verzichten auf Wettbewerbsvorteile, um diese gegenüber anderen Konkurrenten aufzubauen.[137] Analoge Beispiele sind in
anderen Branchen wie z.B. der Automobilbranche denkbar.[138] Vorstellbar ist z.B. eine Kooperation zwischen Zulieferer, Transporteuren, Zoll und Versicherungen, um auf der Basis entsprechender Standards ganzheitliche Transportleistungen anzubieten. Analog wie bei Reservie-
rungssystemen steht nicht der Transport an sich im Vordergrund des Angebots, sondern der
Transport als ganzes Paket, das neben der Transportleistung sämtliche notwendigen zoll- und
versicherungstechnischen Anforderungen einschließt.[139] Basis für einen schnellen Datenaustausch zwischen Zulieferern, Speditionen, Zoll und Versicherungen sind Standards, dessen
Entwicklung die kooperierenden Unternehmen gemeinsam forcieren. Für die nicht kooperierenden Unternehmen entstehen Wettbewerbsnachteile.

Als zwischenbetriebliche Kooperationen zur Handhabung können sich auch 'Value added partnerships' oder operative Netzwerke herausbilden.[140] Bei *Value added partnerships* oder VAP
handelt es sich um zwischenbetriebliche Kooperationen zur Bewältigung unternehmens-
übergreifender Informationslogistikaufgaben, wozu auch die EDI-Übertragung zu zählen ist.

---

134) Hier stellt sich die generelle Frage, ob die Entwicklung der Nachrichtentypen bei den dafür zuständigen
EG-Arbeitskreisen sinnvoll angesiedelt ist. In der ELTRADO-Untersuchung war nicht selten zu hören,
daß die Entwickler der Nachrichtentypen wohl wenig Kenntnisse über die konkreten Praxisanforderun-
gen besitzen.
135) Vgl. hierzu und zum folgenden Heinzl, Sinß (1993), S. 111f.
136) Vgl. hierzu auch ausführlich Abschnitt III/2.1.2.2.
137) Vgl. Heinzl, Sinß (1993), S. 112.
138) Vgl. auch Heinzl, Sinß (1993), S. 112.
139) Reservierungssysteme bieten analog Hotel-, Stadtführungs- und weitere mit der Reise verbundene
Dienstleistungen als ein Paket an.
140) Standen zuvor zwischenbetriebliche Kooperationen zur Lösung der Problemursache im Vordergrund,
geht es quasi jetzt um zwischenbetriebliche Kooperationen zur Handhabung der Symptome.

Operative Netzwerke sind zwischenbetriebliche Kooperationsstrukturen, bei denen eine größere Anzahl von Unternehmen bestimmte Aufgaben, wie z.B. die reibungsfreie Übertragung und Integration der Nachrichten unabhängig von dem zugrundeliegenden Standard an hierfür spezialisierte Unternehmen auslagern.[141] Dieses kann genau für diesen Zweck gegründet sein. Beispiel ist die Centrale Co-Organisation (CCG) als Gemeinschaftsunternehmen der Rationalisierungsgemeinschaft des Handels und des Markenverbandes, die der elektronischen Kommunikation zwischen Handel und Herstellern zwischengeschaltet ist.[142] Zudem vertritt sie die Interessen des Handels bei Standardisierungsgremien und im Zusammenhang mit den umsatzsteuerrechtlichen Anforderungen. Interessant ist an der Gründung eigener Organisationen, daß diese Lösung zur Handhabung der zugrundeliegenden Problematik anderen Möglichkeiten vorgezogen wird. Aus Effizienzgründen entstehen neuartige Organisationsformen.

Operative Netzwerke können auch zwischen Unternehmen und den sie bei der EDI-Kommunikation un-terstützenden Mehrwertdiensten entstehen. Auch hier geben eine größere Anzahl von Unter-nehmen kommunikationstechnische Aufgaben an Mehrwertdienste. Im Unterschied zu oben entstehen hier eher implizite Netzbeziehungen, da die Zusammenarbeit implizit gegeben ist und nicht durch die Gründung einer eigenen Organisation explizit dokumentiert wird.

Zusammenfassend sind unterschiedliche Ansatzpunkte für zwischenbetriebliche Kooperationen für die technische Abwicklung von EDI zu erkennen. Konkret betreffen sie die Problembereiche Standardisierung und Übertragung sowie die interne Anbindung.

---

141) Vgl. zu diesem Begriff Kubicek (1992), S. 24.
142) Vgl. Kubicek (1992), S. 24.

2. Institutionelle Entwicklungstendenzen auf der Koordinations- und Organisationsebene

Ausgangspunkt für die nachfolgende Analyse sind die unter Abschnitt II/3.2 gezeigten potentiellen Auswirkungen von EDI auf die Koordinationsstrukturen Markt, Beherrschung, Kooperation und unternehmensinterne Abwicklung. EDI unterstützt elektronische Marktbeziehungen, kooperative Abwicklungsformen, vertikale Beherrschungsformen sowie den Trend zu schlankeren Unternehmensstrukturen. Je nach zugrundeliegender Leistungsbeziehung bieten sie sich als effiziente Abwicklungsform an. Möglicherweise sind sie mit kostenverursachenden Problemen verbunden. Diese sind im folgenden näher zu analysieren, um sich hieraus ergebende tatsächlich zu beobachtende oder erforderlich erscheinende institutionelle Entwicklungen aufzuzeigen und zu erklären.

2.1 Institutionelle Probleme und Lösungsansätze bei elektronischen Marktbeziehungen

Unter II/3.2.1 wurde gezeigt, daß EDI marktliche Abwicklungsformen unterstützen kann. Der Grad dieser Unterstützung reicht von elektronisch unterstützten Marktbeziehungen bis zur Institutionalisierung elektronischer Märkte. Abhängig ist dies von der Anzahl der durch EDI unterstützten Marktphasen sowie der Häufigkeit der zugrundeliegenden Markttransaktionen. Diese theoretisch effizient erscheinende Abwicklung stößt bei konkreter Umsetzung auf institutionelle Probleme.

2.1.1 Effizienzmindernde Bedingungen

Die bei standardisierten Leistungsbeziehungen effiziente Abwicklung über elektronische Marktbeziehungen ist bei gegebener institutioneller Umwelt kaum realisierbar. Wesentliche institutionelle Voraussetzungen fehlen, so daß sich elektronische Marktbeziehungen gar nicht oder nur unter effizienzminderndem zusätzlichem Aufwand verwirklichen lassen.

Eine der zentralen Anforderungen ist die Offenheit der zugrundeliegenden Systeme.[1] Konkrete Dimensionen sind die technische Offenheit, die juristische Offenheit sowie die Benutzeroffenheit.
Technische Offenheit erfordert universell einsetzbare und international anerkannte Standards auf der Übertragungs- und Inhaltsebene.[2] Auf der Inhaltsebene stehen für Handels-, Text- und Produktdaten verschiedene branchenspezifisch oder national einsetzbare Standards zur Verfü-

---

1) Vgl. o.V. (1992a), S. 3.
2) Vgl. Steven (1992), S. 2.

gung.[3] Bei unterschiedlich zugrundeliegenden Standards entsteht kostenverursachender Konvertierungsaufwand, der die Effizienz elektronischer Marktbeziehungen mindert.

Juristische Offenheit fordert rechtliche Rahmenbedingungen, die auf den elektronischen Handel abgestimmt sind. Die bestehenden gesetzlichen Grundlagen sind auf Papier ausgerichtet und lassen sich nicht ohne weiteres auf Elektronik übertragen. Noch nicht umfassend geklärt ist v.a. die Unterschriftsproblematik sowie beweis- und haftungsrechtliche Fragen.[4] Dies führt zu einer Situation der Rechtsunsicherheit. Sie wirkt sich negativ auf die potentielle Teilnahme an elektronischen Märkten aus.[5] Dies umso mehr, wenn der eigentliche Vertragsabschluß computerunterstützt erfolgen soll.[6] Bei bestehenden elektronischen Marktbeziehungen erfordert sie die Unsicherheit reduzierende Mechanismen, bei denen zusätzliche Transaktionskosten entstehen. Beispiele sind schriftliche Zusatzvereinbarungen oder Rahmenverträge.[7] Die fehlende juristische Offenheit erschwert damit die Realisierung elektronischer Marktbeziehungen.

Benutzeroffenheit fordert den direkten, unproblematischen Zugang zu elektronischen Märkten. Zunächst heißt dies, daß interessierte Benutzer ihre Angebote und Nachfragen ohne kommunikationstechnische Kenntnisse hinterlegen können.[8] Konkret geht es hierbei um die technische Ebene. Das technische EDI-System sollte in sämtlichen internen und externen Hardware-, Software- und kommunikationstechnischen Komponenten auf eine einfache Benutzung durch den interessierten Marktteilnehmer ausgerichtet sein. Ist dies nicht gewährleistet, entsteht für ihn zusätzlicher Benutzungsaufwand. Die Effizienz elektronischer Marktbeziehungen wird vermindert. Vorstellbar ist auch eine Ablehnung, wenn herkömmliche Abwicklungsformen kostengünstiger erscheinen.

Benutzeroffenheit betrifft auch die organisatorische Ebene. Elektronische Marktbeziehungen erfordern eine Abstimmung mit innerbetrieblichen Abläufen und Strukturen. Fehlt sie, wird dem Benutzer Zugang und Abwicklung erschwert. Notwendig erscheinen zwischenbetriebliche Schnittstellen, die Abstimmung der Arbeitsabläufe auf elektronisch unterstützte oder automatisierte Marktbeziehungen sowie personelle Voraussetzungen. Diese bestehen v.a. in der Fähigkeit zur Verantwortungsübernahme bei elektronischen Transaktionen.

Offenheit als wesentliche Voraussetzung für elektronische Marktbeziehungen scheint somit nicht gegeben zu sein. Die suboptimale Abwicklung und die damit verbundene Gefahr einer geringen Akzeptanz verhindern die an sich wünschenswerte Institutionalisierung der erforderlichen Voraussetzungen für elektronische Märkte. Dies führt zu einer weiteren Dimension der Offenheit, die in dem oben angesprochenen Begriff nicht enthalten ist: Die *wirtschaftliche Offenheit*. Sie fordert die Existenz der wirtschaftlichen Voraussetzungen i.S. institutionalisierter

---

3)   Vgl. im Überblick Abb. 5.
4)   Vgl. Büchner (1991), S. 1453.
5)   Vgl. o.V. (1992a), S. 3.
6)   Vgl. Ritz (1991b), S. 8.
7)   Vgl. Büchner (1991), S. 1453.
8)   Vgl. o.V. (1992a), S. 3.

Börsen und elektronischer Marktplätze für die Abwicklung elektronischer Marktbeziehungen. Auch wenn in der Praxis einige Entwicklungen in diese Richtung erkennbar sind[9], ist die wirtschaftliche Offenheit noch zu wenig realisiert.

Zusammenfassend führen fehlende Standards, fehlende technische und rechtliche Rahmenbedingungen sowie fehlende organisatorische und wirtschaftliche Voraussetzungen zu Problemen bei der Durchsetzung und Abwicklung elektronischer Marktbeziehungen auf der Basis von EDI.

2.1.2 Institutionelle Erfordernisse

Die analysierten Probleme lassen sich grob zwei Ebenen zuordnen. Die fehlende technische und juristische Offenheit sowie die technische Dimension der fehlenden Benutzeroffenheit hängen mit dem zugrundeliegenden Kommunikationssystem zusammen. Das Problem der fehlenden wirtschaftlichen Offenheit sowie die organisatorische Dimension der fehlenden Benutzeroffenheit lassen sich der Organisations- und Koordinationsebene zuordnen. Im folgenden geht es zunächst um institutionelle Anpassungen auf der Kommunikationsebene.

2.1.2.1 Anforderungen für institutionelle Anpassungen auf der Kommunikationsebene

Die technische und juristische Offenheit scheitert an fehlenden Standards und fehlenden, auf den elektronischen Handel abgestimmten rechtlichen Bestimmungen. Diese Problembereiche betreffen die Kommunikationsebene und sind aus der Analyse diesbezüglicher institutioneller Probleme bekannt. Institutionelle Tendenzen sollen hier nicht wieder aufgegriffen werden. Eine gänzliche Reduktion der Problematik auf jene Ausführungen erscheint jedoch auch nicht angemessen. Von elektronischen Marktbeziehungen gehen verstärkende Effekte für institutionelle Entwicklungen auf der Kommunikationsebene aus. Die Anforderungen an sie konkretisieren sich, wie im folgenden zu zeigen ist.

Standardisierungsbemühungen betreffen auf der Nachrichtenebene Handels-, Produkt- oder Textdaten. Bei Handelsdaten spricht der Aufwand für Entwicklung und Einsatz von EDIFACT eher für die Durchsetzung der Subsets. Bei Text- oder Produktdaten fehlt ein einheitlicher Standard. Diese Entwicklungen lassen die für elektronische Marktbeziehungen notwendige technische Offenheit nicht zu. Sie ist nur unter zusätzlichem Aufwand realisierbar. Zu dessen Vermeidung muß EDIFACT für sämtliche bei elektronischen Marktbeziehungen erforderlichen Informationen[10] Nachrichtentypen zur Verfügung stellen. Ist der Aufwand für Entwicklung und Einsatz dieser EDIFACT-Nachrichtentypen geringer als der für elektronische Marktbeziehun-

---

9) Vgl. ausführlich Abschnitt III/2.1.2.2 sowie die dort angegebene Literatur.
10) Vgl. hierzu Himberger u.a. (1991), S. 23.

100

gen bei unterschiedlichen Standards notwendige Zusatzaufwand, ist die Entwicklung von EDIFACT zu befürworten. Dies ist kaum zu erwarten, da neben Handelsdaten auch Textdaten erforderlich sind[11] und die Entwicklung diesbezüglich noch am Anfang steht.[12] Für elektronisch effiziente Marktbeziehungen sollten zumindest einheitliche Standards jeweils für Handels- und Textdaten existieren. Damit geht von elektronischen Marktbeziehungen ein verstärkender Effekt für Entwicklung und Durchsetzung von EDIFACT aus.

Eng mit dem Standardisierungsproblem hängt die Frage nach der Herausbildung und Durchsetzung von Mehrwertdiensten zusammen. Im Zusammenhang mit elektronischen Marktbeziehungen stellen sich Anforderungen an Mehrwertdienste durch fehlende technische und wirtschaftliche[13] Offenheit sowie durch fehlende Benutzeroffenheit.

Fehlende einheitliche Standards können Mehrwertdienste durch Übersetzungs- und Konvertierungsdienste ersetzen. Zumindest eine annähernde *technische Offenheit* wird so gewährleistet. Bei steigender Akzeptanz für elektronische Marktbeziehungen spricht dies für das Dienstleistungsszenario.

Benutzeroffenheit verlangt eine für den Benutzer unproblematische EDI-Anwendung. Durch die Auslagerung des gesamten EDI-Paketes auf Mehrwertdienste läßt sich möglicherweise für den EDI-Anwender eine mit Fax und Telefon vergleichbare EDI-Benutzung herstellen. Mehrwertdienste könnten die erforderliche Benutzeroffenheit zumindest unterstützen.

Ein konkretes Beispiel ist der Mehrwertdienst 'IBM Information Network'. Er übernimmt die EDI-Abwicklung und die elektronische Kommunikation von Produktdaten und gewährleistet technische Offenheit sowie Benutzeroffenheit.[14]

Juristische Offenheit erfordert juristische Rahmenbedingungen, die auf elektronische Marktbeziehungen zugeschnitten sind. Ein wesentliches Problem ist die Sicherstellung verbindlicher EDI-Dokumente. Institutionelle Entwicklungen wie z.B. elektronische Unterschriftsubstitute oder elektronische Notare sind für elektronische Marktbeziehungen sehr relevant.[15] Bei steigender Akzeptanz elektronischer Marktbeziehungen auf EDI-Basis ist daher mit einem verstärkenden Effekt für ihre Entwicklung zu rechnen.

Kritischer Punkt ist die institutionelle Zuordnung *elektronischer Notare*.[16] Ein Ansatz ist die Integration dieser Trust-Dienstleistungen in elektronischen Märkten. Neben den eigentlichen Marktdienstleistungen übernehmen sie elektronische Notariatsfunktionen.

---

11) Vgl. Steven (1992), S. 2.
12) Vgl. Abschnitt III/1.2.2
13) Auf Anforderungen an Mehrwertdienste im Zusammenhang der fehlenden wirtschaftlichen Offenheit wird unter Abschnitt III/2.1.2.2 eingegangen.
14) Vgl. o.V. (1992a), S. 3.
15) Daher wundert kaum, daß die sich in St. Gallen mit elektronischen Märkten intensiv beschäftigende Forschergruppe auch EDI-betreffende Sicherheitsmechanismen sehr stark berücksichtigt und dahingehende institutionelle Entwicklungen forciert. Vgl. z.B. Scheidegger, Zbornik (1993).
16) Vgl. Scheidegger, Zbornik (1993), S. 49ff.

Dieses Konzept hat zwei wesentliche Nachteile. Zum einen bedeutet die Integration elektronischer Notariatsfunktionen für den Anbieter des elektronischen Marktes erheblichen Zusatzaufwand bei der Abwicklung elektronischer Marktbeziehungen. Neben Schlüsselungs-, Zertifizierungs- und Archivierungsfunktionen[17] sind zusätzliche Rahmenvereinbarungen zwischen Teilnehmer und elektronischem Markt erforderlich. Zum anderen geht das Konzept von der Existenz elektronischer Märkte aus. In Abschnitt II/3.2.1 wurde deutlich, daß elektronische Marktbeziehungen nicht zwingend zu elektronischen Märkten führen. Je nach Intensität der elektronischen Unterstützung und Häufigkeit der zugrundeliegenden Marktbeziehungen reicht das Spektrum von elektronisch unterstützten Marktbeziehungen bishin zu elektronischen Märkten. Die Integration der Trust-Center-Dienste bedeutet einen Nachteil für Unternehmen, die direkte elektronische Marktbeziehungen vorziehen. Die Inanspruchnahme ist für sie erschwert.

Diese Probleme sprechen für eine institutionelle Trennung zwischen Marktdiensten und Trust-Center-Dienstleistungen.[18] Eigenständige Unternehmen bieten Notariatsfunktionen wie z.B. Schlüsselverteilzentren, Netznotariate, Autorisierungsstellen, Zertifizierungsstellen oder Anonymisierungsstellen an. Vergleichbar mit der Entwicklung bei Mehrwertdiensten entstehen Spezialisierungsvorteile. Für Anbieter elektronischer Märkte entfällt der mit elektronischen Notariatsfunktionen verbundene Zusatzaufwand. Teilnehmer an direkten elektronischen Marktbeziehungen können Trust-Dienstleistungen in Anspruch nehmen. Die institutionelle Trennung vermindert Aufwand auf der Anbieter- und Nachfrageseite und ist möglicherweise insgesamt die effizienteste Lösung.

Einen Schritt weiter geht die Idee, die Trust-Center in öffentliche und private zu unterteilen.[19] Hintergrund ist die institutionelle Zuordnung der einzelnen Aufgaben und Dienstleistungen. Für Aufgaben wie Namensgebung und hiermit verbundene Überprüfung bieten sich beispielsweise öffentliche bzw. behördliche Trust-Center an, während Aufgaben wie z.B. die Zertifikation von Marktteilnehmern oder die genormte Generierung von Schlüsseln von privaten Trust-Centern vollzogen werden könnten. Nicht einfach ist hierbei die konkrete Zuordnung der erforderlichen Aufgaben.[20]

Im Zusammenhang mit juristischer Offenheit ist auch die Rolle von Mehrwertdiensten nicht zu unterschätzen. Auf sie lassen sich Sicherheitsdienste übertragen.[21] Das Spektrum reicht von einfacheren Diensten wie z.B. Key-Management oder Zertifizierungsdienst bis zur Übernahme komplexer Notariatsfunktionen oder Trust-Dienstleistungen.[22] Ihre Existenzberechtigung wäre dann auch bei Vereinheitlichung der Standards und damit verbundenem Wegfall der Übersetzungs- und Konvertierungsaufgaben nicht in Frage gestellt. Zurückgreifend auf die oben ange-

---

17) Vgl. zum genauen Ablauf Scheidegger, Zbornik (1993), S. 50f.
18) Vgl. zum folgenden Scheidegger, Zbornik (1993), S. 52ff.
19) Vgl. zum folgenden Scheidegger, Zbornik (1993), S. 52ff.
20) Vgl. zu einem diesbezüglich vielleicht anwendbaren Ansatz Picot, Wolff (i.E.).
21) Vgl. Scheidegger, Zbornik (1993), S. 24f.
22) Vgl. Büchner (1990), S. 43; Scheidegger, Zbornik (1993), S. 25. Bei Trennung zwischen öffentlichen und privaten Trust-Dienstleistungen beschränkt sich dies auf private Leistungen.

sprochenen Szenarien spricht dies für das erweiterte Dienstleistungsszenario: Die Durchsetzung von Mehrwertdiensten nur mit zusätzlichen Dienstleistungen wie z.B. elektronische Notariatsfunktionen.

Zusammenfassend wird deutlich:

• Vor dem Hintergrund der notwendigen technischen Offenheit sind die Bemühungen um einen einheitlichen Standard wie z.B. EDIFACT zu forcieren.

• Die juristische Offenheit erfordert elektronische Unterschriftssurrogate oder elektronische Notare. Diese sollten eigenständige Unternehmen sein. Möglicherweise ist die Trennung in private und öffentliche sinnvoll.

• Technische Offenheit, juristische Offenheit und Benutzeroffenheit unterstützen die Entwicklung und Durchsetzung von Mehrwertdiensten.

2.1.2.2 Entstehung elektronischer Märkte

Die für elektronische Marktbeziehungen erforderliche Offenheit wurde um die Dimension der *wirtschaftlichen Offenheit* erweitert. Sie betrifft das wirtschaftliche Angebot elektronischer Märkte und Möglichkeiten für elektronische Marktbeziehungen. Sie scheitert an der nicht zufriedenstellenden Existenz dieses Angebotes. Bekannte Beispiele wie Reservierungssysteme oder die deutsche Terminbörse decken bestimmt nicht das gesamte Potential für elektronische Marktbeziehungen ab. Zur Realisierung der wirtschaftlichen Offenheit sind darüber hinausgehende Entwicklungen erforderlich. Sie sind im folgenden zu untersuchen. Nach einer Diskussion verschiedener Ansätze für die Entstehung elektronischer Märkte wird auf konkret beobachtbare Entwicklungen eingegangen.

Für die Entwicklung elektronischer Märkte schlägt beispielsweise Ritz vier zu beobachtende Entstehungsmuster vor:[23] Die Öffnung elektronischer Hierarchien, die Schaffung eines gemeinsamen Absatzkanals, geschlossene elektronische Handelssysteme oder die Ausweitung von Tätigkeiten von Mehrwertdienst-Anbietern.

Nach Ritz ist die *Öffnung elektronischer Hierarchien* u.a. juristisch bedingt.[24] Konkretes Beispiel sind Bestell- und Reservierungssysteme, die ihre Kunden elektronisch an sie binden konnten. Die Folge war eine Monopolisierung der Absatzkanäle. Wettbewerbsrechtliche Gründe führten zu einer juristisch verordneten Öffnung dieser elektronischen Hierarchien durch die Aufnahme konkurrierender Systeme.

Die enge elektronische Anbindung der Kunden impliziert hier elektronische Hierarchien. In Abschnitt II/3.2.3.2 wurde deutlich, daß EDI zu elektronischen Hierarchien führen kann. Zugrunde liegen Beherrschungsverhältnisse, die für spezifische, strategisch weniger relevante Aufga-

---

23) Vgl. zum folgenden Ritz (1991a), S. 10ff sowie Himberger u.a. (1991), S. 9ff.
24) Vgl. Ritz (1991a), S. 11. Als weiteren Grund nennt er die Ausübung von Nachfragemacht.

benstellungen effizient erscheinen. Eine juristisch verordnete Öffnung bedeutet dann die Aufnahme konkurrierender elektronischer Systeme mit der Folge der Entstehung eines elektronischen Marktes. Vor dem Hintergrund der jeweils zugrundeliegenden Aufgabenstellungen erscheint dies kritisch. Elektronische Marktbeziehungen bieten sich für die Abwicklung standardisierter Aufgabenstellungen an, während Beherrschungsverhältnisse für spezifische Aufgaben geeignet sind. Die Entstehung elektronischer Märkte müßte eine Veränderung der Aufgabenstellung durch EDI implizieren. Bei EDI als reiner Kommunikationsbasis ist davon eher weniger auszugehen. Unter Effizienzgesichtspunkten entsteht ein Misfit zwischen Aufgabenstellung und Abwicklungsform, das gegen die Entstehung elektronischer Märkte durch die Öffnung elektronischer Hierarchien spricht.

Ein weiterer Ausgangspunkt für die Herausbildung elektronischer Märkte können *bestehende Marktinformationssysteme* sein. Zusätzlich zu der Bereitstellung von Marktinformationen erfolgt der Vertragsabschluß computerunterstützt, so daß elektronische Marktbeziehungen möglich werden. Potentielle Träger eines derartigen Systems sind Branchenverbände, Interessensverbände oder Unternehmenskooperationen mit dem Ziel eines gemeinsamen Absatzkanals. Für eine zumindest annähernde Gewährleistung der juristischen und technischen Offenheit bietet sich die Inanspruchnahme von Mehrwertdiensten an. Damit entsteht eine Kooperation, die dem an anderer Stelle angesprochenen operativen Netzwerk entspricht: Mehrere Unternehmen schließen sich zur Schaffung eines elektronischen Marktes auf EDI-Basis zusammen. Aufgaben, die mit juristischen und technischen Problemen zusammenhängen, werden an Mehrwertdienste übertragen.

Die Entstehung elektronischer Märkte aus *geschlossenen Handelssystemen* geht von der Existenz zentraler Vermittlungsstellen aus. Sie übernehmen die Koordination zwischen Angebot und Nachfrage für weitgehend standardisierte Produkte. Denkbar sind Formen der vertikalen Koordination zwischen zwei benachbarten Stufen der Wertkette und Formen der horizontalen Koordination zwischen gleichgearteten Teilnehmern.

Vorstellbar ist schließlich die Entstehung elektronischer Märkte durch die *Ausweitung der Tätigkeiten von Mehrwertdiensten.*[25] Zusätzlich zur Gewährleistung der kommunikationstechnischen Voraussetzungen bieten sie die Funktion einer zentralen Koordinationsstelle zwischen Anbieter und Nachfrager an. Inhaltlich bedeutet dies die Übermittlung relevanter Informationen zwischen ihnen.[26] Juristisch muß die Möglichkeit eines Vertragsabschlusses bestehen. Mehrwertdienste fungieren hier als Intermediäre.[27] Ihre Existenzberechtigung ist dann kaum mehr in Frage zu stellen. Vielmehr wird ihre Rolle durch die Funktionserweiterung gestärkt. Ihre Vermittlungsfunktion betrifft nicht mehr ausschließlich die technische Ebene. Durch den Ab-

---

25) Vgl. zum folgenden Himberger u.a. (1991), S. 11f.
26) Vgl. z.B. Hanker (1990), S. 351, der die Versendung von Anfragen über Mehrwertdienste anspricht.
27) Vgl. Hanker (1990), S. 351.

schluß von Geschäftstransaktionen bezieht sie sich zunehmend auf die wirtschaftlich-rechtliche Ebene. Dies spricht dann für das erweiterte Dienstleistungsszenario.

Bei den hier vorgestellten Mustern für die Entstehung elektronischer Märkte geht Ritz von bestehenden Systemen oder Institutionen aus.[28] Durch interne oder externe Faktoren erweitern sie sich zu elektronischen Märkten. Vorstellbar ist auch die Entwicklung eigener Unternehmen, die Intermediasierungsfunktionen übernehmen. Diese bestehen einerseits in einer inhaltlichen Informationsübermittlungsfunktion, andererseits in einer Vertragsabschlußfunktion. Für sie sowie für die technische Kommunikation stehen Mehrwertdienste zur Verfügung. Es bleibt die Informationsübermittlungsfunktion. Die Informationen beziehen sich in erster Linie auf die elektronischen Märkten zugrundeliegenden Güter und Dienstleistungen.[29] Für potentielle Intermediäre und Anbieter dieser Informationen ist genaues Wissen über die Angebots- und Nachfrageseite dieser Güter und Dienstleistungen erforderlich. Erscheint eine elektronisch unterstützte Zusammenführung gewinnversprechend, stellen sie die erforderliche Infrastruktur wie z.B. eine Datenbank zur Verfügung. Im Sinne eines kreativen Brückenschlags[30] über angebots- und nachfrageseitige Informationen bilden sich so unternehmerische Ideen heraus, die zu elektronischen Märkten führen. Da in elektronischen Märkten naturgemäß nur Informationen über die auszutauschenden Güter und Dienstleistungen übermittelt werden, entstehen Informationsmärkte.[31]

So läßt sich z.B. die Entstehung von Leerfahrtenbörsen erklären. Die Angebotsseite betrifft das Wissen über sich häufig wiederholende Leerfahrten auf bestimmten Strecken. Die Nachfrageseite betrifft das Wissen über den Bedarf nach Transportmöglichkeiten auf genau diesen Strecken. Der über dieses Wissen verfügende Intermediär führt Angebot und Nachfrage zusammen, indem er eine Datenbank für das Leerfahrtenangebot installiert, den Nachfragern - i.S. der notwendigen Benutzeroffenheit - einen leichten Zugang hierzu gewährt und den vertraglichen Geschäftsabschluß zuläßt. Ergebnis ist letztlich ein Informationsmarkt für Leerfahrten.

Der Vorteil für die Nachfrager nach diesen Informationen besteht in einer gegenüber der häufig mühsamen eigenen Informationssuche günstigeren Informationsübermittlung. In der Praxis ist ein Potential für elektronische Marktbeziehungen erkennbar.[32] Es fehlt das wirtschaftliche An-

---

28) Andere Entstehungsformen sind bislang nicht beobachtet worden. Vgl. Himberger u.a. (1991), S. 9. Vgl. auch Schmid, Zbornik (1991), S. 41. Sie führen die Entwicklung elektronischer Märkte auf eine zunehmende Kommunikation der Marktteilnehmer über elektronische Märkte zurück. Verschiedene elektronische Systeme entstehen, aus denen sich durch Angleichung und Integration umfassende elektronische Marktsysteme herausbilden.
29) Sie können auch Informationen über Rahmendaten des Marktes enthalten wie z.B. amtliche Statistiken, Informationen über Wirtschaftsverbände, Handelskammern etc. Vgl. Hubmann (1989), S. 115.
30) Vgl. Picot (1986), S. 763.
31) Vgl. Ernst (1990), S. 206ff.
32) Vgl. Kilian u.a. (1994).

gebot. Hier besteht die Chance für unternehmerische Ideen, sobald potentielle Intermediäre unternehmerische Gewinne sehen.

Konkrete Beispiele zur Schließung der wirtschaftlichen Offenheit finden sich in einzelnen Branchen.[33] Der Entwicklungsstand elektronischer Märkte ist branchenabhängig unterschiedlich. Am weitesten sind Systeme im Finanzbereich, in der Reise- und Tourismusbranche sowie in der Logistik. Hier existieren integrierte Systeme, die einzelne Phasen von Markttransaktionen unterstützen oder automatisieren. In anderen Branchen steht der elektronische Handel auf der Basis von EDI erst am Anfang.[34]

Beispiele für Systeme im *Finanzbereich* sind Optionsbörsen wie z.B. die Deutsche Terminbörse, die Elektronische Börse Schweiz oder die Schweizerische Futures- und Optionsbörse SOFFEX.[35] Nach einer Informationsbeschaffung über den Markt senden interessierte Marktteilnehmer Angebote und Nachfragen an eine zentrale elektronische Vermittlungsstelle. In ihr werden sie automatisch gegenübergestellt. Bei Übereinstimmung wird die jeweilige Transaktion automatisch ausgeführt. Die betroffenen Teilnehmer werden über den Abschluß informiert. Zu einem späteren Zeitpunkt erfolgt die automatische Abrechnung. Die Kommunikation findet zwischen Marktteilnehmern und elektronischer Vermittlungsstelle statt. Eine direkte Kommunikation zwischen den Teilnehmern ist ausgeschlossen.

Vielfältige Beispiele für elektronische Märkte finden sich in der *Tourismusbranche*. Elektronische Informations- und Reservierungssysteme reichen hier von Informationsangeboten über das Angebot geschäftsbezogener Produkte bis zum Angebot des kompletten Produktspektrums.[36] Neben einzelnen Leistungen können ganze Leistungsbündel, die sich aus den Angeboten verschiedener Anbieter zusammensetzen, gekauft werden.[37] Auf der Angebotsseite stehen neben Fluggesellschaften verschiedene Anbieter von Reiseleistungen wie Hotel, Mietwagen etc. wie auch Reiseveranstalter von Pauschalreiseangeboten. Ihre verschiedenen Angebote stellt ein elektronisches Anbietersystem zur Verfügung. Nachfrager sind eine Vielzahl von Reisebüros, die in diesem System ein Bündel von Angeboten auswählen können. Der Abschluß erfolgt hier durch direkte Kommunikation zwischen Anbieter und Nachfrager. Das wohl bekannteste Beispiel ist das Reservierungssystem AMADEUS.[38] AMADEUS verfügt über zahlreiche, ständig aktualisierte Datenbanken, auf die Leistungsanbieter und Leistungsmittler zugreifen. Weitere Beispiele[39] sind die globalen Distributionssysteme COVIA, GALILEO und SABRE

---

33) Vgl. zum folgenden Himberger u.a. (1991), S. 15.
34) Vgl. zu einem Überblick verfügbarer Marktdienste Schmid, Zbornik (1991), S. 77.
35) Vgl. hierzu und zum folgenden Schmid, Zbornik (1991), S. 30f; Vgl. auch Ritz (1991a), S. 28f.
36) Vgl. Ellis (1992), S. 2.
37) Vgl. Schmid, Zbornik (1991), S. 32ff.
38) Vgl. z.B. Bodendorf, Schulz (1992), S. 3; Hetzel (1992), S. 104f. Vgl. zu Hintergrund und Geschichte Schmitz, Müller (1990) sowie Copeland, McKenney (1988).
39) Die verschiedenen Beispiele für Reservierungssysteme unterscheiden sich in der Art der Informationsangebote und Unterstützungsleistungen.

106

sowie Entwicklungen auf regionaler oder lokaler Ebene wie z.B. SI-TOUR, TIS, TRAVIS-WISS oder EUROTROP.[40]

Ziel elektronischer Märkte im *Logistikbereich* ist eine bessere Auslastung der bestehenden Transportmöglichkeiten.[41] Im europäischen Gütertransport bekannt sind 'Frachtenbörsen' sowie 'Laderaumbörsen'. Frachtenbörsen liegen vertikale Kooperationen zugrunde.[42] Sie führen Transportaufträge von Verladern mit Transportangeboten von Speditionen elektronisch zusammen. Konkrete Beispiele sind TELEROUTE[43] sowie die geplante deutsche BWV-Verladebörse.[44]

Leerfahrten- oder Laderaumbörsen basieren auf horizontalen Kooperationen. Sie stellen Laderaumangebot und Laderaumnachfrage in elektronischen Systemen gegenüber. Teilnehmer sind Speditionen, Frachtführer sowie Verlader. Beispiele sind INTAKT, TRANSPOTEL, Senardis, MOSAIK sowie das Swiss Communication System.[45]

Zwei Beispiele für elektronische Märkte in anderen Branchen sind der elektronische Zeitschriftenmarkt 'SHOW'[46] sowie die elektronische Börse für den Rundholzhandel.[47] Bei SHOW haben interessierte Leser und Benutzer Zugriff zu einem breiten Fachzeitschriftenspektrum, das große Gebiete der Wirtschaft, des Managements, der Technik sowie der Informatikszene und Bürotechnik abdeckt. Neben der Möglichkeit einer schnellen elektronischen Archivsuche sollen gezielt Synergien zwischen den verschiedenen Fachgebieten zur Verfügung gestellt werden.
Die sog. 'WVS-Rundholzbörse' für das Rundholz erlaubt eine bessere Transparenz und Verfügbarkeit über das angebotene Rundholz. Über einen elektronischen Intermediär werden Holzangebot und Kaufgesuche zusammengefaßt. Neben der Rundholzermittlung werden zusätzliche Dienste wie Hinterlegung von Mitteilungen, aktuelle Holzmarktberichte u.ä. angeboten.
Gerade die Beispiele für elektronische Märkte in der Zeitungs- und Holzbranche weisen auf Potentiale für die Herausbildung elektronischer Märkte in ganz unterschiedlichen Branchen hin. Voraussetzung ist die Realisierung offener Systeme.

---

40) Vgl. hierzu im Überblick das EM-Newsletter Nr. 3, März 1992 mit dem Schwerpunkt Reservationssysteme. Vgl. auch Ellis (1992), S. 2; Lüttich (1992), S. 4; Grauer, Buchner, Siebdrat (1992), S. 3; Ebner (1992), S. 4; Stohler (1992), S. 5.
41) Vgl. zum folgenden Anner (1993), S. 8; vgl. auch Hohagen, Schmidt (1991), S. 13ff.
42) Vgl. Hohagen, Schmid (1991), S. 13.
43) Vgl. Anner (1993), S. 8.
44) Zu einem Vergleich vgl. Hohagen, Schmid (1991), S. 14.
45) Vgl. Schmid, Zbornik (1991), S. 35ff; Hohagen, Schmid (1991), S. 10f; o.V. (1989c), S. 11ff.
46) Vgl. Pawlowski (1992), S. 8.
47) Vgl. ausführlich Zeltner (1993), S. 7.

Zusammenfassend lassen sich folgende wesentliche Schlußfolgerungen ziehen:

- Elektronische Marktbeziehungen konkretisieren institutionelle Anforderungen auf der Kommunikationsebene.
- Mehrwertdienste spielen eine wesentliche Rolle. Ihr Funktionsbereich reicht von reinen Übermittlungs- und Übersetzungsfunktionen bis zu Vermittlungsfunktionen, die den Geschäfts- und Vertragsabschluß betreffen.
- Bei Gewährleistung der erforderlichen Offenheit ist langfristig mit der Herausbildung elektronischer Märkte in unterschiedlichen Branchen zu rechnen.
- Dahinter stehen neuartige Unternehmen wie elektronische Börsen, Intermediäre oder Vermittlungszentralen. Ihre Entstehung kann auf EDI zurückgeführt werden.[48]

2.2 Institutionelle Anregungen durch potentielle Probleme bei Kooperationsverhältnissen

Unter II/3.2.2 wurde gezeigt, daß EDI Kooperationen maßgeblich unterstützen kann. Durch die enge informationstechnische Vernetzung wird ihre Abwicklung einfacher und damit effizienter. Dies heißt sicherlich nicht gleichzeitig, daß EDI ein Auslöseeffekt für Kooperationen darstellt. Ein verstärkender Effekt für eine vermehrte Kooperationstätigkeit ist jedoch nicht auszuschließen. Dies rechtfertigt die nachfolgende Analyse potentieller Probleme bei Kooperationen. Sie liegen primär in den mit Kooperationen unweigerlich verbundenen Transaktionskosten.[49] Auch wenn diese unabhängig von EDI entstehen, mindern sie die Effizienzvorteile von EDI. Daher sind sie im ersten Abschnitt näher zu untersuchen, auch wenn nicht unbedingt ein direkter EDI-Bezug herstellbar ist. Eine durch EDI bedingte Zunahme von Kooperationen führt schließlich zu einem gesamtwirtschaftlichen Transaktionskostenblock, der dann teilweise auf EDI zurückführbar ist. Fördert er institutionelle Anpassungen, lassen auch diese sich - zumindest indirekt - auf EDI zurückführen. Um sie geht es im zweiten Abschnitt.

2.2.1 Transaktionskostenerhöhende Faktoren

Die Gestaltung und Abwicklung zwischenbetrieblicher Kooperationen führen notwendigerweise zu Transaktionskosten. Im einzelnen entstehen Transaktionskosten bei der Suche nach geeigneten Kooperationspartnern, der Gestaltung des Kooperationsvertrages, der Abwicklung

---

48) Vgl. auch Suomi (1993), S. 3, der bzgl. Laderaum- und Frachtenbörsen behauptet: "Ohne EDI wäre es allerdings nie zu diesen Innovationen gekommen."

49) Vgl. auch Bronder, Pritzl (1992b), S. 29, die von "häufig vernachlässigten Koordinationskosten" sprechen oder Töpfer (1992), S. 191 sowie Bronder (1993), S. 46. Vgl. auch Porter, Fuller (1989), S. 394, die Transaktionskosten als bedeutsames Hindernis für Kooperationen beurteilen. Vgl. auch Rotering (1990), S. 86, in dessen empirischer Untersuchung für FuE-Kooperationen sich hohe Verhandlungskosten und Transaktionskosten als zweitgrößter Nachteil herausstellten.

der Kooperation sowie bei sich im Zeitablauf ergebenden Kontroll- und Anpassungserfordernissen.[50]

2.2.1.1 Partnersuche und Vertragsabschluß

Zunächst entstehen *Suchkosten* bei der Suche und Auswahl eines geeigneten Kooperationspartners.[51] 'Geeignet' heißt, daß sich von vorneherein potentielle Konflikte während der Kooperation vermindern oder ausschließen lassen.[52] Die Literatur spricht zahlreiche Konfliktpotentiale an.[53] Sie aufgreifend ergibt sich als wesentliche Anforderung: Die potentiellen Kooperationspartner sollten unternehmenspolitisch und unternehmenskulturell[54] zusammenpassen.[55] Häufig gilt die Übereinstimmung der strategischen Zielsetzungen als zentrales Erfolgskriterium.[56] Bei auf EDI basierenden Kooperationen ist ein weiteres wesentliches Kriterium 'geeigneter' Partner sicherlich die EDI-Fähigkeit. Potentielle Kooperationspartner sollten hier zusätzlich kommunikationstechnisch zusammenpassen.

Je nach konkreter Ausgestaltung dieses Suchprozesses sind erhebliche Transaktionskosten zu erwarten. Sie lassen sich durch mitunter langjährige Erfahrungen vermindern, wenn der potentielle Vertragspartner bekannt ist.[57] Beispiel können Systemlieferanten sein, die sich aus Beherrschungsverhältnissen auf EDI-Basis entwickeln und in durch EDI unterstützte Forschungs- und Entwicklungskooperationen treten. Suchkosten fallen hier kaum an. Mit steigender Komplexität des Suchprozesses durch Rückgriff auf formelle oder informelle Suchmethoden[58] steigen die Suchkosten.

---

50) Vgl. auch Rotering (1990), S. 66, der Suchkosten, Informationsbeschaffungskosten, Bargainingkosten, Disincentivekosten, Entscheidungskosten sowie Kontrollkosten als Transaktionskosten unterscheidet.
51) Vgl. auch Rotering (1990), S. 66; Bronder, Pritzl (1992b), S. 30.
52) Vgl. auch Porter, Fuller (1989), S. 394, nach denen bei der Partnerwahl auch das Risiko einer Verbindung zu prüfen ist.
53) Es findet sich kaum ein Werk über Kooperationen, das nicht auf Probleme und Konfliktherde hinweist. Vgl. z.B. Bleicher (1989), S. 422ff; Badaracco jr. (1991), S. 149ff; Gahl (1991), S. 39; Tröndle (1987), S. 136ff. Vgl. auch Bronder, Pritzl (1992b), S. 36, die zusätzlich "fundamentale Fits" ansprechen. Darunter vestehen sie eine zielgemäße Ergänzung der Aktivitäten und Kompetenzen. Vgl. auch Bleicher (1992b), S. 267, der von "Strategie-Struktur- und Kulturfit" spricht.
54) Unternehmenskultur umfaßt dabei die Gesamtheit aller gemeinsamen Werte, Normen und Symbole der Organisationsmitglieder (vgl. z.B. Heinen (1987), S. 3f).
55) Vgl. Herrmann (1988), S. 62f, der von unternehmenspolitischen und unternehmenskulturellen "Fits" spricht. Er sieht sie als "erfolgskonstitutive Felder". Vgl. auch Gahl (1991), S. 43ff; Badaracco jr. (1991), S. 152ff; Lewis (1991), S. 271f; Tröndle (1987), S. 145; Bleicher (1989), S. 422ff sowie Backhaus, Piltz (1990b), S. 7. Die in der Literatur häufig als Erfolgskriterium genannte Unternehmenskultur wurde in der ELTRADO-Untersuchung weniger problematisiert. Vgl. Kilian u.a. (1994). Vgl. auch Pohle (1990), S. 75, der eine unternehmenskulturelle Kompatibilität nicht für erforderlich hält.
56) Vgl. Bronder, Pritzl (1992b), S. 36.
57) Vgl. Rotering (1990), S. 95.
58) Vgl. hierzu ausführlich Lewis (1991), S. 251ff. Beispiel für formelle Suchmethoden sind Beratungsgremien oder spezialisierte Sucheinheiten; für informelle Methoden informelle Kontaktnetze.

Dennoch scheinen sie gerechtfertigt. "Mit dem richtigen Partner anfangen, ist ein Schlüssel zum künftigen Erfolg."[59] Die Gefahr eines Scheiterns der Kooperation und damit verbundenen nicht unerheblichen versenkten Kosten läßt sich dadurch zumindest vermindern.[60] Zudem spart ein 'geeigneter' Partner Transaktionskosten bei der Abwicklung der Kooperation.[61] Die Handhabung technischer Inkompatibilitäten verursacht beispielsweise Abwicklungkosten.

Neben den Suchkosten interessieren die *Abschlußkosten* durch Gestaltung und Abschluß des Kooperationsvertrages.[62] Da Kooperationsverträge i.d.R. langfristig angelegt sind, müssten sie idealerweise zwei Komponenten beinhalten: Feste Abmachungen einerseits und Klauseln für Eventualitäten andererseits.[63] Bei beschränkter Rationalität läßt sich die Berücksichtigung sämtlicher Eventualitäten kaum realisieren. Die Höhe der Transaktionskosten hängt von der konkreten Ausgestaltung des Vertrages ab. Bei ihm kann es sich handeln von informellen Abmachungen[64] über die wenig bindende "Vereinbarung, sich zu einigen"[65] bishin zu komplexen Vertragsgefügen, die zumindest versuchen, alle Möglichkeiten zu erfassen. Bei auf EDI basierenden Kooperationen erweitert sich das Vertragsgefüge um Vertragsbestandteile, die die technische EDI-Abwicklung betreffen. Zusätzliche Transaktionskosten entstehen.

Die Berücksichtigung sämtlicher Eventualitäten scheitert zumindest auf der organisatorischen Ebene an der Unsicherheit über zukünftige Umweltzustände oder zukünftige Verhaltensweisen der Beteiligten.[66] Verhaltensunsicherheiten betreffen sämtliche an einer Kooperation beteiligten Akteure. Sie hängen eng mit der Gefahr opportunistischen Verhaltens zusammen. Zunächst besteht diese beim direkten Kooperationspartner, der bestimmte Situationen nach Vertragsschluß opportunistisch ausnützen kann.[67] Die Folge sind unterschiedliche Interessens- und Zielvorstellungen, die den Weiterbestand der Kooperation gefährden.[68] Bei kaum überprüfbaren Vertragsleistungen des Partners besteht zudem die Gefahr des 'Shirkings': Das Engagement des Kooperationspartners wird auf Kosten des eigenen Unternehmens geringer.[69] Opportunistisches Verhalten ist auch bei den übrigen direkt oder indirekt Betroffenen einer Kooperation nicht auszuschließen. Hierzu gehören sämtliche externen und internen Partner wie Mitar-

---

59) Lewis (1991), S. 252.
60) Gänzlich ausschließen läßt sie sich sicherlich nicht. Nur der Test einer Zusammenarbeit kann tatsächlich Aufschluß über den Partner und die Beziehung geben. Vgl. Lewis (1991), S. 88.
61) Vgl. auch Pohle (1990), S. 76, für den die Partnerauswahl eine der Kernpunkte für ein gutes Funktionieren darstellt.
62) Vgl. Bronder, Pritzl (1992b), die hier von Vereinbarungskosten sprechen. Vgl. auch Bronder (1993), S. 46.
63) Vgl. Lewis (1991), S. 284.
64) Vgl. Lewis (1991), S. 117.
65) Lewis (1991), S. 124.
66) Vgl. auch Bleicher (1992a), S. 286.
67) Vgl. zu der in der Literatur häufig angesprochenen Gefahr für opportunistisches Verhalten z.B. Gahl (1991), S. 62ff, Badaracco jr. (1991), S. 153f.
68) Vgl. z.B. Pohle (1990), S. 75f, nach dem bis zu einem gewissen Grad Interessenskonflikte toleriert werden müssen, dann jedoch zum Scheitern der Kooperation führen können. Zu einer spieltheoretischen Analyse der Interessenskonflikte vgl. Harms (1973), S. 66ff.
69) Vgl. Gahl (1991), S. 63, der beispielhaft ideosynkratische Erfahrungen als Grund hierfür aufführt.

beiter, Abnehmer, Zulieferer, Konkurrenten oder Kooperationspartner. Bei ihnen kann die Kooperation opportunistische und eigennützige Reaktionen hervorrufen, die dem Initiator der Kooperation entgegenstehen. Auch Behörden sind einzubeziehen. Aus Eigeninteresse können sie beispielsweise benötigte Rechte verweigern[70] oder erforderliche Netze zur Übertragung der Daten nicht zur Verfügung stellen.

Deutlich zeigt sich: Die vertragliche Berücksichtigung sämtlicher Umwelt- oder verhaltensbedingten Unsicherheiten ist entweder unmöglich oder mit erheblichen Transaktionskosten verbunden. Dies spricht nicht für ihre vertragliche Nichtberücksichtigung. Erforderlich ist, sich über die potentiellen Gefahren bewußt zu werden und sie - falls notwendig - vertraglich zu erfassen. Mit zunehmender Anzahl von Vertragsklauseln steigt die Komplexität des Vertrages und die damit verbundenen Transaktionskosten. Stark strukturierte Verträge können dann wiederum kontraproduktiv sein: Neben fehlendem Raum für flexible Anpassungen besteht die Gefahr, dem Kooperationspartner Vertrauensmangel zu signalisieren. Dies kann der Kooperationsbeziehung wiederum schaden.[71]

2.2.1.2 Abwicklung von Kooperationen

Transaktionskosten entstehen auch bei der Abwicklung der Kooperation. Zumeist handelt es sich um die Kosten des Managements.[72]

Transaktionskosten können auf EDV-technische Inkompatibilitäten zurückgehen. Genau sie soll EDI aber gerade vermeiden, um eine reibungsfreie Kommunikation zwischen den Kooperationspartnern zu ermöglichen. Diese reibungsfreie Kommunikation ist auf Grund fehlender einheitlicher Standards selten realisierbar. Der Einbezug von Mehrwertdiensten oder die Installation der entsprechenden Konvertierungssoftware wird erforderlich. Für das Management bedeutet dies zusätzliche kostenverursachende Verträge mit den Mehrwertdienst- oder Softwareanbietern.[73]

EDV-technische Inkompatibilitäten müssen sich nicht nur auf die kommunikationstechnische Ebene beziehen. Sie können auch interne Anwendungssysteme oder technische Geräte betreffen, die bei einer Kooperation zu den entsprechenden Anwendungssystemen des Partners kompatibel sein sollten. Die Anpassung dieser Systeme verursacht wiederum Kosten.

Organisatorisch entstehen Transaktionskosten zunächst bei der Anpassung innerorganisatorischer Strukturen auf die Kooperation.[74] Die Zusammenarbeit in bestimmten Funktionsberei-

---

70) Vgl. Lewis (1991), S. 122.
71) Vgl. Lewis (1991), S. 118f.
72) Vgl. Abschnitt I/3.5. Vgl. auch Porter, Fuller (1989), S. 394.
73) Vgl. Picot, Neuburger, Niggl (1991), S. 27.
74) Vgl. z.B. Lewis (1991), S. 127ff oder Badaracco jr. (1991), S. 163.

chen fordert die entsprechende Abstimmung der diesbezüglichen Abläufe, die von geringfügigen Anpassungsmaßnahmen bishin zu stärkeren Reorganisationsmaßnahmen reichen kann.[75]

Transaktionskosten können auch durch Reibungen bei negativen Rückwirkungen auf von der Kooperation ausgenommene Unternehmensbereiche entstehen. Die Zusammenarbeit bezieht sich i.d.R. auf einen definierten, abgegrenzten Funktionsbereich. Auf die übrigen Funktionsbereiche kann sie sich negativ auswirken. Beispiel sind kooperative Entwicklungen, mit dessen Produktergebnis sich die Mitarbeiter des Vertriebs nicht anfreunden können[76], so daß ein schlechtes Verkaufsergebnis erzielt wird. Reibungen entstehen auch dann, wenn sich zeigt, daß die Kooperation den strategischen Zielen des Unternehmens entgegensteht. Negative Rückwirkungen auf den Wettbewerb in anderen Geschäftsfeldern können ebenfalls zu Reibungen führen. Stehen die Kooperationspartner auf anderen Märkten in intensiven Wettbewerb, ist die Funktionsfähigkeit und damit der Erfolg der Kooperation in Frage gestellt.[77] Diese Gefahr steigt mit zunehmender Einbindung der Unternehmen in unterschiedliche Kooperationsverhältnisse[78], die durch die effiziente EDI-Unterstützung zu erwarten ist. Aufgabe des Managements ist, diese Mißstände zu vermeiden.

Schließlich können personelle Faktoren zu Transaktionskosten bei der Durchführung von Kooperationen führen. Kooperationen implizieren zwischenbetriebliche Formen der Zusammenarbeit wie z.b. "unternehmensübergreifende Arbeitsteams".[79] Mitbestimmungsrechtlich sind sie nicht erfaßt, da sich das BetrVG nur auf die Einheit Betrieb bezieht. Dies kann zu Reibungen zwischen betroffenen Mitarbeitern, Betriebsräten und Management führen. Beispiel sind Arbeitszeitanforderungen des Partnerunternehmens, die bei Arbeitnehmervertretung und Personal auf starke Ablehnung stoßen. Aufgabe des Managements ist, hier ausgleichend einzuwirken, womit wiederum Abwicklungskosten entstehen.

Zuletzt ist auf eine nicht zu vernachlässigende potentielle Quelle für Transaktionskosten hinzuweisen: Dem Koordinations- und Kommunikationsbedarf zwischen den Führungskräften der Partnerunternehmen, der erheblichen Aufwand verursachen kann. Konkret entsteht er durch Zeitbedarf, den reinen Kommunikationskosten wie Telefon, Fax, Porto, erforderliche Reisekosten, Entscheidungskosten sowie Kosten und Reibungsverluste bei auftretenden Konflikten.

---

75) Vgl. z.B. Badaracco jr. (1991), S. 158f der für die Konzeption einer Kooperation wie eine separate Unternehmensgründung plädiert.

76) Vgl. Gahl (1991), S. 46, der dies als Beispiel für Probleme durch inkompatible Unternehmenskulturen aufführt.

77) Vgl. Backhaus, Piltz (1990b), S. 9,

78) Vgl. z.B. Rotering (1990), S. 112, der verschiedene 'Kooperationsnetze' zeigt.

79) Aigner, Kuckelkorn (1991), S. 140.

2.2.1.3 Vertragskontrolle und Vertragsanpassung

Kontrollkosten sind die Kosten, die bei der Kontrolle der Vertragsleistungen entstehen. Ihre Konkretisierung ist schwierig. Zum einen sind gewisse Vertragsleistungen nicht kontrollierbar, z.B., wenn sie auf idiosynkratische Erfahrungen oder Wissen beruhen.[80] Schwierig erscheint auch die Kontrolle zugesagter Geheimhaltungsklauseln. Selbst wenn sich die konkret zugrundeliegenden Vertragsleistungen kontrollieren lassen, ist der Einsatz von Kontrollmechanismen kostenverursachend.[81] Er lohnt sich nur bei mit den Kontrollmaßnahmen zu erwartenden Erfolgsaussichten. Dies ist bei an sich gleichberechtigten Partnern nicht unproblematisch. Zu starke Kontrolle führt zu Mißtrauen beim Vertragspartner und damit zu Reibungen bei der Kooperation. Der Schaden kann größer sein als der Nutzen durch möglicherweise erzielte Erfolge bei der Kontrolle.

Diese Probleme sprechen fast gegen starke Aufwendungen für Kontrollmechanismen. Kontrollkosten wären dann weniger zu erwarten.

Dies gilt nicht unbedingt für die *Anpassungskosten* durch erforderliche Vertragsanpassungen.[82] Kooperationsverträge sind zumeist längerfristig ausgelegt. Unterschiedliche Faktoren können Vertragsanpassungsmaßnahmen erzwingen. Hierzu zählen auftretende Konflikte, die vertragliche Veränderungen oder sogar im Extremfall die Schlichtung durch Dritte notwendig machen.[83] Desweiteren zählen dazu letztlich die bisher genannten Quellen für Transaktionskosten. Sie können vertragliche Anpassungsmaßnahmen erfordern, die in Abhängigkeit des Änderungsgrades unterschiedlich hohe Transaktionskosten verursachen. Im Extremfall läßt sich eine Vertragsneufassung oder sogar die Hinnahme versenkter Kosten durch ein Scheitern der Kooperation nicht vermeiden.

2.2.2 Institutionelle Entwicklungen

Zunächst empfiehlt sich eine Abgrenzung der im einzelnen erläuterten Transaktionskosten erhöhenden Faktoren.

---

80) Vgl. Gahl (1991), S. 63.
81) Zur Kontrolle eingegangener Geheimhaltungsverpflichtungen macht der Apple Sicherheitsdienst beispielsweise unangekündigte Besuche bei den Kooperationspartnern. Vgl. hierzu sowie zu weiteren kostenverursachenden Schutzmechanismen Lewis (1991), S. 81.
82) Vgl. auch Bronder, Pritzl (1992b), die diese Kosten mehr auf Prozeß- und Strukturveränderungen beziehen.
83) Vgl. Sydow (1992b), S. 288f.

2.2.2.1 'Sichere' und 'unsichere' Transaktionskosten erhöhende Faktoren

Die gezeigten Transaktionskosten erhöhenden Faktoren lassen sich differenzieren in 'sichere' und 'unsichere' Faktoren. *'Sicher'* sind sie, wenn sie bei Vertragsabschluß einigermaßen bekannt und abschätzbar sind. Hierzu zählen unternehmenspolitische und unternehmenskulturelle Fits, technische Inkompatibilitäten, organisatorische Anpassungen, Mitbestimmung und opportunistisches Verhalten. Technische Inkompatibilitäten oder die Mitbestimmung sind bekannte Probleme. Entstehende Transaktionskosten lassen sich steuern. Organisatorische Anpassungen sowie unternehmenspolitische und unternehmenskulturelle Anforderungen basieren auf bekannten unternehmerischen Verhältnissen, so daß entstehende Transaktionskosten zumindest abschätzbar sind.

'Unsichere' Transaktionskosten erhöhende Faktoren sind bei Vertragsschluß weder bekannt noch abschätzbar. Zu ihnen gehören umwelt- oder verhaltensbedingte Unsicherheiten, Auswirkungen auf andere Unternehmensbereiche oder erforderlicher Kommunikations- oder Koordinationsbedarf. Möglicherweise im Zeitablauf entstehende Transaktionskosten lassen sich kaum abschätzen. Auswirkungen auf andere Unternehmensbereiche lassen sich beispielsweise kaum prophezeien oder monetär bewerten.

Anzunehmen ist, daß genau diese 'unsicheren' Faktoren zu einem Transaktionskostenblock führen, der möglicherweise institutionelle Entwicklungen hervorruft. Diese Annahme läßt sich durch folgende Überlegungen stützen: Zum einen ist - wie unter Abschnitt 2.2.2.2 näher gezeigt wird - das Potential für institutionelle Entwicklungen auf der Basis von 'sicheren' Faktoren als gering einzuschätzen. Zum anderen greifen aus der Literatur bekannte institutionelle Ansatzpunkte, die unter 2.2.2.3 näher diskutiert werden, 'unsichere' Faktoren auf.

2.2.2.2 Verstärkende Effekte durch 'sichere' Transaktionskosten erhöhende Faktoren

'Sichere' Transaktionskosten erhöhende Faktoren sind bei Vertragsabschluß zumindest annäherungsweise bekannt. Mit ihnen verbundene Transaktionskosten sind steuerbar, so daß nicht unbedingt neuartige institutionelle Anpassungen erforderlich scheinen. Folgende Beispiele deuten darauf hin:

Technische Inkompatibilitäten verursachen Abwicklungskosten. Sie betreffen die Kommunikationsebene. Hier hängen sie von der Auswahl der Mehrwertdienste oder der entsprechenden Konvertierungssoftware ab. Zur Verminderung sind institutionelle Entwicklungen erforderlich, die aus der Analyse der Kommunikationsebene bekannt sind: Mehrwertdienste und einheitliche Standards. Es handelt sich nicht um speziell auf Kooperationsbeziehungen zurückführbare Entwicklungen. Erkennbar ist wiederum ein sie verstärkender Effekt.

Abwicklungskosten durch technische Inkompatibilitäten können auch durch notwendige Anpassungen bei internen Anwendungssystemen oder technischen Geräten entstehen. Hier wie auch bei erforderlichen organisatorischen Anpassungsmaßnahmen entstehen einschätzbare

Kosten. Institutionelle Entwicklungen sind weniger zu erwarten, da derartig unternehmensspezifische Faktoren kaum durch übergreifende institutionelle Anpassungen erfaßbar sind.

Hinsichtlich Mitbestimmung ist die Problematik bekannt. Entstehende Abwicklungskosten sind einkalkulierbar. Institutionelle Entwicklungen betreffen das Betriebsverfassungsgesetz und werden im Zusammenhang mit Beherrschungsverhältnissen stärker problematisiert.[84] Ähnlich wie bei kommunikativen Entwicklungen ist auch hier ein verstärkender Effekt zu erwarten.

Die Anforderungen eines unternehmenspolitischen und unternehmenskulturellen Fits zwischen den Kooperationspartnern bedingen Suchkosten. Deren Höhe hängt von den aufgewendeten Mechanismen ab und ist zumindest annäherungsweise einschätzbar. Gesamtwirtschaftlich hohe Suchkosten durch verstärkte auf EDI basierende Kooperationen deuten auf ein Potential für die Entstehung von Institutionen zu ihrer Verminderung hin. Zu denken ist z.B. an Institutionen zur Vereinfachung der Partnersuche. Für Forschung und Entwicklung existieren z.B. derartige kooperationsvermittelnde und -anbahnende Institutionen.[85] Die geringe Akzeptanz in der Praxis[86] bestätigt die These von oben, daß 'sichere' Transaktionskosten erhöhende Faktoren eher weniger neuartige institutionelle Entwicklungen hervorrufen. Sie verstärken institutionelle Tendenzen, die auf andere Probleme zurückgeführt werden können.

2.2.2.3 Institutionelle Anstöße durch 'unsichere' Transaktionskosten ehöhende Faktoren

'Unsichere' Transaktionskosten erhöhende Faktoren sind schwer kalkulierbar. Sie hängen direkt oder indirekt mit Umwelt- oder verhaltensbedingten Unsicherheitsfaktoren zusammen. Die Folge können erhebliche Gestaltungs-, Abschluß, Kontroll- und Anpassungskosten sein. Im Extremfall entstehen versenkte Kosten, wenn die Kooperation aus diesen Gründen scheitert.

Diese Kosten entstehen bei jedem Kooperationspartner, auch wenn sie in Abhängigkeit von der konkreten Kooperation unterschiedlich hoch sind. Dabei versuchen die Kooperationspartner, in bilateralen Kooperationsverträgen jeweils ähnlich gelagerte Unsicherheitsfaktoren zu handhaben. Dies erinnert an ein ähnliches Problem auf der Kommunikationsebene: EDI-Partner schließen bilaterale Verträge ab, um mit EDI verbundene Probleme abzusichern. Da diese Probleme alle EDI-Teilnehmer gleichermaßen treffen, entwickelt sich der EDI-Rahmenvertrag. Analog läßt sich hier annehmen: die gezeigten 'unsicheren' Transaktionskosten erhöhenden Faktoren betreffen sämtliche potentiellen Kooperationspartner. Zur Verminderung der Transaktionskosten durch bilaterale Verträge empfiehlt sich möglicherweise ein 'Kooperationsmustervertrag', der die wesentlichen Probleme abdeckt. Analog wie der EDI-Rahmenvertrag

---

84) Vgl. Abschnitt III/2.3.2.
85) Vgl. Rotering (1990), S. 94, der verschiedene konkrete Beispiele zeigt.
86) Vgl. Rotering (1990), S. 95, der sich auf Literatur und empirische Untersuchungen beruft.

soll er die mit Kooperationen verbundenen wesentlichen Schwierigkeiten regeln. Einen Schritt weiter bietet sich möglicherweise ein Vertrag an, der beide Verträge als Bestandteile enthält: ein 'EDI-Kooperationsrahmenvertrag' würde sich dann aus dem EDI-Rahmenvertrag und einem Kooperationsmustervertrag zusammensetzen.

Derartige oder ähnliche intstitutionelle Entwicklungen könnten durch EDI forciert werden, wenn EDI zu einer kritischen Masse an Kooperationen führt, die den Aufwand für ihre Entwicklung rechtfertigt. Analog wie beim EDI-Rahmenvertrag ist sie erreicht, wenn die Kosten für bilaterale Kooperationsverträge gleich den Kosten für einen Mustervertrag sind. Diese setzen sich wiederum aus den Fixkosten für seine Entwicklung und den variablen Kosten für möglicherweise zusätzlich notwendige bilaterale Vereinbarungen zusammen.[87]

Zusammenfassend läßt sich festhalten: EDI fördert durch eine effiziente Unterstützung zwischenbetriebliche Kooperationen. Ihre Durchführung ist mit erheblichen effizienzmindernden Transaktionskosten verbunden, die nicht nur auf EDI zurückführbar sind. Sie lassen sich differenzieren in 'sichere' und 'unsichere' Transaktionskostenerhöhende Faktoren. 'Sichere' Transaktionkostenerhöhende Faktoren verstärken institutionelle Entwicklungen auf der Kommunikationsebene oder im Bereich der Mitbestimmung. 'Unsichere' Transaktionskostenerhöhende Faktoren fördern möglicherweise institutionelle Entwicklungen wie z.B. eine Art 'Kooperationsmustervertrag' oder 'EDI-Kooperationsrahmenvertrag'.

2.3 Institutionelle Notwendigkeiten durch abhängigkeitsbedingte Probleme bei vertikalen Beherrschungsverträgen

Unter bestimmten Voraussetzungen sind - wie unter Abschnitt III/3.2.3 gezeigt - vertikale Beherrschungsformen die effizienteste Koordinationsstruktur. Die technische Infrastruktur für eine enge elektronische Anbindung stellt EDI zur Verfügung. Durch die informationstechnische Vernetzung rechtlich selbständiger Unternehmen entstehen möglicherweise elektronische Hierarchien. Das Hierarchien kennzeichnende Über-/Unterordnungsverhältnis drückt sich in einer unterschiedlich starken wirtschaftlichen Abhängigkeit schwächerer von stärkeren Unternehmen aus. Ihr Entscheidungsraum reicht weit über die eigenen Unternehmensgrenzen hinaus in das abhängige Unternehmen. Sie gewinnen "durch den Einsatz neuer Technologien strategisch disponible Randgebiete hinzu."[88] Ein starker Einfluß des herrschenden Unternehmens auf das beherrschte Unternehmen ist für dieses nicht unproblematisch. Trotz rechtlicher Selbständigkeit wird es faktisch wirtschaftlich fremdgesteuert. Die Möglichkeit einer wirtschaftlichen Fremdsteuerung kann opportunistisch sich verhaltenden Nutzenmaximierern Handlungsweisen eröffnen, die bei gegebenen organisatorischen, rechtlichen und technischen Rahmenbedingungen zu negativen externen Effekten und erhöhten Transaktionskosten führen. Sie hängen von der

---

87) Vgl. Abschnitt III/1.3.1 sowie insbesondere Abb. 17.
88) Pohlmann (1989), S. 25.

Stärke der Abhängigkeit und dem Grad der Einflußnahme des herrschenden auf das beherrschte Unternehmen ab und lassen sich hier nicht umfassend nachvollziehen. Einige wesentliche Probleme sollen im folgenden analysiert werden (2.3.1), um hieraus sich ergebende erforderliche oder zu beobachtende institutionelle Entwicklungen aufzuzeigen (2.3.2).

2.3.1 Probleme bei einzelwirtschaftlich effizienten Beherrschungsverträgen

Probleme bei einzelwirtschaftlich effizienten Beherrschungsformen sind auf organisatorische und unternehmerische Fremdbestimmung, starke technische Einflußnahme, entstehende juristische Freiräume sowie wirtschaftliche Abhängigkeitsstrukturen zurückzuführen.[89]

2.3.1.1 Unternehmerische Fremdbestimmung

Organisatorische und unternehmerische Fremdbestimmung drückt sich in einer starken Einflußnahme auf unternehmerische Entscheidungen und organisatorische Abläufe aus.

Eine starke Beeinflussung unternehmerischer Entscheidungen seitens des herrschenden Unternehmens ist prinzipiell in allen Funktionsbereichen denkbar. Sie begründet sich in der engen zwischenbetrieblichen technischen und wirtschaftlichen Vernetzung. Beispiele[90] sind der direkte Zugriff resp. Eingriff eines Herstellers in die Fertigungsplanung und -steuerung des Zulieferers[91] oder die starke Einflußnahme auf Entscheidungen über Produktionsprogramm, Losgrößen, Termine und Kapazitäten[92]. Extrem wird die unternehmerische Beeinflussung bei Zugriff des herrschenden Unternehmens auf das Computersystem des beherrschten Unternehmens.[93] Neben der Kenntnis über wesentliche Parameter wie Finanzdaten, Kalkulationsgrundlagen, Bestände oder Prüfberichte der Qualitätskontrolle[94] können in der EDV des abhängigen Unternehmens durch direkte Befehlseingabe Aufträge mit dem günstigsten Angebot oder niedrigsten Preisen für das gewünschte Produkt plaziert werden.[95]

Die enge komunikationstechnische und wirtschaftliche Vernetzung verwandelt im Extremfall abhängige Unternehmen in Betriebsabteilungen des herrschenden Unternehmens. In der Literatur drückt sich dies in häufig verwendeten Begriffen wie "verlängerte Werkbank" oder

---

89) Vgl. zum folgenden auch Kilian u.a. (1994).
90) Die folgenden Beispiele beziehen sich primär auf die Automobilindustrie. Dies wundert nicht, da typische Beherrschungsformen v.a. hier auftreten und in der Literatur die hiermit verbundenen Probleme gerne aufgegriffen werden. (Vgl. auch die gegenwärtige Presse, die die Situation der Zulieferbetriebe als beherrschte Unternehmen häufig anspricht). Beispiele finden sich jedoch auch in der Transportbranche. Vgl. hierzu Kilian u.a. (1994).
91) Vgl. Klebe, Roth (1987b), S. 28.
92) Vgl. Klebe, Roth (1991), S. 184.
93) Vgl. Cash, Konsynski (1985), S. 54; Hamer (1991), S. 78.
94) Vgl. Klebe, Roth (1990), S. 8.
95) Vgl. Cash, Konsynski (1985), S. 54.

"gläserner Zulieferer" bzw. "gläserner Lieferant" aus.[96] Für das abhängige Unternehmen ergibt sich eine wirtschaftlich suboptimale Situation. Die rechtliche Selbständigkeit wird faktisch ausgehöhlt. Unternehmerische Entscheidungen unterliegen weniger eigenen unternehmerischen Zielsetzungen als vielmehr den Entscheidungskalkülen der herrschenden Unternehmen. Diese "eklatanten Beschränkungen der selbständigen Unternehmensführung"[97] sind für das abhängige Unternehmen letztlich ineffizient

.

Organisatorische Fremdbestimmung drückt sich in einer direkten oder indirekten Einflußnahme des herrschenden Unternehmens auf organisatorische Abläufe und Strukturen des abhängigen Unternehmens aus. Fremdgesteuerte Reorganisationsmaßnahmen können erforderlich werden. Sie lassen sich im wesentlichen auf drei Entwicklungen zurückführen: Funktionsauslagerung, JiT-Beschaffungsstrategien sowie Anforderungen durch lean management.

Die *Auslagerung von Funktionen* durch EDI auf abhängige Unternehmen impliziert für diese die Notwendigkeit organisatorischer Anpassungsmaßnahmen. Sie können von der Veränderung einzelner Abläufe bis zur Schaffung spezieller eigener Funktionsbereiche mit allen hiermit zusammenhängenden Erfordernissen wie Einrichtung von Stellen, Verteilung von Weisungs- und Entscheidungsrechten etc. führen. Beispiel ist die Auslagerung der Qualitätskontrolle oder -sicherung[98] auf Zulieferer der Automobilindustrie[99], die diese in ihren organisatorischen Ablauf strukturell und ablauftechnisch integrieren müssen.
Erheblich können organisatorische Veränderungen durch JiT-Beschaffungsstrategien sein. Die Versorgungssicherheit und damit das gesamte Problem der Lagerhaltung wird auf den Lieferanten verlagert.[100] Sie müssen ihre Produktion und Lagerhaltung umstellen. Neben einer flexiblen Produktion[101] sind organisatorische Anpassungen bei der Lagerhaltung erforderlich. Eine Möglichkeit ist der Aufbau größerer Lager bei den abhängigen Unternehmen. Mit zunehmender Entfernung vom Abnehmer ist diese Variante mit erheblichen Risiken verbunden. Auf Grund von externen Einflüssen wie Staus, Streiks o.ä. lassen sich zugesagte Liefertermine möglicherweise nicht einhalten. Umgehen läßt sich dieses Risiko durch eine Standortverlage-

---

96) Vgl. z.B. Aigner, Kuckelkorn (1991), S. 136; Klebe, Roth (1990), S. 28; Klebe, Roth (1991), S. 184; Hanker (1990), S. 352; Mayer-List (1990), S. 36; Klaue (1989), S. 1313. Vgl. auch Pohlmann (1989), S. 40, der Keipper-Recaro explizit als verlängerte Werkbank bezeichnet oder Haury (1989), S. 2, die bei einseitiger Weisungsbefugnis von 'hierarchischer Kooperation' spricht.
97) Klebe, Roth (1991), S. 184.
98) Hiermit verbundene weitere Probleme wie insbesondere Haftungsrisiken sollen bewußt ausgeklammert bleiben, da hier der direkte Bezug zu EDI fehlt. Sicherlich stellen sie im Zusammenhang mit JiT auf EDI-Basis kein zu vernachlässigendes Problem dar. Vgl. Graf von Westphalen (1988) sowie Steckler (1993); vgl. auch Jansen (1993), S. 85ff.
99) Vgl. Nagel (1988), S. 2291; Steckler (1993), S. 1225ff.
100) Vgl. Steckler (1993), S. 1226.
101) Vgl. Nagel (1988), S. 2291; Steckler (1993), S. 1226.

rung der Produktion[102] oder Lagerhaltung in die Nähe des Abnehmers. Dies bedeutet eine räumliche Dezentralisierung[103] mit zweifelsohne erheblichen organisatorischen Anpassungen.

Denkbar sind auch organisatorische Anpassungserfordernisse als Folge einer 'lean-management-Strategie' beim herrschenden Unternehmen. Konkrete Beispiele sind Toyota oder Ford, die die 'lean management-Konzeption' konsequent auf ihre Geschäftspartner übertrugen.[104] Die bei 'lean management' geforderte enge technische und wirtschaftliche Vernetzung verlangt intensive organisatorische und ablauftechnische Abstimmungen zwischen herrschendem und beherrschten Unternehmen. Diese müssen ihre innerbetrieblichen Abläufe und Strukturen auf die Anforderungen des herrrschenden Unternehmens anpassen.

Aufbau- und Ablauforganisation resultieren i.d.R. aus der Zielvorstellung einer möglichst effizienten Aufgabenabwicklung. Zudem beeinflussen Unternehmensart und Branchenstruktur die Organisationsstruktur. Theoretisch ist davon auszugehen, daß die Organisationsstruktur abhängiger Unternehmen ihren Zielen, ihrer Unternehmensaufgabe sowie ihrer Branche weitgehend entspricht. Änderungen dieser Struktur durch wirtschaftliche Fremdbestimmung sind möglicherweise nicht unproblematisch. Neben dem sicherlich nicht unerheblichen Aufwand für Reorganisationsmaßnahmen[105] sind Störungen in bewährten organisatorischen Abläufen zu vermuten. Zusätzliche Funktionen oder Aufgaben passen mit den übrigen unternehmerischen Aufgaben nur schlecht zusammen. Auf bewährte Strukturen und Arbeitsabläufe muß möglicherweise verzichtet werden. Die Folge sind suboptimale Abläufe. Die Aufoktruierung organisatorischer Umstrukturierungsmaßnahmen, die aus Sicht der herrschenden Unternehmen die Effizienz der Abläufe fördert, bedeutet für beherrschte Unternehmen eine 'externe Fremdorganisation', die zu Effizienzverlusten führt.

Zudem können derartige organisatorische Notwendigkeiten für betroffene Arbeitnehmer schwerwiegende Folgen haben. Typische negative externe Effekte treten z.B. auf, wenn Arbeitnehmer auf Grund von extern geforderten Standortverlagerungen ihre Arbeitsplätze verlieren.[106]

---

102) Die Standortverlagerung kann vom Abnehmerbetrieb auch explizit gefordert sein. Vgl. z.B. Klebe, Roth (1990), S. 11, in deren Beispiel sich die Errichtung einer Produktionsstätte in der Nähe des spanischen Werkes des Abnehmers positiv auf die Vertragsgestaltung auswirkt. Vgl. auch Doleschal (1987), S. 257.
103) Vgl. Picot (1985), S. 485.
104) Vgl. Bösenberg, Metzen (1992), S. 240f.
105) Vgl. z.B. Mayer-List (1990), S. 36, die die hohen Kosten durch Anpassung eines Zulieferwerkes anspricht. Im Zusammenhang mit 'lean management' geforderte Änderungen oder Standortverlagerungen dürften ebenfalls mit erheblichen Kosten verbunden sein.
106) Vgl. Doleschal (1987), S. 257.

2.3.1.2 Technische Beeinflussungspotentiale

Möglichkeiten für eine technische Einflußnahme des herrschenden auf das abhängige Unternehmen bestehen auf zwei Ebenen: Der Kommunikationsebene und der Unternehmensebene. Beeinflussungsmöglichkeiten auf der Kommunikationsebene hängen mit den aus Kap. III/1.2 bekannten technischen Problemen zusammen. Sie lassen eine gänzlich reibungsfreie Kommunikation über EDI nicht zu. Für eine wenigstens für sie reibungsfreie EDI-Kommunikation können herrschende Unternehmen die Anwendung von EDI-Systemen fordern, die mit ihren Anwendungssystemen kompatibel sind. Die abhängigen Unternehmen müssen Übertragungstechniken, Standards sowie die einzelnen Hard- und Softwarekomponenten auf dieses EDI-System ausrichten.[107] Diese Investitionen werden ineffizient, wenn sie Anforderungen betreffen, deren Sinn nur in der Kompatibilität mit den internen Anwendungssystemen des herrschenden Unternehmens liegt. Dem Nutzen beim herrschenden Unternehmen steht ein erheblicher Aufwand beim abhängigen Unternehmen gegenüber. Bestehen derartige auf EDI basierende Beherrschungsverhältnisse mit mehreren Unternehmen, sind im Extremfall verschiedenartige EDI-Systeme gefordert. Die Ausrichtung des eigenen EDI-Systems ist dann mit erheblichem Aufwand verbunden.[108] Die durch technische Beeinflussung auf der Kommunikationsebene erforderlichen Investitionen vermindern die Effizienzvorteile durch die EDI-Anwendung erheblich.

Technische Einflußmöglichkeiten auf Unternehmensebene betreffen technische Systeme, Maschinen und Werkzeuge. Ihre Anschaffung kann sich nach den Wünschen und Anforderungen des herrschenden Unternehmens richten. Aufwand und Investitionen entstehen für das abhängige Unternehmen. Beispiele sind Lieferabrufsysteme oder auf JiT und flexible Produktion abgestimmte Produktionssysteme, die durch die EDI-Anbindung erforderlich werden. Die Problematik ist ähnlich wie auf der Kommunikationsebene. Aufwand und Investitionen liegen bei abhängigen Unternehmen, während das herrschende Unternehmen die Nutzeffekte erzielen kann.

Neben der fremdgesteuerten Anschaffung von Maschinen besteht die potentielle Gefahr des Zugriffs auf technisches Entwicklungs-Know-How, wenn abhängige Unternehmen in Folge einer engen datentechnischen Vernetzung ihre Arbeiten im Forschungs- und Entwicklungsbereich offenlegen müssen[109] oder herrschende Unternehmen computergestützten Zugriff auf sie besitzen. Entstehende Wettbewerbsnachteile können erheblich sein.

Diese Beispiele für technische Beeinflussung verdeutlichen die wirtschaftliche Abhängigkeit der abhängigen Unternehmen. Die Folge sind Effizienzverluste durch entgangene EDI-Nutzeffekte, zusätzlich erforderliche Investitionen oder sogar Wettbewerbsnachteile.

---

107) Vgl. Kubicek (1988), S. 666.
108) Vgl. Kubicek (1988), S. 666.
109) Vgl. Klebe, Roth (1990), S. 8.

2.3.1.3 Mitbestimmungsprobleme

Den angesprochenen Formen der unternehmerischen, organisatorischen und technischen Fremdsteuerung ist gemeinsam, "daß die Entscheidungen darüber nicht mehr nur in dem Betrieb gefällt werden, in dem auch die Folgen eintreten."[110] Dies ist nicht nur für die jeweilige Unternehmensführung problematisch. Den sich herausbildenden technisch-wirtschaftlichen Strukturen stehen keine entsprechenden rechtlich sie regelnden Strukturen gegenüber. Dies betrifft insbesondere das Betriebsverfassungsgesetz. Hier entstehen juristische Freiräume, die für die Arbeitnehmer der abhängigen Betriebe nachteilig sein können. Probleme treten bei der Einführung von EDI und Abwicklung von EDI auf.[111]

Bei der *Einführung von EDI* hat die Arbeitnehmervertretung unterschiedliche Informations-, Mitwirkungs- und Mitbestimmungsrechte.[112] Die Ausübung dieser Rechte ist nicht ohne weiteres möglich, wenn die Entscheidung über die Einführung im herrschenden Unternehmen gefällt wurde.[113] Eine durch die Ausübung dieser Rechte bedingte interne Verzögerung mit der Folge einer verspäteten Einführung von EDI oder sogar die Weigerung zur Einführung eines EDI-Systems kann den Entzug der Geschäftsgrundlage bedeuten. An der Fortführung des Unternehmens und der damit verbundenen Erhaltung der Arbeitsplätze dürfte auch die Arbeitnehmervertretung interessiert sein, so daß sie im Extremfall auf ihre Rechte verzichten wird.
In der ELTRADO-Untersuchung zeigte sich eine tendenziell geringe Bedeutung der Arbeitnehmervertretung bei der Einführung von EDI. Bei gut 89% der befragten Unternehmen existierte eine Arbeitnehmervertretung. Nur ca. 35 % bestätigten ihre Beteiligung bei EDI.[114] Dieser geringe Anteil könnte auf einen 'erzwungenen Verzicht' auf die Rechte deuten. Ein vergleichsweise hoher Anteil von 48 % der befragten Unternehmen sah rechtliche Probleme im Zusammenhang mit den Beteiligungsrechten des Betriebsrates.[115] Diese könnten sich auf Probleme bei der EDI-Einführung beziehen. Möglicherweise lassen sie sich auch auf gefürchtete Schwierigkeiten bei EDI-bedingten organisatorischen und unternehmerischen Veränderungen zurückführen.
Diese betreffen die auf EDI basierende *Geschäftsabwicklung*, die - unterschiedlich stark - vom herrschenden Unternehmen bestimmt wird. Derartige Abhängigkeiten ergeben organisatorische Strukturen, die mit den Mitbestimmungsstrukturen nicht vereinbar sind. Mitbestimmungsrechte erfassen keine bereichsübergreifenden Systementwicklungen.[116] Das rechtliche Auftragnehmer-Auftraggeberverhältnis entspricht nicht dem faktischen. Rechtlich bestehen Arbeitsverhältnisse zwischen dem Arbeitgeber und den Arbeitnehmern des abhängigen Unternehmens. Für Belange

---

110) Kubicek (1988), S. 665.
111) Vgl. zum folgenden auch Kilian u.a. (1994).
112) Vgl. zu den einzelnen Rechten Kilian u.a. (1994).
113) Vgl. z.B. Nagel, Riess, Theis (1991), S. 322.
114) Vgl. hierzu ausführlich Kilian u.a. (1994). 63 % informierten ihre Arbeitnehmervertretung lediglich. Bei ca. 35 % fand eine Anhörung statt; Beratung und Mitbestimmung erfolgte bei jeweils ca. 16 %.
115) Vgl. Kilian u.a. (1994).
116) Vgl. Nagel, Riess, Theis (1991), S. 321.

des Betriebsrats ist der Arbeitgeber Ansprechpartner. Faktisch arbeiten die Arbeitnehmer des abhängigen Unternehmens i.S. der Entscheidungen und Ziele des Arbeitgebers des herrschenden Unternehmens.[117] Der richtige Ansprechpartner für Belange des Betriebsrates wäre faktisch der Arbeitgeber des herrschenden Unternehmens. Rechtlich bestehen ihm gegenüber keine Ansprüche, da sich das BVerfG auf die Grundeinheit Betrieb bezieht.[118] Zudem bestehen zwischen den Arbeitnehmern des abhängigen Unternehmens und dem Arbeitgeber des herrschenden Unternehmens keine vertraglichen Vereinbarungen. Die technische Vernetzung schafft hier rechtliche Freiräume, die sich nach den Interessen des herrschenden Unternehmens - möglicherweise opportunistisch - ausnützen lassen. Beispiele sind vorgegebene Arbeitszeiten- und Urlaubsregelungen sowie durch das herrschende Unternehmen festgelegte Überstunden und Betriebsversammlungen.[119] Die oben angesprochene Aufoktruierung von Arbeitsabläufen, Produktionsstrukturen oder anderen organisatorischen Anpassungserfordernissen fällt ebenfalls hierunter. Als Ansprechpartner für Betriebsratbelange steht kein kompetenter, verantwortlicher Arbeitgeber zur Verfügung.[120] Dem Betriebsrat steht ein weitgehend handlungsunfähiger "Marionetten-Arbeitgeber"[121] gegenüber. "Die Mitbestimmungsrechte laufen leer, weil im eigenen Unternehmen nichts mehr zu entscheiden ist; dort wo entschieden wird, sind die Beschäftigten des Zulieferers aber nicht repräsentiert."[122]

Insgesamt wird das Mitbestimmungsrecht bei EDI-Einführung und EDI-Abwicklung faktisch ausgehöhlt.[123] Bei EDI-Einführung lassen sich vorhandene Mitbestimmungsrechte kaum ausführen, da sie die für die Geschäftsgrundlage wesentliche EDI-Einführung verhindern oder zumindest verzögern könnten. Mitbestimmungsrechte, die die EDI-Abwicklung betreffen, stossen auf einen Arbeitgeber, der für die zugrundeliegenden Entscheidungen nicht verantwortlich ist.

2.3.1.4 Gesamtwirtschaftliche Risiken

Abschließend sei ein kurzer Hinweis auf aus diesen Abhängigkeiten resultierende gesamtwirtschaftliche Risiken erlaubt. Abhängige Unternehmen nehmen den Verlust an Selbständigkeit zur Sicherung des Weiterbestandes der Geschäftsabwicklung in Kauf. Bei EDI bedingter sehr enger Anbindung des wirtschaftlich abhängigen Unternehmens ist dieses als abhängiges Unternehmen nach § 17 AktG zu betrachten.[124]

---

117) Vgl. Hecker (1991), S. 115, der von doppelter Abhängigkeit der Arbeitnehmer spricht.
118) Vgl. Nagel, Riess, Theis (1991), S. 321; Wagner (1991), S. 307; Däubler (1993), S. 7.
119) Vgl. zum folgenden z.B. Mayer-List (1990), S. 36; Däubler (1991), S. 5; Doleschal (1989), S. 184; Holzhauser (1991), S. 119, die jeweils ähnliche Probleme ansprechen.
120) Vgl. Heilmann (1989), S. 96.
121) Vgl. Trümner (1990), S. 167,
122) Däubler (1993), S. 5.
123) Vgl. Klebe, Roth (1991), S. 187; Wagner (1991), S. 304ff.
124) Vgl. Nagel (1988), S. 2292.

Faktische Unternehmenszusammenschlüsse[125] oder faktische Konzerne[126] entstehen. Gesellschaftsrechtlich sind diese Strukturen nicht geregelt. Konzern- und kartellrechtliche Regelungen beziehen sich entweder auf Unternehmen oder auf Konzernbetriebe. Tatbestände, die rechtlich dem selbständigen Unternehmen entsprechen, faktisch einem Konzern oder einer elektronischen Hierarchie ähneln, sind nicht erfaßt. Dies kann sich nachteilig auf die Wettbewerbssituation auswirken. So ist i.S. des Wettbewerbsgedankens bestimmt nicht positiv zu bewerten, wenn abhängige Unternehmen nicht mehr für den Markt, sondern nurmehr für das herrschende Unternehmen produzieren.[127] Dies zeigt sich z.B. an der juristisch verordneten Öffnung elektronischer Hierarchien.[128]

2.3.2 Institutionelle Entwicklungen

Die wirtschaftliche Abhängigkeit bei auf EDI basierenden Beherrschungsverhältnissen führt zu Problemen für das abhängige Unternehmen. Sie fordern institutionelle Entwicklungen.

2.3.2.1 Mehrwertdienste und Standards

Technische Inkompatibilitäten können zu einer starken technischen Einflußnahme seitens des herrschenden Unternehmens führen. Sie ist durch eine reibungsfreie Kommunikation vermeidbar. Realisieren läßt sich diese durch einheitlich einsetzbare Standards[129] oder zumindest annähernd durch den Einsatz von Mehrwertdiensten. Diese Entwicklungen betreffen die Kommunikationsebene und sind bei den dortigen Ausführungen eingehend behandelt worden. Festhalten läßt sich wiederum ein verstärkender Effekt für die Entwicklung von EDIFACT als einheitlichen Standard oder die Durchsetzung von Mehrwertdiensten.

2.3.2.2 Zwischenbetriebliche Kooperationstendenzen

Die angesprochenen Möglichkeiten der starken organisatorischen, unternehmerischen und technischen Einflußnahme auf unternehmerischer Ebene erfordern strategische Anpassungen seitens der abhängigen Unternehmen. Sie müssen sich über ihre Rolle in den zugrundeliegenden Abhängigkeitsverhältnissen resp. in den entstehenden elektronischen Hierarchien klar werden.

---

125) Vgl. Heilmann (1989), S. 95f.
126) Vgl. Nagel (1988), S. 2292; Hamer (1991), S. 74.
127) Vgl. Hamer (1991), S. 72.
128) Vgl. Abschnitt II/2.1.2.2.
129) Vgl. z.B. Kubicek (1988), S. 666, der die Entwicklung des VDA-Standards als für die Automobilbranche einheitlichen Standard auf Probleme bei Beherrschungsverhältnissen zwischen Hersteller und Zulieferer zurückführt.

Sie können "entweder die Rolle eines aktiven Zulieferpartners anstreben oder aber die eher passive Integration in das Logistik-Verfahren des Herstellers bevorzugen."[130] Die passive Integration entspricht trotz vorhandener rechtlicher Grenzen der Rolle einer zwar ausgelagerten, aber faktisch eigenen Betriebsabteilung herrschender Unternehmen.[131] Die Strategie der aktiven Rolle versucht die durch Beherrschungsverträge suboptimale Situation für die abhängigen Unternehmen zu verbessern. Sie kann sich direkt auf die Zusammenarbeit mit herrschenden Unternehmen beziehen oder indirekt durch eine enge Zusammenarbeit mit anderen Unternehmen ausdrücken.

Zur Verbesserung der suboptimalen Situation bietet sich der Aufbau einer gegenseitigen Abhängigkeit an.[132] Aus den abhängigen Unternehmen werden stärkere, ernstzunehmende Partner. Verwirklichen läßt sich dies z.B. durch die Erhöhung der Spezifität der zugrundeliegenden Aufgabenstellung für das herrschende Unternehmen. Dies erscheint schwierig, da Beherrschungsverträge ohnehin für spezifische Produkte geeignet sind. Die Spezifität muß sich nicht auf einzelne Teile beziehen. Sie kann auch die Zusammenstellung verschiedener Teile oder technisch hochwertiger Komponenten betreffen. Erhöhte Spezifität bedeutet dann die Fähigkeit, aus diesen Teilen anforderungsgerecht "Teilefamilien"[133] oder spezifische Baugruppen und -systeme zusammenzustellen. Im Unterschied zum Teilelieferant sind deren Hersteller sog. Systemlieferanten.[134] Speziell auf die Anforderungen des herrschenden Unternehmens zugeschnittene Teilefamilien oder Baugruppen erschweren einen Lieferantenwechsel und vermindern die einseitige Abhängigkeit. Der Systemlieferant wird ein ernstzunehmender, kompetenter Partner.[135]

Spezifität kann sich auch auf Produkt-Know-How beziehen. Integriert sich das abhängige Unternehmen mit seinem Know-How in den Entwicklungsprozeß des herrschenden Unternehmens, entsteht eine langfristig ausgelegte Zusammenarbeit. Sie beginnt bei der Modellentwicklung und setzt sich in der Produktionsvorbereitung und Produktion fort.[136] Aus einem Abhängigkeitsverhältnis entsteht jetzt eine Entwicklungspartnerschaft.[137] Denkbar ist die Vergabe von kompletten Funktions- oder Montagemodulen an Lieferanten. Im Rahmen bestimmter

---

130) Picot, Neuburger, Niggl (1992b), S. 53.
131) Vgl. auch Pohlmann (1989), S. 40f, der hier von dem Problembewältigungsmuster "Verlängerte Werkbank" spricht.
132) Vgl. auch Wildemann (1992), S. 65, der für Teilelieferanten als verlängerte Werkbanken 3 Strategien vorschlägt: Die Entwicklung zum Produktionsspezialisten, zum Entwicklungspartner oder zum Wertschöpfungspartner.
133) Vgl. Rommel u.a. (1993), S. 58.
134) Vgl. Klebe, Roth (1991), S. 190; Vgl. auch Pfeiffer, Weiß (1992), S. 70.
135) Vgl. Rommel u.a. (1993), S. 58.
136) Vgl. Pfeiffer, Weiß (1992), S. 70. Vgl. auch Pohlmann (1989), S. 40f, der hier von dem Problemlösungsmuster 'Innovative Problemlösung' spricht.
137) Vgl. Wildemann (1992), S. 66.

Vorgaben kann er alle Freiheitsgrade ausnützen.[138] Aus elektronischen Hierarchieverhältnissen entstehen faktisch dann Kooperationsstrukturen.[139]

Weitere aktive Strategien betreffen die Verbesserung der suboptimalen Situation durch eine Zusammenarbeit mit anderen Unternehmen. Ziel ist die Handhabung einzelner zugrundeliegender Probleme. Ein Beispiel ist eine verstärkte Zusammenarbeit mit Mehrwertdiensten, um die Gefahren einer starken technischen Einflußnahme in den Griff zu bekommen. Verstärkte Zusammenarbeit bietet sich auch bei zu starker organisatorischer Einflußnahme an. Bei auf EDI basierenden JiT-Strategien des herrschenden Unternehmens empfiehlt sich eine stärkere Integration von Transporteuren und Speditionen in die logistische Kette zwischen Lieferant und Abnehmer.[140] Als Zwischenglied stellen sie ein "letztes Elastizitäts- und Sicherungspotential"[141] dar. Dies gilt vor allem, wenn eine Produktionsauslagerung in die Nähe des Lieferanten vermieden werden soll. An die Spediteure und Transporteure stellen sich neuartige Aufgaben. Sie reichen von dem Angebot einzelner logistischer Dienstleistungen bis zum Aufbau gemeinsamer Lager in die Nähe des herrschenden Unternehmens.[142] In der Praxis beobachtbare Beispiele sind externe Dienstleistungszentren für die Lagerhaltung. Zur Gewährleistung einer dauerhaft vertrauensvollen Zusammenarbeit empfehlen sich vertraglich langfristige Rahmenverträge, die die Speditionen an die auftragserteilenden abhängigen Unternehmen lose binden.[143]

Zusammenfassend können Abhängigkeitsstrukturen zu zwischenbetrieblichen Kooperationsstrukturen zwischen abhängigen und herrschenden Unternehmen einerseits sowie zwischen abhängigen Unternehmen und Spediteuren andererseits führen.

2.3.2.3 Ansätze zur Mitbestimmungssicherung

Durch rechtlich unzureichend geregelte Abhängigkeitsstrukturen entstehen rechtliche Freiräume, die sich opportunistisch ausnützen lassen. Problematisch erscheinen Mitbestimmung sowie Konzern- und Kartellrecht. Hier sind rechtliche Anpassungen erforderlich.[144] Sie müssen Entwicklungen aufgreifen, die sich technisch und faktisch schon vollzogen haben.[145] Zur "Mitbestimmungssicherung"[146] sind verschiedene Ansätze entwickelt worden.

---

138) Vgl. Rommel u.a. (1993), S. 59.
139) Vgl. auch Sabel u.a. (1991), S. 230ff, die ein "System der kooperativen Produktion" fordern.
140) Vgl. auch Widuckel-Mathias (1992), S. 90, nach dem JiT-Risiken durch Speditionsläger und Logistik-Zentren überbrückt werden.
141) Pohlmann, Stiebitz (1991), S. 260.
142) Vgl. Hansen (1989), S. 27.
143) Vgl. z.B. Pohlmann, Stiebitz (1991), S. 257, die hier relationale Verträge empfehlen.
144) Im folgenden werden Anpassungen, die das Konzern- und Kartellrecht betreffen, vernachlässigt. Nach Krähn (1993), S. 82, ist ein rechtlicher Anpassungsbedarf hier nicht erforderlich.
145) Vgl. Däubler (1993), S. 6.
146) Däubler (1993), S. 7.

Ein Ansatz ist die Neubestimmung des Betriebsbegriffes nach dem BetrVG.[147] Er setzt am grundlegenden Problem der Mitbestimmung an: Mitbestimmungsgesetze beziehen sich auf die Einheit Betrieb und sind damit auf die Situation der Abhängigkeitsstrukturen nicht anwendbar. Im BetrVG ist der Begriff des Betriebes nicht ausdrücklich definiert.[148] Rechtssprechung und Lehre definieren ihn als arbeitsorganisatorische Einheit[149]. Nach neuer Rechtssprechung können zu einem Betrieb mehrere Unternehmen gehören. Voraussetzung ist eine Einigung dieser über die Führung sowie ein einheitlicher Leitungsapparat.

Die Anwendung dieses "Gemeinschaftsbetriebes"[150] auf die wirtschaftlichen Abhängigkeitsstrukturen ist fraglich. Nach Wendeling-Schröder entsteht durch die enge technische und wirtschaftliche Koppelung eine arbeitstechnische organisatorische Einheit, "wie sie für den Betriebsbegriff des BetrVG typisch ist".[151] Die Folge ist ein Betriebsrat für sämtliche logistisch verketteten Unternehmen.[152] Entgegenzuhalten ist, daß selbst bei sehr enger technischer Vernetzung die Voraussetzungen der Einigung über die Führung sowie der einheitliche Leitungsapparat kaum erfüllt sind. In gewissen Bereichen wie z.B. bei der Einrichtung von Sozialeinrichtungen behalten abhängige Unternehmen einen Rest Autonomie.[153] Mit abnehmender wirtschaftlicher Abhängigkeit und damit steigender Autonomie wird der Rückgriff auf die Figur 'Gemeinschaftsbetrieb' noch schwieriger.

Hier zeigt sich ein Grundproblem: Die Abhängigkeitsstrukturen können in Art und Stärke differieren. Sie lassen sich daher kaum von einem einheitlichen Betriebsbegriff fassen. Hinzu kommt, daß zwischenbetriebliche Strukturen kein statisches Phänomen sind. Ein jetzt festzulegender Betriebsbegriff müßte dem dynamischen Charakter Rechnung tragen und insbesondere die zunehmenden Vernetzungstendenzen berücksichtigen.[154] Es zeigt sich, daß die Neubestimmung des Betriebsbegriffes als Basis für die Konstituierung des Betriebsrates weniger tragbar erscheint.

Ein weiteres Konzept besteht in der Bildung von Konzernbetriebsräten.[155] Voraussetzung ist, daß die zur logistischen Kette oder elektronischen Hierarchie gehörenden Unternehmen als Konzern qualifiziert werden. Gesellschaftsrechtlich heißt es, durch die wirtschaftliche Abhängigkeit und enge technisch-organisatorische Anbindung entstehen Beherrschungsverträge i.S.

---

147) Vgl. zum folgenden ausführlich Däubler (1993), S. 7ff; Nagel, Riess, Theis (1991), S. 324f; Wendeling-Schröder (1991), S. 333f. Sie spricht sogar von "Auflösung des Betriebsbegriffs" (S. 333). Vgl. auch Wagner (1991), S. 320, der ein neues Verständnis des Arbeitgeberbegriffs vorschlägt.
148) Vgl. Däubler (1993), S. 7; Nagel, Riess, Theis (1991), S. 324.
149) Vgl. Däubler (1993), S. 7.
150) Däubler (1993), S. 8; Nagel, Riess, Theis (1991), S. 324.
151) Wendeling-Schröder (1991), S. 333.
152) Vgl. Wendeling-Schröder (1991), S. 333.
153) Vgl. Nagel, Riess, Theis (1991), S. 325. Vgl. auch Däubler (1993), S. 8, der aus der juristischen Literatur niemand kennt, der die Anwendbarkeit effektiv bejaht.
154) Vgl. hierzu Abschnitt IV.
155) Vgl. zum folgenden ausführlich Däubler (1993), S. 9ff; Nagel, Riess, Theis (1991), S. 325ff; Wendeling-Schröder (1991), S. 322f.

des § 291 AktG, die Vertragskonzerne begründen.[156] Problematisch ist hierbei die zumeist nicht erfüllte Voraussetzung der dem herrschenden Unternehmen unterstellte Leitung des abhängigen Unternehmens. Eher liegen faktische Konzerne vor, da die zugrundeliegenden Abhängigkeiten dem Einflußpotential einer Mehrheitsbeteiligung gleichen und daher "in bestimmten Fällen Konzernverhältnisse hervorbringen"[157] können. Dieses Modell versagt bei Unternehmen, die einerseits von dritter Seite aus "ferngesteuert"[158] werden, andererseits über eine starke Marktmacht verfügen.[159] Problematisch wird die Anwendung auch bei Unternehmen, die sich zu Systemlieferanten entwickeln, um eine stärkere Angebotsmacht aufzubauen.

Der zweite Ansatz enfernt sich von dem gesellschaftsrechtlichen Konzernbegriff und geht von einem arbeitsrechtlichen oder mitbestimmungsrechtlichen Konzernbegriff aus.[160] Im Unterschied zum Konzerngesellschaftsrecht steht im Betriebsverfassungsgesetz nicht der Schutz der Minderheitsaktionäre und Gläubiger im Mittelpunkt. Vielmehr soll Mitbestimmung und Mitwirkung dort greifen, wo tatsächlich die Entscheidungen fallen. Danach reicht eine enge datentechnische Vernetzung aus.[161] Ein eigenständiger arbeitsrechtlicher Konzernbegriff greift die zugrundeliegende Problematik auf: Die Trennung zwischen Entscheidungsfällung und Auswirkungen der Entscheidungen in Folge einer starken datentechnischen Vernetzung. Damit läßt er sich direkt auf EDI-bedingte Abhängigkeiten anwenden. Gegenüber dem gesellschaftsrechtlichen Konzernbegriff als Basis für die Konstituierung des Betriebsrates erscheint er zwar vorziehenswürdig. Problematisch ist seine Anwendung bei der Existenz mehrerer Beherrschungsverträge seitens des herrschenden Unternehmens[162] oder bei Beherrschungsverhältnissen auf den unteren Ebenen der elektronischen Hierarchie oder logistischen Kette[163].

Ein dritter Ansatz ist eine tarifvertragliche Lösung, die eine Art System-Mitbestimmung vorsieht.[164] Sie besteht in tarifvertraglich vereinbarten Mitbestimmungsstrukturen zwischen den beteiligten Betriebsräten, Gewerkschaften, Unternehmen und Verbänden. Rechtliche Einwände bestehen keine.[165] Wesentlicher Vorteil dieser "vereinbarten Mitbestimmungsstrukturen"[166] ist die hohe Flexibilität, um unterschiedliche Verhältnisse, Strukturen und Interessen abzudek-

---

156) Vgl. hierzu v.a. Nagel, Riess, Theis (1991), S. 325ff.
157) Nagel, Riess, Theis (1991), S. 328.
158) Wendeling-Schröder (1991), S. 333.
159) Vgl. Wendeling-Schröder (1991), S. 333. Konkretes Beispiel ist hier der Automobilzulieferant BOSCH, der - wie in der ELTRADO-Untersuchung deutlich wurde - erheblichen technischen und wirtschaftlichen Einfluß auf Hersteller von Campingfahrzeugen ausübt.
160) Vgl. zum folgenden ausführlich Däubler (1988), S. 838ff sowie auch Däubler (1993), S. 10f.
161) Vgl. Wendeling-Schröder (1991), S. 333.
162) Vgl. Däubler (1993), S. 11.
163) Vgl. Wendeling-Schröder (1991), S. 324.
164) Vgl. zum folgenden ausführlich Wendeling-Schröder (1991), S. 342ff; Däubler (1993), S. 11f; Nagel, Riess, Theis (1991), S. 330f; Breit (1991), S. 357f; Wagner (1991), S. 320.
165) Notwendig erscheint die Öffnung des § 3 BetrVG, der die kollektivvertraglich zu regelnden Mitbestimmungsrechte eng begrenzt. Vgl. Däubler (1993), S. 12; Wagner (1991), S. 320; Wendeling-Schröder (1991), S. 344.
166) Wendeling-Schröder (1991), S. 344.

ken.[167] Damit erscheint dieses Modell ein interessanter Ansatzpunkt, da dem Gedanken einer "kooperativen Produktion"[168] eine kooperative Mitbestimmung gegenübergestellt wird.[169]

Zusammenfassend lassen sich unterschiedliche Ansätze zur Mitbestimmungssicherung erkennen. Wenig erfolgsversprechend erscheint die Neubestimmung des Betriebsbegriffs. Abgrenzungsprobleme entstehen bei der Definition des Konzernbegriffs als Basis für die Konstituierung des Betriebsrates. Tarifvertraglich vereinbarte Mitbestimmungsstrukturen sind mit komplexen Vertragsverhandlungen verbunden. Tarifvertragliche Vereinbarungen dürften mit erheblichen Transaktionskosten verbunden sein, die die Beteiligten davon abhalten dürften.[170]

Dies führt zu der generellen Frage, inwieweit der Aufwand für institutionelle Entwicklungen zur Mitbestimmungssicherung überhaupt gerechtfertigt ist. Institutionenökonomisch muß er geringer sein als die durch die faktisch ausgehöhlte Mitbestimmung entstehenden Kosten. Dies erscheint bei den mit den einzelnen Modellen verbundenen Problemen einerseits und bei der geringen Resonanz andererseits eher fraglich. Ähnliches ergibt die ELTRADO-Untersuchung.[171] Von den befragten Unternehmen sahen knapp 48 % Probleme im Zusammenhang mit den Beteiligungsrechten des Betriebsrates. Gut 59 % sind in JiT-Beschaffungsverhältnissen eingebunden. Dieser eindeutig höhere Anteil sowie die Annahme, daß viele der befragten Unternehmen die Mitbestimmungsfrage auf die technische Einführung von EDI beziehen konnten, deuten daraufhin, daß die Mitbestimmungsproblematik in der Literatur stärker problematisiert wird als es in der Praxis erforderlich wäre. Die hier entstehenden Probleme rechtfertigen institutionelle Entwicklungen nicht.

Dies erklärt vielleicht die in der Praxis zu beobachtenden informellen Kooperationsstrukturen.[172] Sie entstehen primär im Bereich der Automobilindustrie zwischen den Betriebsräten der herrschenden und abhängigen Unternehmen in Form sogenannter 'Arbeitsgemeinschaften' oder ähnlichen Einrichtungen.[173] Konkrete Initiativen sind von BMW Regensburg, von Opel in Rüsselsheim sowie für die VW-Zulieferer in Niedersachsen bekannt.[174] In ähnliche Richtung geht auch der Vorschlag einer engen Zusammenarbeit und eines intensiven Informationsaustauschs zwischen den mittelbar und unmittelbar betroffenen Betriebsräten.[175] Däubler schlägt die rechtliche Absicherung dieser informellen Strukturen vor.[176] Beispiele sind Schulungs- und

---

167) Vgl. Däubler (1993), S. 11; Wendeling-Schröder (1991), S. 344.
168) Sabel, Kern, Herrigel (1991), S. 203.
169) Vgl. Wendeling-Schröder (1991), S. 345; Vgl. auch Breit (1991), S. 358, der von Kooperationsnetzwerken der Betriebsräte entlang der logistischen Kette spricht.
170) Diese Probleme erklären möglicherweise die geringe Resonanz in der Praxis. Vgl. hierzu Däubler (1993), S. 11.
171) Vgl. zu den folgenden Auswertungsergebnissen im einzelnen Kilian u.a. (1994).
172) Vgl. Däubler (1993), S. 12, der von "Ausweichen in informelle Strukturen" spricht.
173) Vgl. Däubler (1993), S. 12.
174) Vgl. auch Däubler (1993), S. 12; Girndt. Wendeling-Schröder (1990), S. 405; Gröbel, Roth (1990), S. 406; Wagner (1991), S. 312.
175) Vgl. Doleschal (1987), S. 257.
176) Vgl. Däubler (1993), S. 12f.

Bildungsveranstaltungen nach § 37, Abs. 6 oder Abs. 7 BetrVG[177] oder die Einladung von Betriebsratsmitglieder von anderen Unternehmen auf Betriebsratssitzungen oder Betriebsversammlungen.[178]

Zusammenfassend ist festzuhalten: Formal-rechtliche Entwicklungen sind weniger zu erwarten. Vorstellbar ist die Herausbildung informeller Kooperationsstrukturen zwischen den Betriebsräten der beteiligten Unternehmen. Sie lassen sich möglicherweise rechtlich absichern.

2.4 Institutionelle Barrieren und Anpassungserfordernisse bei durch EDI unterstützten schlankeren Unternehmensstrukturen

Unter Abschnitt III/3.2.4 wurden innerbetriebliche Auswirkungen von EDI untersucht. Neben der Automatisierung innerbetrieblicher Abläufe kann EDI Delegation, Dezentralisierung, Teamarbeit sowie die Auslagerung nicht werschöpfender Tätigkeiten unterstützen. Auf EDI basierende Beherrschungs- und Kooperationsverhältnisse erlauben zudem eine intensive Vernetzung mit externen Geschäftspartnern. Insgesamt kann dies zu schlankeren Unternehmensstrukturen im Sinne der 'lean management'-Idee führen.

Die Umsetzung schlankerer Unternehmensstrukturen läßt sich nicht i.S. eines "Organisationsstripping"[179] bei der Einführung von EDI realisieren. Institutionelle Hindernisse sind zu erwarten (2.4.1), die entsprechende Anpassungen erfordern (2.4.2).

2.4.1 Prinzipien der Massenproduktion als institutionelle Hindernisse

Schlankere Unternehmensstrukturen oder 'lean management'- Ideen stoßen auf institutionelle Rahmenbedingungen, die ihre Realisierung nicht ohne weiteres zulassen. Diese Rahmenbedingungen müssen nicht unbedingt in kulturellen oder wirtschaftlichen Faktoren Japans liegen[180] wie in der Literatur bisweilen behauptet wird[181]. Sie hängen mit dem "Paradigma der Massenproduktion"[182] zusammen[183], dessen Ideen und Prinzipien fest in Arbeits- und Organisationsstrukturen, in gesetzlichen und tarifvertraglichen Regelungen sowie nicht zuletzt in den Köpfen

---

177) Vgl. Wagner (1991), S. 312.
178) Vgl. Hopfeldt (1991), S. 153.
179) Pfeiffer, Weiß (1992), S. 202.
180) Vgl. z.B. Pfeiffer, Weiß (1992), S. 156ff sowie ihre empirischen Beispiele S. 177ff. Vgl. auch Schneider (1992), S. 7.
181) Ein häufiges Argument ist, daß Teamarbeit nur durch die japanische Gruppenmentalität und die darauf abgestimmten japanischen Rahmenbedingungen realisierbar ist. Vgl. z.B. Jürgens (1992), S. 26.
182) z.B. Piore, Sabel (1989), S. 57.
183) Vgl. Womack, Jones, Roos (1991), S. 270.

der Manager konstituiert sind.[184] Dies bedeutet nicht gleichzeitig eine gänzliche Unvereinbarkeit. In einigen Prinzipien scheinen "Fordismus"[185] und "Toyotismus"[186] durchaus übereinzustimmen.[187] Andere Teilprinzipien stellen tatsächlich institutionelle Hindernisse dar[188] und verhindern damit eine konsequente Realisierung schlankerer Strukturen auf der Basis von EDI. Sie lassen sich im wesentlichen auf die Gestaltung der Arbeitsorganisation zurückführen. Diese ist in der Massenproduktion gekennzeichnet durch hohe Arbeitsteilung auf allen Ebenen, Spezialisierung, 'Trennung von Denken und Handeln' sowie austauschbare, niedrig qualifizierte Arbeitskräfte[189], die nach Taylor ähnlich wie Maschinen als Produktionsfaktoren zu behandeln sind.[190] Diese Merkmale sind zweifelsohne schwer mit schlanken Unternehmensstrukturen i.S. von 'lean managements' vereinbar.[191] Statt tayloristisch arbeitsteiliger, hoch spezialisierter Abläufe auf allen Ebenen verlangt 'lean management' verrichtungsorientierte Gruppen- oder Teamarbeit.[192] An Stelle von niedrig qualifizierten Arbeitskräften, bei denen primär monetäre Anreize den gewünschten Arbeitserfolg erzielen lassen sollen[193], fordert 'lean management' fachlich und kommunikativ hoch qualifizierte Arbeitskräfte, die bereit sind, Verantwortung zu übernehmen[194] und genau darin einen weiteren Anreiz sehen. Durch Delegation auf niedrigste Ebene greift lean management beispielsweise genau die Potentiale derjenigen Arbeitskräfte auf, die am Fließband "an andere Dinge"[195] denken und sich privat in der Vereinsarbeit stark engagieren.[196]

Auf diesen arbeitsorganisatorischen Prinzipien basieren die typischen Unternehmensstrukturen der Massenproduktion wie insbesondere Palaststrukturen und Hierarchien.[197] Wesentliche Kennzeichen sind hohe Fertigungstiefe, Zentralisierung sowie starke Arbeitsteilung.[198] Sie sind den 'lean management' Prinzipien niedrige Fertigungstiefe, flache Hierarchien, Dezentralisierung und Teamarbeit entgegengesetzt.[199]

---

184) Vgl. Womack, Jones, Roos (1991), S. 34; Riester (1992), S. 93.
185) z.B. Pfeiffer, Weiß (1992), S. 22.
186) z.B. Doleschal (1992), S. 44.
187) Vgl. Pfeiffer, Weiß (1992), S. 170. Beispiele sind Prozeßorientierung, die in der Massenproduktion durch Fließfertigung und bei lean management durch JiT-Fertigung zum Ausdruck kommt oder die Maximierung des Kundennutzens als Ziel.
188) Vgl. Pfeiffer, Weiß (1992), S. 171.
189) Vgl. Pfeiffer, Weiß (1992), S. 20ff sowie S. 171; Womack, Jones, Roos (1991), S. 35ff.
190) Vgl. Gomez, Zimmermann (1992), S. 44.
191) Vgl. Pfeiffer, Weiß (1992), S. 171; Jansen (1993), S. 57.
192) Vgl. Pfeiffer, Weiß (1992), S. 171; Jansen (1993), S. 5.
193) Vgl. Gomez, Zimmermann (1992), S. 43.
194) Vgl. Pfeiffer, Weiß (1992), S. 171.
195) Womack, Jones, Roos (1991), S. 35.
196) Vgl. Bösenberg, Metzen (1992), S. 79.
197) Vgl. zu den unterschiedlichen Ansätzen Gomez, Zimmermann (1992), S. 64ff.
198) Vgl. Pfeiffer, Weiß (1992), S. 30ff und S. 171; Womack, Jones, Roos (1991), S. 37ff.
199) Vgl. Pfeiffer, Weiß (1992), S. 171.

Die arbeitsorganisatorischen Prinzipien der Massenproduktion manifestieren sich auch in Führungs-, Anreiz- und Tarifstrukturen. Auch sie erschweren die Umsetzung schlanker Unternehmensstrukturen. Derzeitige Entlohnungssysteme sind primär tätigkeitsorientiert.[200] Für gruppenorientierte Arbeitsstrukturen des 'lean managements' erscheinen sie ungeeignet.[201] Sie wirken als Barriere gegen die Einführung flexibler oder teamorientierter Arbeitsstrukturen.[202]

Zuletzt stehen schlanken Unternehmensstrukturen bestehende tarifvertragliche und gewerkschaftliche Strukturen entgegen. "Tarifstrukturen sind Spiegelbild der tayloristischen Massenproduktion."[203] Tarifverträge, aus denen genau hervorgeht, ab welcher Lohnhöhe eigenständiges Arbeiten bzgl. Arbeitsausführung und -methode erlaubt ist[204], passen kaum mit Delegation und Teamarbeit bei schlankeren Strukturen zusammen. Auch die an anderer Stelle angesprochene Mitbestimmungsproblematik im Zusammenhang mit Beherrschungs- und Kooperationsverhältnissen zeigt dies. Schlankere Unternehmensstrukturen bei niedriger Fertigungstiefe und verstärkten Unternehmenskooperationen erfaßt das Betriebsverfassungsgesetz nur teilweise. Die beispielhaft gezeigten institutionellen Hindernisse erschweren die Realisierung von auf EDI basierenden schlankeren Unternehmensstrukturen. Ihre Umsetzung führt zu Reibungen, die institutionelle Anpassungen rechtfertigen.

2.4.2 Institutionelle Anpassungen

Wesentliche institutionelle Hindernisse sind fest verankerte Arbeits-, Organisations-, Führungs-, Anreiz- und Tarifstrukturen, die auf die Prinzipien der Massenproduktion zugeschnitten sind. Institutionelle Weiterentwicklungen i.S. des 'lean management'-Konzeptes betreffen zunächst Arbeits- und Organisationsstrukturen.

2.4.2.1 'Schlanke Organisationsstrukturtypen'

Primär erforderlich scheint zunächst die Herausbildung 'schlanker Organisationsstrukturtypen', die die klassisch-hierarchischen Organisationsstrukturtypen wie beispielsweise Einlinien-, Stablinien- oder Mehrliniensysteme[205] ablösen können.
'Schlanke Organisationsstrukturtypen' sollen den Anforderungen schlanker Unternehmensstrukturen und -philosophien gerecht werden. In der Literatur finden sich unterschiedliche

---

200) Vgl. Pfeiffer, Weiß (1992), S. 233; Frieling (1992), S. 175. Vgl. auch Doleschal (1992), S. 43, nach dem in Japan verhaltens- und einstellungsbezogene Persönlichkeitsprofile erheblichen Einfluß auf die Lohnhöhe haben.
201) Vgl. Frieling (1992), S. 175.
202) Vgl. Rommel u.a. (1993), S. 188.
203) Riester (1992), S. 94. Vgl. auch Steppan (1992), S. 88 sowie Hank (1992), S. 13.
204) Vgl. Bleicher (1992a), S. 103.
205) Vgl. hierzu Picot (1993c), S. 131ff.

Konkretisierungsvorschläge. Sie lassen sich im wesentlichen auf folgende Kernprinzipien zurückführen: Dezentralisierung[206], Gruppenarbeit und Streichung mittlerer Managementebenen. Sie sollen 'schlanken Organisationsstrukturtypen' zunächst zugrundeliegen.

Arbeitsorganisatorische Voraussetzung ist die Überwindung tayloristischer Arbeitsprinzipien. Dies bedeutet die Abkehr von starker Arbeitsteilung und Spezialistentum sowie die Integration von Denken, Handeln und Verantwortung. Wesentlich ist die Forderung[207] und Förderung[208] von auf lean management abgestimmten Qualifikations- und Personalentwicklungskonzepten[209], die neben fachlichen Wissen auch verstärkt methodische und kommunikative Qualifikationen sowie nicht zuletzt Kreativität und Lernbereitschaft einbeziehen.[210]

Für eine weitere Konkretisierung 'schlanker Organisationsstrukturtypen' empfiehlt sich der Rückgriff auf Ansätze aus der Diskussion der Zelt- und Netzorganisationen[211], da diese den typischen Organisationsstrukturen der Massenproduktion Palaststruktur und Hierarchie diametral entgegenstehen.[212] Für die Konkretisierung 'schlanker Organisationsstrukturtypen' interessiert insbesondere der Ansatz des Modularismus.[213] Kernidee ist die Aufgliederung der Unternehmensorganisation in eine zentrale Unternehmung (Framework) einerseits und in ausgegliederte Unternehmensorganisationen (Module) andererseits. In ihren Bereich fallen diejenigen Aufgaben, die nicht dem eigentlichen Unternehmenszweck dienen.
Die Idee der Modularisierung ist unverkennbar mit 'lean management' vereinbar. Auch hier werden nicht dem Unternehmenszweck dienende Tätigkeiten konsequent ausgelagert. In Abänderung zum ursprünglichen Ansatz erscheint eine differenzierte Modularisierung sinnvoll. Sie betrifft die zentrale Unternehmung. Sinnvoll erscheint eine Aufgliederung in Management und intern ausgegliederten 'Organisationen in der Organisation'.[214] Bei ihnen handelt es sich um gruppenorientierte, dezentrale, selbststeuernde Einheiten, die produkt- oder komponentenorientiert ausgerichtet sind. Ergebnis ist ein 'schlanker Organisationsstrukturtyp' mit drei Ebenen: Managementebene, Ebene dezentral autonomer Einheiten sowie extern ausgegliederte Module (vgl. Abb. 20). Er wird den oben genannten organisatorischen Kernprinzipien des 'lean managements' gerecht und stellt möglicherweise eine Alternative zu klassisch-hierarchischen Organisationsstrukturtypen dar.

---

206) Vgl. zum folgenden z.B. Rommel u.a. (1993), S. 164; Stürzl (1992); o.V. (1992b); Reichwald (1992b), S. 14.
207) Vgl. z.B. Lünzmann (1992), S. 85, der von den Universitäten abgestimmte Ausbildungskonzepte fordert.
208) Förderung heißt nicht nur das Angebot von Qualifikationsmaßnahmen, sondern auch die Vermittlung von Anreizen zur selbständigen Höherqualifikation. Nach Frieling (1992), S. 175, enthalten gültige Entlohnungssysteme zu wenig Anreize zur Höherqualifikation.
209) Vgl. Reichwald (1992b), S. 16; Rommel u.a. (1993), S. 104; Pfeiffer, Weiß (1992), S. 198.
210) Vgl. Reichwald (1992b), S. 16; Picot, Neuburger, Niggl (1993a), S. 25.
211) Vgl. hierzu im Überblick Gomez, Zimmermann (1992), S. 71ff.
212) Vgl. Gomez, Zimmermann (1992), S. 66 sowie S. 68.
213) Vgl. Toffler (1985), S. 71ff; Vgl. auch Gomez, Zimmermann (1992), S. 74f.
214) Vgl. Rommel u.a. (1993), S. 101 sowie S. 191.

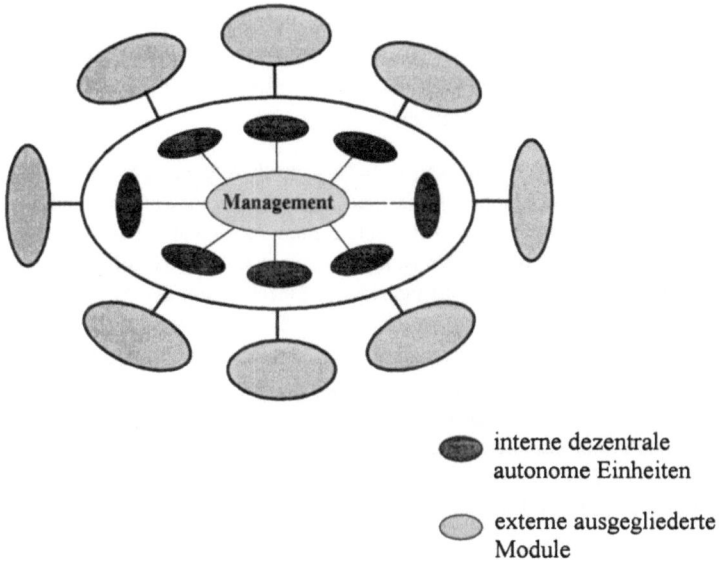

interne dezentrale
autonome Einheiten

externe ausgegliederte
Module

Abb. 20: 'Schlanker Organisationsstrukturtyp'

2.4.2.2 Unterstützende institutionelle Anforderungen

Weitere institutionelle Hindernisse für schlankere Unternehmensstrukturen sind fest verankerte
Führungs-, Anreiz- und Tarifstrukturen. Sie basieren auf den arbeitsorganisatorischen Prinzipien der Massenproduktion und passen auf die klassisch-hierarchischen Unternehmensstrukturen. Analog fordert 'lean management' Führungs-, Anreiz- und Tarifstrukturen, die auf dem
zugrundeliegenden arbeitsorganisatorischen Prinzip der dezentralisierten, qualifizierten und
verantwortungsvollen Teamarbeit beruhen und auf 'schlanke Organisationsstrukturtypen' zugeschnitten sind.

Diesem Anspruch werden *Führungsstrukturen* gerecht, die autoritäre und kontrollstarke Führung durch Formen der indirekten Führung[215] ersetzen. Vertrauen, indirekte Steuerung und Kooperation dominieren.[216] Sie beziehen sich nicht nur auf die Mitarbeiter. Der oben beispielhaft gezeigte 'schlanke Organisationsstrukturtyp' verdeutlicht noch einmal die intensive Vernetzung mit Geschäftspartnern durch Beherrschungs- oder Kooperationsverhältnisse auf EDI-Basis. Auch ihnen gegenüber ist eine vertrauensvolle, kooperative Zusammenarbeit sowie der Aufbau und die Pflege guter Beziehungen erforderlich.[217]

Zudem müssen die *Entlohnungssysteme* auf 'lean management' abgestimmt werden.[218] Herkömmliche Konzepte fordern, "daß die Höhe des individuellen Lohneinkommens eine Funktion der personenunabhängigen Anforderungen am Arbeitsplatz eines Arbeitnehmers sowie seiner Einzelleistung an diesem Arbeitsplatz ist."[219] Den Anforderungen von 'lean management' werden sie kaum gerecht. Im Vordergrund steht die individuelle Einzelleistung der Arbeitskräfte. Der wesentliche Faktor der Team- und Gruppenarbeit und ihre Bewertung wird nicht berücksichtigt. 'Lean management' ersetzt stark differenzierte Tätigkeitsstrukturen durch eher ganzheitliche Tätigkeiten.[220] Sie fordern Verantwortungsübernahme, ständige Verbesserung und ständige Qualifikation. Anreize hierzu fehlen in herkömmlichen Entlohnungssystemen.[221] Um den permanenten Veränderungen des eher flexibel orientierten 'lean management' gerecht zu werden, müssten traditionelle Entlohnungssysteme häufig angepaßt werden. Dies ist nicht unproblematisch. Ein 'lean management' Entlohnungssystem sollte zumindest folgende Prämissen erfüllen:[222]

- Temporärer Charakter, konkretisiert beispielsweise durch zeitliche Änderungsflexibilität, Prämien auf Zeit oder Sonderprämien.
- Gruppenbezogenheit, d.h. Erfassung der gesamten Gruppenleistung und -verantwortung. Dies bedeutet gleichzeitig die stärkere Berücksichtigung kooperativer Fähigkeiten und von Teamarbeit.
- Motivation zum ständigen Lernen und Qualifizieren, konkretisiert z.B. durch Lohnsysteme, die nicht allein auf die Anforderungen eines Arbeitsplatzes bezogen sind, sondern mehrdimensional orientiert sind.

215) Vgl. Türk (1981), S. 145ff.
216) Vgl. auch Pfeiffer, Weiß (1992), S. 195f.
217) Vgl. Picot, Neuburger, Niggl (1993a), S. 25; Bösenberg, Metzen (1992), S. 58f; Pfeiffer, Weiß (1992), S. 75 und S. 196ff; Rommel u.a. (1993), S. 61ff.
218) Vgl. Pfeiffer, Weiß (1992), S. 233; Jansen (1993), S. 57.
219) Pfeiffer, Weiß (1992), S. 233.
220) Vgl. Pfeiffer, Weiß (1992), S. 233ff.
221) Vgl. Pfeiffer, Weiß (1992), S. 234; Frieling (1992), S. 175.
222) Vgl. zum folgenden Pfeiffer, Weiß (1992), S. 235f.

Zuletzt sind auf 'lean management' angepaßte *Tarifstrukturen* erforderlich. "Die Tarifverträge der Metallindustrie legen den Produktionsprozeß von gestern zugrunde."[223] Deutlich werden zwei Ansatzpunkte: Die Abstimmung auf 'schlanke Organisationsstrukturtypen' und die Berücksichtigung veränderter Anforderungen an Entlohnungssysteme.

Zusammenfassend läßt sich festhalten: Die Prinzipien der Massenproduktion erschweren die Umsetzung schlankerer Unternehmensstrukturen bei der Einführung von EDI. Im wesentlichen sind es fest verankerte Arbeits-, Organisations-, Entlohnungs-, Führungs- und Tarifstrukturen. Anforderungen an ihre institutionelle Weiterentwicklung betreffen zunächst die Herausbildung 'schlanker Organisationsstrukturtypen'. Abgestimmt auf sie stellen sich weitere institutionelle Anforderungen an Entlohnungs-, Anreiz-, Führungs- und Tarifstrukturen.

Langfristig ist vielleicht mit derartigen institutionellen Entwicklungen zu rechnen. Hierfür spricht die zu erwartende zunehmende Ausbreitung von EDI sowie die durch EDI stark unterstützte Umsetzung schlankerer Unternehmensstrukturen. Auch die tatsächlich schon erzielten Erfolge mit schlankeren Unternehmen, die teilweise auf der grünen Wiese entstanden, teilweise auf starken Reorganisationsmaßnahmen basieren[224], stützen derartige Tendenzen. Diese doch einschneidenden institutionellen Entwicklungen sind dann natürlich weder allein auf EDI noch allein auf 'lean management' zurückzuführen. Sie werden stark durch über diese Konzepte hinausgehende Entwicklungen sowie nicht zuletzt durch externe Rahmenbedingungen gefördert.[225] Um die Vorteile eines innovativen EDI-Einsatzes bei der internen Abwicklung jedoch realisieren zu können, stellen sie wesentliche institutionelle Voraussetzungen dar.

---

223) Hank (1992), S. 13.
224) Vgl. o.V. (1992b); Beispiel ist die neue Opel Fabrik in Eisenach.
225) Vgl. Pfeiffer, Weiß (1992), S. 171ff. Nach ihrer Meinung (S. 173) hat Ohno die Prinzipien des Fordismus auf veränderte Rahmenbedingungen bezogen und die Strukturen dementsprechend angepaßt. Er selbst als Begründer des "Toyotismus" soll behauptet haben, Henry Ford hätte ähnlich gehandelt, wenn er noch gelebt hätte. Vgl. Krafcik (1988), S. 44.

IV. STRUKTURELLE VERNETZUNGSTENDENZEN

Im Mittelpunkt steht jetzt die Frage nach strukturellen Konsequenzen von EDI. Zu zeigen ist,
- wie EDI direkt oder indirekt unterschiedliche Netzstrukturen unterstützen oder entstehen lassen kann;
- welche Netzstrukturen sich auf der Basis von EDI konkret herausbilden.

Zunächst geht es um die Voraussetzung für diese Entwicklungen: Die technische Vernetzung durch EDI.

1. Voraussetzung: Technische EDI-Netzstrukturen

Die These, daß EDI zu Vernetzungsstrukturen führt, setzt notwendigerweise auf technischer Ebene eine enge EDI-Vernetzung voraus. Daher ist zunächst zu prüfen, inwieweit diese technische EDI-Vernetzung zu erwarten ist.

EDI erlaubt zwischenbetrieblich eine informations- und datentechnische Vernetzung, die mit einer innerbetrieblichen Vernetzung vergleichbar ist. Die technische Anbindung sämtlicher Geschäftspartner ist prinzipiell denkbar. Theoretisch sind EDI-Netzstrukturen zwischen sämtlichen Unternehmen, Behörden, Dienstleistern, Banken usw. vorstellbar. Für ihre tatsächliche Entwicklung sprechen:[1]
- Das immense Leistungspotential von EDI, das neben starken Automatisierungs- und Einsparungseffekten unterschiedliche strategische Reorganisationschancen impliziert. Technische EDI-Netzstrukturen lassen sich hierdurch direkt unterstützen.
- Institutionelle Entwicklungen[2] wie Rahmenverträge, einheitlich anwendbare Standards wie z.B. EDIFACT oder Subsets oder auch die Entstehung von Mehrwertdiensten fördern die Ausbreitung von EDI, da sich durch sie Effizienz- und Reibungsverluste bei der EDI-Abwicklung vermindern lassen. Sie unterstützen technische EDI-Netzstrukturen indirekt.

Stützen läßt sich die These zu erwartender EDI Netzstrukturen auch durch Ergebnisse der ELTRADO-Untersuchung, die auf eine zunehmende Ausbreitung von EDI hinweisen.[3] Erkennbar ist deutlich ein Trend zu branchenübergreifenden und verschiedene Institutionen wie Banken, Behörden einbeziehende EDI-Verbindungen. Damit läßt sich festhalten, daß die Ent-

---

1) Abgestimmt auf die Ausgangsfragestellung der direkten und indirekten Unterstützung durch EDI sollen Aspekte wie positive Netzwerkexternalitäten oder kritische Masse im folgenden ausgeklammert werden, auch wenn von ihnen aus sicherlich weitere verstärkende Effekte ausgehen. Vgl. hierzu im einzelnen Niggl (1994), Biervert u.a. (1992), S. 136.
2) Vgl. hierzu im einzelnen Abschnitt III/1.3.
3) Vgl. Kilian u.a. (1994).

wicklung multilateraler EDI-Netzstrukturen zu erwarten ist. Sie bestehen entweder direkt zwischen den EDI-Partnern oder indirekt durch den Einbezug von Mehrwertdiensten.[4]

2. Organisatorische Netzstrukturen

Mit technischen EDI-Netzstrukturen als Voraussetzung für durch EDI unterstützte oder entstehende organisatorische Netzstrukturen ist zu rechnen. Daher ist jetzt zu prüfen, welche organisatorischen Netzstrukturen EDI unterstützt. Hierfür scheint zunächst eine Begriffsabstimmung erforderlich (2.1), um im Anschluß daran das Unterstützungspotential von EDI aufzuzeigen (2.2) und schließlich auf konkret sich herauskristallisierende organisatorische Netzstrukturen einzugehen (2.3).

2.1 Begriffsabstimmung: Organisatorische Netzstrukturen

Um zwischenbetriebliche Unternehmensstrukturen zu erfassen, wird in der Literatur wiederholt auf die Figur der Netzstruktur oder des Netzwerkes zurückgegriffen.[5] Bekannt sind Begriffe wie "dynamic network"[6], "strategic network"[7], "strategische Netzwerke"[8], "Strategisches Netz"[9] oder "Wertschöpfungsnetzwerk"[10]. Ihnen liegen jeweils zwei Annahmen zugrunde. Sie beziehen sich auf zwischenbetriebliche Verhältnisse einerseits auf der Basis expliziter Verträge andererseits.[11] Für eine Untersuchung organisatorischer Netzstrukturen durch EDI erscheint eine weitere Begriffsfassung notwendig. Da die Auswirkungen von EDI nicht auf den zwischenbetrieblichen Bereich beschränkt sind, soll sie auch innerbetriebliche Netzstrukturen umfassen. Um sämtlichen EDI-Beziehungen gerecht zu werden, empfiehlt es sich, implizite Verträge einzubeziehen. Zudem sind sämtliche Organisationen zu berücksichtigen. Damit ergibt sich eine vielschichtige Begriffsfassung organisatorischer Netzstrukturen, die wie folgt zu konkretisieren ist.

Kennzeichen *innerbetrieblicher organisatorischer Netzwerke* sind polyzentrische, heterarchische Strukturen, in denen dezentrale, interdisziplinäre Teams vorherrschen.[12]

---

4) Vgl. Biervert u.a. (1992), S. 137.
5) Vgl. v.a. Jarillo (1988); Jarillo, Ricart (1987); Miles, Snow (1988); Ochsenbauer (1988); Sydow (1992a).
6) Miles, Snow (1988), S. 53.
7) Jarillo (1988), S. 34.
8) Sydow (1992a), S. 81.
9) Picot, Reichwald (1991), S. 291.
10) Pfeiffer, Weiß (1992), S. 148. .
11) Vgl. z.B. Jarillo (1988), S. 34.
12) Vgl. Gomez, Zimmermann (1992), S. 92f.

Zwischenbetriebliche Netzstrukturen entstehen zwischen Organisationen und können als interorganisationale Netzwerke bezeichnet werden.[13] Sind die einzelnen Netzwerkorganisationen Unternehmungen, handelt es sich um "Unternehmensnetzwerke"[14] oder "Unternehmungsnetzwerke"[15]. Sie werden häufig als Zwischenform zwischen den Koordinationsmustern Markt und Hierarchie gesehen.[16] Zurückgreifend auf die in dieser Arbeit vorgenommenen Abgrenzung der Koordinationsformen müssen dann Beherrschungs- oder Kooperationsverhältnisse zugrundeliegen.[17]

Bei Beherrschungsverhältnissen handelt es sich um "strategic networks"[18] oder "strategische Netzwerke"[19]. Sie "unterscheiden sich von anderen Unternehmungsnetzwerken vor allem dadurch, daß sie von einer oder mehreren fokalen Unternehmung(en) *strategisch geführt* werden."[20] Die strategische Führung heißt, daß die fokale Unternehmung ("hub firm"[21]) den ökonomischen Prozeß koordiniert und definiert.[22] Zwischen der fokalen Firma und den übrigen wirtschaftlich selbständigen Netzwerkunternehmen existieren "especial relationships....Those relationships have most of the characteristics of a ′hierarchical′ relationships."[23] Die strategische Führung einerseits und die hierarchieähnlichen Verträge andererseits lassen hier zugrundeliegende Beherrschungsverträge vermuten.

In Abgrenzung davon soll von ′kooperativen′[24] Netzwerken gesprochen werden, wenn Kooperationsverhältnisse die Basis bilden. Handelt es sich dabei um operative Aufgabenbereiche, soll die Rede von ′operativen Netzwerken′ sein.

Insgesamt ergibt sich ein differenziertes Bild organisatorischer Netzstrukturen. Konstituierende Merkmale sind bei all den gezeigten Formen: Langfristige Beziehungen zwischen den Netzwerkmitgliedern auf der Basis von Verbindungen, die sich unterschiedlich darstellen können.[25] Zu überlegen ist jetzt, wie EDI diese unterschiedlichen Netzstrukturen unterstützen kann.

---

13) Vgl. Sydow (1992a), S. 78.
14) Siebert (1991), S. 293.
15) Sydow (1992a), S. 78.
16) Vgl. z.B. Siebert (1991), S. 293.
17) Vgl. auch Siebert (1991), S. 293.
18) Jarillo (1988), S. 34.
19) Sydow (1992a), S. 81.
20) Sydow (1992a), S. 81. Vgl. auch Jarillo, Ricart (1987), S. 84; Jarillo (1988), S. 34.
21) Jarillo (1988), S. 34.
22) Vgl. Sydow (1992a), S. 81.
23) Jarillo (1988), S. 34.
24) Vgl. auch Jarillo, Ricart (1987), S. 83.
25) Vgl. auch Thorelli (1986), S. 38, der so Netzwerke definiert.

2.2 Unterstützungspotential von EDI

Prinzipiell kann EDI organisatorische Netzstrukturen direkt und indirekt unterstützen. Direkt forciert EDI organisatorische Netzstrukturen durch die organisatorischen Auswirkungen von EDI. Zwei Phänomene, die natürlich nicht unabhängig voneinander sind, sind hier insbesondere zu nennen: Auslagerungstendenzen und die Tendenz zu schlankeren Unternehmensstrukturen.

EDI unterstützt oder realisiert Beherrschungsverhältnisse. Kooperationsverträge lassen sich leichter abwickeln. Damit wird für bestimmte Aufgabenbereiche die externe Abwicklung effizienter. Die Folge ist eine Verringerung der Fertigungstiefe durch Auslagerung an Geschäftspartner auf der Basis von Beherrschungs- und Kooperationsverträgen. Sie konstituieren als Koordinationsmechanismen zwischen Markt und Hierarchie interorganisationale Netzwerkstrukturen. Die innerbetrieblich verbleibenden Kernbereiche lassen sich durch Dezentralisierung, Delegation und Teamarbeit 'schlanker' organisieren. "Die formale hierarchische «Baum-Struktur» wird abgelöst durch eine sternförmige heterarchische «Netz-Struktur»."[26] Insgesamt können damit die inner- und zwischenbetrieblichen Auswirkungen von EDI direkt organisatorische Netzstrukturen forcieren.

Indirekt verstärkt EDI die Entwicklung organisatorischer Netzstrukturen durch die gezeigten institutionellen Auswirkungen. Zu unterscheiden sind zwei Formen: Zunächst beziehen sich institutionelle Entwicklungen auf institutionelle Hindernisse, die an sich effiziente Auslagerungen oder schlankere Unternehmensstrukturen erschweren oder ihre Realisierung unmöglich machen. Institutionelle Entwicklungen verbessern institutionelle Hindernisse, so daß effiziente Koordinationsmechanismen weniger oder im Idealfall gar nicht beeinträchtigt werden. Mit ihrer verstärkten Realisierung ist dann zu rechnen. Sie verstärkt die Tendenzen zu Netzstrukturen. Indirekt unterstützt EDI durch institutionelle Entwicklungen direkt hervorgerufene organisatorische Netzstrukturen.
Institutionelle Entwicklungen bedingen zum anderen die Entstehung neuer Institutionen. Hierzu gehören beispielsweise Mehrwertdienste, 'EDI-Kooperationen' oder 'EDI-Netze'. Möglicherweise sind sie die Basis für interorganisationale Netzwerke. Die Tendenz zu organisatorischen Netzstrukturen wird damit wiederum indirekt durch EDI unterstützt.

2.3 Organisatorische Netzstrukturen durch EDI

Die unter Abschnitt 2.1 vorgenommene Differenzierung unterschiedlicher Netzstrukturen liegt den folgenden Ausführungen zugrunde. Im Mittelpunkt steht die Frage, welche dieser organisatorischen Netzstrukturen EDI unterstützt.

---

26) Gomez, Zimmermann (1992), S. 92f.

Innerbetriebliche Netzstrukturen zeichnen sich im wesentlichen durch Dezentralisierung und Teamarbeit aus. Sie entstehen durch schlankere Unternehmensstrukturen in Verbindung mit Auslagerungstendenzen. Direkt forciert EDI sie durch die daten- und informationstechnische Vernetzung. Indirekt unterstützen institutionelle Entwicklungen wie insbesondere ein 'schlanker Organisationsstrukturtyp', der durch seine polyzentrische Zeltstruktur dem Netzcharakter ohnehin entspricht.

Zwischenbetrieblich stehen strategische, kooperative und operative Netzwerkstrukturen, die auf expliziten oder impliziten Verträgen basieren können, zur Diskussion.
Strategische Netzwerke können durch EDI entstehen. Folgende Überlegungen verdeutlicht dies: Häufiges Beispiel für die Herausbildung strategischer Netzwerke ist die Automobilindustrie.[27] Gründe sind v.a. die enge informationstechnische Vernetzung sowie JiT-Beschaffungsstrategien.
Basis für strategische Netzwerke sind Beherrschungsverhältnisse. In der Automobilindustrie liegen primär JiT-Anbindungen zugrunde. In Abschnitt II/3.2.3 wurde deutlich, daß EDI zu diesen Beherrschungsverhältnissen führen kann, sofern EDI die notwendige Voraussetzung für JiT-Beschaffungen ist. Auf JiT-Anbindungen basierende strategische Netzwerke lassen sich dann auf EDI zurückführen. In die gleiche Richtung zeigt die ELTRADO-Untersuchung. Sie zeigte für die Automobilindustrie primär Beherrschungsverhältnisse auf der Basis von 'JiT-Anbindungen'.[28]

'Kooperative Netzwerke' basieren auf Kooperationsverhältnissen. Diese können zunächst EDI-unabhängige Geschäftsfelder wie FuE, Marketing, Beschaffung o.ä. betreffen. EDI erleichtert die Abwicklung. Damit verstärkt EDI zwar die Ausbreitung. Primäre Ursache ist EDI sicherlich nicht.[29] Anders ist dies, wenn sich die Kooperationsverhältnisse nur durch EDI realisieren lassen. Konkrete Beispiele hierfür sind die unter Abschnitt 3.2.2.2 näher erläuterten 'EDI-Kooperationen' und 'EDI-Netze'. EDI ist hier als Ursache interpretierbar.

'Operative Netzwerke' basieren auf zwischenbetrieblichen Kooperationen für die Durchführung operativer Aufgaben. Handelt es sich hierbei um speziell EDI-betreffende Aufgaben wie Übertragung, Konvertierung oder Standardisierung, ist ihre Entstehung auf EDI zurückzuführen. Konkrete Beispiele sind Kooperationen zur Standardentwicklung oder zur Bewältigung der Informationslogistikaufgaben wie z.B. Value added partnerships (VAP). Andere Formen der operativen Netzwerke kann EDI unterstützen.
Abbildung 21 faßt die Unterstützungspotentiale von EDI zusammen.

---

27) Vgl. Däubler (1993), S. 4; Heilmann (1989), S. 96; Sabel, Kern, Herrigel (1991); Semlinger (1993).
28) Vgl. Kilian u.a. (1994).
29) Vgl. auch die diesbezüglichen Ergebnisse der ELTRADO-Untersuchung bei Kilian u.a. (1994).

Netzwerk- formen / EDI-Einfluß	innerbetriebliche Netzwerke	zwischenbetriebliche Netzwerke		
		strategische Netzwerke	kooperative Netzwerke	operative Netzwerke
Unterstützung	Schlanke Unternehmens- strukturen	Auf EDI-un- abhängigen Beherrschungs- verhältnissen basierend	Zwischenbetrieb- liche Koopera- tionen, die un- abhängig von EDI existieren, z. B. FuE- Kooperationen	Kooperationen zur Handhabung operativer Aufga- benstellungen, z. B. Verband- betrieb
Ursache		Auf 'JiT-An- bindungen' basierend	Zwischen- betriebliche Kooperationen, die zwingend auf EDI basieren z. B. EDI-Ko- operationen, EDI-Netze	Kooperationen, die speziell die EDI-Abwicklung betreffen z. B. VAP

Abb. 21: EDI und organisatorische Netzwerkstrukturen

3. Vernetzungstendenzen auf anderen Ebenen als Folge

Im folgenden sollen weitere strukturelle Vernetzungstendenzen durch EDI lediglich an- gesprochen werden. Sie lassen sich auf EDI oder auf durch EDI hervorgerufene resp. unter- stützte organisatorische Netzstrukturen zurückführen. Sie betreffen wirtschaftliche, gewerk- schaftliche, Vertrags- und Vertrauensstrukturen.

Intersektorale Vernetzung
Organisatorische Netzstrukturen beziehen sich weniger auf eine Branche. Sowohl strategische wie auch kooperative Netzwerke umfassen Unternehmen aus unterschiedlichen Branchen, wobei dies bei strategischen Netzwerken sicherlich weniger differiert als bei kooperativen Netzwerken. Beispiele sind strategische Netzwerke in der Automobilindustrie mit Unterneh- men aus der Elektronikbranche, EDI-Kooperationen zwischen Handel und Industrieunterneh- men oder implizite EDI-Netze zwischen Banken, Transporteuren und Herstellern. Folge der organisatorischen Vernetzung ist daher zunächst eine stärkere intersektorale Vernetzung.

Vernetzte Wirtschaftsbeziehungen
Organisatorischen Vernetzungsstrukturen liegen unterschiedliche explizite oder implizite Koordinationsmechanismen zugrunde. Dies bleibt nicht ohne Folge für die darauf basierenden

141

wirtschaftlichen Beziehungen zwischen den Unternehmen. Sie können z.B. gleichzeitig in Partnerschafts- und Wettbewerbsverhältnissen stehen.[30] Abhängigkeiten in einem strategischen Netzwerk schließen kooperative operative Netzwerke bei der EDI-Abwicklung nicht unbedingt aus. Zudem sind Unternehmen nicht mehr nur als individuelle Unternehmen zu betrachten, sondern zusätzlich als wirtschaftlich vernetzte Einheit. Die Aufnahme wirtschaftlicher Beziehungen zu einem Netzwerkunternehmen hat womöglich wirtschaftliche Beziehungen zu weiteren Netzwerkunternehmen zur Folge. Diese Beispiele können nur andeuten, daß organisatorische Netzstrukturen zu vernetzten Wirtschaftsbeziehungen führen können.[31]

Gewerkschaftliche Vernetzungstendenzen

Den organisatorischen Netzstrukturen stehen gewerkschaftliche Strukturen gegenüber, die auf herkömmliche Strukturen zugeschnitten sind. Dies wurde schon an anderer Stelle deutlich. Das auf die Einheit Betrieb zugeschnittene BVerfG wird den zwischenbetrieblich vernetzten Strukturen nicht mehr gerecht. Schlanke Unternehmensstrukturen lassen sich kaum durch tayloristisch geprägte tarifliche Strukturen erfassen. Notwendig ist eine Anpassung der Gewerkschaftsorganisation, die der organisatorischen und letztlich auch intersektoralen Vernetzung Rechnung tragen kann.[32] Ansätze hierzu sind erkennbar. Um wieder volle Mitbestimmungsrechte herstellen zu können, werden Allianzen oder informelle Mitbestimmungsnetzwerke zwischen Interessenvertretungen diskutiert.[33] Zu beobachten sind informelle Kooperationen zwischen verschiedenen Betriebsräten.[34] Diese Entwicklungen deuten auf stärkere Vernetzungstendenzen auf gewerkschaftlicher Ebene hin.[35]

Vertragsstrukturen

Organisatorische Netzstrukturen basieren auf unterschiedlichen Verträgen. Sie können explizit oder implizit sein, dem klassischen Vertragsmuster entsprechen oder relational resp. hierarchisch ausgerichtet sein. Die Folge ist ein vernetztes Vertragsgefüge auf der Basis organisatorischer Netzstrukturen. Konkretes Beispiel sind JiT-Lieferbeziehungen, für deren zugrundeliegenden Informationsfluß Mehrwertdienste verantwortlich sind. Allein JiT-Vereinbarungen bestehen aus einem Bündel von Rahmenverträgen.[36] Der Einbezug von Mehrwertdiensten vekompliziert das ohnehin nicht einfache Vertragsgefüge. Noch mehr 'vernetzt' es sich mit der Einschaltung von externen Dienstleistungen zur Transportabwicklung.

---

30) Vgl. Bleicher (1989), S. 415.
31) Vgl. Bleicher (1989), S. 415.
32) Vgl. Sabel, Kern, Herrigel (1991), S. 226.
33) Vgl. Doleschal (1990), S. 393.
34) Vgl. Däubler (1993), S. 12.
35) Vgl. auch Widucke-Matias (1992), S. 89ff, der eine veränderte Zusammenarbeit zwischen Betriebsräten einerseits und eine enge internationale gewerkschaftliche Kooperation andererseits fordert.
36) Vgl. Steckler (1993), S. 1225.

Vertrauensnetzwerke

Mit organisatorischen Netzstrukturen verbunden ist unweigerlich eine Zunahme zwischenbetrieblicher Vertragsverhältnisse. Sie soll Gefahren des opportunistischen Verhaltens vermindern. Da sich nicht sämtliche opportunistische Gefahren durch Verträge ausschließen lassen, bedeutet eine Zunahme zwischenbetrieblicher Vertragsverhältnisse gleichzeitig eine höhere Gefahr opportunistischen Verhaltens. Sie wird zudem verstärkt durch schlanke Unternehmensstrukturen, in denen Eigenverantwortung und Teamorientierung vorherrschen. Nutzenmaximierendes, opportunistisches Verhalten zum Nachteil des Unternehmens ist nicht auszuschließen. Erforderlich erscheint ein Mechanismus, der bei organisatorischen Netzstrukturen die Gefahr opportunistischer Verhaltensweisen vermindert. Diese Anforderungen kann 'Vertrauen' erfüllen.[37] Durch Vertrauensbeziehungen, die sich zwischenbetrieblich auf die übrigen Netzwerkpartner und innerbetrieblich auf die Mitarbeiter beziehen, lassen sich die oben angesprochenen Gefahren zumindest vermindern. Zu erwarten ist als Folge die Entstehung von 'Vertrauensnetzwerken' entlang der organisatorischen Netzstrukturen, die die Akteure interorganisationaler Netzwerke wie innerbetrieblicher Netze umfassen.

Zusammenfassend verdeutlichen die bestimmt nicht umfassend und vollständig gezeigten Vernetzungstendenzen auf unterschiedlichen Ebenen, daß auf EDI basierende Netzwerke nicht auf die Unternehmensebene begrenzt sind.

4. Kritische Reflexion: 'Supernetzwerke' als Folge von EDI?

Unter einem "Supernetzwerk" verstehen Pfeiffer/Weiß die integrierte Gestaltung der gesamten Wertschöpfungskette vom Rohstofflieferanten über die verschiedenen Produzenten bis zum Abnehmer.[38] Sie legen ihrem Modell ein Aktivitätennetzwerk, den sog. 'Wirtschaftsglobus' zugrunde, der sämtliche Produktionsabläufe von der Natur (= Rohstoffe) bis zum Konsum (= Abnehmer) umfaßt. Er soll verdeutlichen, "daß die Wertschöpfungskette zwischen Natur und Konsum nicht überall den direkten Weg nehmen muß, sondern in der Regel ein weitverzweigtes Geflecht, ein regelrechtes Netzwerk darstellt."[39]

---

37) Fast jeder Beitrag zu Netzwerken und zu 'lean management' problematisiert den Vertrauensaspekt. Vgl. bzgl. Netzwerke Jarillo, Ricart (1987), S. 85; Siebert (1991), S. 296f oder Jarillo (1988), S. 37, der Maßnahmen zur Vertrauensgenerierung vorsieht. Vgl. bzgl. 'lean management' Pfeiffer, Weiß (1992), S. 75, die ebenfalls konkrete Beispiele vorschlagen sowie S. 90 und S. 136.

38) Vgl. hierzu sowie zum folgenden ausführlich Pfeiffer, Weiß (1992), S. 65ff.

39) Pfeiffer, Weiß (1992), S. 66.

EDI unterstützt i.S. der systemischen Rationalisierung die Optimierung des gesamten Prozesses der Wertkette. Unter der Annahme, daß jedes Unternehmen diese Optimierung realisiert[40], erfaßt die systemische Rationalisierung den gesamten Wirtschaftsglobus. Es entsteht ein Supernetzwerk durch EDI.

Dies ist zu relativieren. Derartige Netztendenzen wie auch die Tendenz zur systemischen Rationaliserung sind sicherlich nicht auf EDI allein zurückzuführen. Andere Faktoren wie z.B. die Ausdifferenzierung der Märkte, politische Rahmenbedingungen oder ein intensivierter Wettbewerb[41] spielen eine maßgebliche Rolle. Daher ist die Herausbildung eines derartigen Supernetzwerkes zwar prinzipiell denkbar. Der Beitrag von EDI dazu ist eher als gering zu beurteilen.

---

40) Davon ist bei Nutzenoptimierung einerseits und den Effizienzvorteilen und institutionellen Entwicklungen andererseits fast auszugehen.
41) Vgl. Biervert u.a. (1992), S. 168; Miles, Snow (1986), S. 53; Sydow (1992b), S. 285.

V. ZUSAMMENFASSUNG

Ausgangspunkt der vorliegenden Arbeit war die Untersuchung ökonomischer Auswirkungen von EDI. Im Mittelpunkt standen drei Fragestellungen: Die Analyse der Auswirkungen auf die inner- und zwischenbetriebliche Aufgabenabwicklung; die Abschätzung institutioneller Entwicklungstendenzen sowie zuletzt die Untersuchung des Einflusses von EDI auf ohnehin zu beobachtende strukturell-übergreifende Vernetzungstendenzen.

Deutlich wurde, daß EDI als zwischenbetriebliches elektronisches Kommunikationsmedium sowohl die inner- als auch die zwischenbetriebliche Aufgabenabwicklung stark verändern kann. In Abhängigkeit vom EDI-Einsatz reichen die Änderungen von reinen Automatisierungseffekten bis hin zu organisatorischen Umstrukturierungen. Die primäre Ursache für dieses Potential von EDI liegt in der Möglichkeit einer zwischenbetrieblichen technischen Vernetzung, wie sie bisher nur innerbetrieblich realisierbar war.

Institutionelle Anforderungen und Entwicklungstendenzen zeigten sich auf der Kommunikations- sowie Koordinations- und Organisationsebene. Sicherlich lassen sich die institutionellen Tendenzen auf der Kommunikationsebene direkt auf EDI zurückführen, so daß hier die neue technische Institution EDI zu institutionellen Neuentwicklungen führt.
Auf der Koordinations- und Organisationsebene ist dies weniger zu behaupten. Institutionelle Tendenzen hängen hier primär mit den zugrundeliegenden Strukturen der inner- und zwischenbetrieblichen Koordination zusammen. Sie lassen sich zumindest indirekt auf EDI zurückführen, wenn EDI eine so starke Ausbreitung dieser Koordinationsformen fördert, daß die dadurch entstehenden Probleme institutionelle Anpassungen rechtfertigen.

Auch die gezeigten übergreifenden strukturellen Vernetzungstendenzen lassen sich nicht allein auf EDI zurückführen, sondern hängen auch mit anderen Faktoren zusammen. Sicherlich unterstützt EDI sie als technische Vernetzungsbasis.

Damit zeigt sich aber auch, daß EDI eine technische Entwicklung ist, die vor dem Hintergrund der gegenwärtig zu beobachtenden institutionellen und strukturellen Tendenzen eine unbedingt weiter zu verfolgende Technologie darstellt, da sie diese fördert und unterstützt. Für den EDI-Anwender bedeutet dies wiederum, bei Reorganisations- oder Straffungsmaßnahmen sowie bei organisatorischen 'Schlankheitskuren' das Potential von EDI hierfür zu berücksichtigen. An alle, die für eine reibungslose EDI-Abwicklung verantwortlich sind, stellt sich die Forderung, die organisatorischen, rechtlichen und technischen Rahmenbedingungen so zu gestalten, daß einem EDI-Einsatz langfristig weniger Probleme entgegenstehen.

LITERATURVERZEICHNIS

Aigner, J.; Kuckelkorn, W. (1991), Die weltweite Verflechtung konzerneigener und selbständiger Lieferbetriebe im Hause Ford, in: Mendius, Wendeling-Schröder (1991), S. 131-142.

Alchian, A.A.; Demsetz, H. (1973), The Property Rights Paradigm, in: Journal of Economic History, 33, 1973, S. 16-27.

Alchian, A.A.; Demsetz, H. (1972), Production, Information Costs and Economic Organization, in: American Economic Review, 62, 1972, S. 34-39.

Alt, R. (1992), Der EDI'92 Kongress in Hamburg, in: EM - Elektronische Märkte, Nr. 6, Dezember 1992, S. 8.

Altmann, N.; Sauer, D. (1989), Hrsg., Systemische Rationalisierung und Zulieferindustrie, München (Campus), 1989.

Anner, R. (1990), EDI als Wettbewerbsvorteil im Detailhandel, in: Thexis, 7, H. 2, 1990, S. 45-53.

Anner, R. (1993), Elektronische Laderaum- und Frachtenbörsen, in: EM-Elektronische Märkte, Nr. 7, März 1993, S. 8.

Appelt, W. (1989), Normen im Bereich der Dokumentenverarbeitung, in: Informatik Spektrum, H. 12, 1989, S. 321-330.

Appelt, W. (1990), Dokumentaustausch in offenen Systemen, Berlin u.a. (Springer), 1990.

Bäck, H., (1990), Logistik-Synergie zwischen Handel und Industrie, Köln (TÜV Rheinland), 1990.

Backhaus, K.; Piltz, K. (1990a), Hrsg., Strategische Allianzen, zfbf Sonderheft 27, 1990.

Backhaus, K.; Piltz, K. (1990b), Strategische Allianzen - eine neue Form kooperativen Wettbewerbs, in: Backhaus, Piltz (1990a), S. 1-10.

Badaracco jr., J.L. (1991), Strategische Allianzen: Wie Unternehmen durch Know-how-Austausch Wettbewerbsvorteile erzielen, Wien (Ueberreuter), 1991.

147

Bakos, J.Y. (1991), A Strategic Analysis of Electronic Marketplaces, in: MIS Quarterly, Vol. 15, Number 3, September 1991, S. 295-310.

Baur, C. (1990), Make-or-Buy-Entscheidungen in einem Unternehmen der Automobilindustrie - empirische Analyse und Gestaltung der Fertigungstiefe aus transaktionskostentheoretischer Sicht, München (VVF), 1990.

Benjamin, R.I.; De Long, D.W.; Morton, M.S.S. (1988), The Realities of Electronic Data Interchange: How Much Competitive Advantage?, Working Paper, MIT, February 1988.

Berge, J. (1991), The EDIFACT Standards, Oxford (NCC Blackwell), 1991.

Berke, J. (1990), Verpaßter Anschluß, in: Wirtschaftswoche, Nr. 13, 1990, S. 69-71.

Berner, M. (1987), Informationslogistik für Logistikinformation, in: Industrie-Anzeiger 76, 1987, S. 22-28.

Biervert, B.; Monse, K.; Bruns, H.-J.; Reimers, K. (1992), Unternehmensvernetzung: Konzepte und Fallstudien, Wiesbaden (Gabler), 1992.

Bitz, M.; Dellmann, K.; Domsch, M.; Egner, H. (1993), Vahlens Kompendium der Betriebswirtschaftslehre, Band 2, 3. überarbeitete und verbesserte Auflage, München (Franz Vahlen), 1993.

Bleicher, K. (1989), Chancen für Europas Zukunft: Führung als internationaler Wettbewerbsfaktor, Frankfurt am Main (Campus), 1989.

Bleicher, K. (1992a), Der Strategie-, Struktur- und Kulturfit Strategischer Allianzen als Erfolgsfaktor, in: Bronder, Pritzl (1992a), S. 267-292.

Bleicher, S. (1992b), Lean Production - Chancen für einen gesellschaftlichen Diskurs, in: IAT/IGM/IAO/HBS (1992), S. 101-104.

Blenheim Heckmann GmbH (1990), Hrsg., EDI 90, Kongreßband zum Deutschen Kongreß für Elektronischen Datenaustausch, Wiesbaden (D. Jochim + Partner), 1990.

Blenheim Heckmann GmbH (1991), Hrsg., EDI 91, Kongreßband zum Deutschen Kongreß für Elektronischen Datenaustausch, Wiesbaden (D. Jochim + Partner), 1991.

Bodendorf, F.; Schulz, A. (1992), Computerunterstützte Reisevertriebssysteme und ihre überbetrieblichen Auswirkungen, in: EM-Newsletter, Nr. 3, März 1992, S. 3.

Boland, A.S. (1991), Justifying an EDI Implementation, in: EDI Forum, Special Edition Introduction to EDI, 1991, S. 98-103.

Bösenberg, D.; Metzen, H. (1992), Lean Management: Vorsprung durch schlanke Konzepte, Landsberg/Lech (Moderne Industrie), 1992.

Breit, E. (1991), Neue Anforderungen an die Interessenvertretung der Arbeitnehmer in Betrieb und Unternehmen, in: Mendius, Wendeling-Schröder (1991), S. 349-359.

Bronder, C. (1993), Kooperationsmanagement: Unternehmensdynamik durch Strategische Allianzen, Frankfurt am Main u.a. (Campus), 1993.

Bronder, C.; Pritzl, R. (1992a), Hrsg., Wegweiser für strategische Allianzen: Meilen- und Stolpersteine bei Kooperationen, Frankfurt am Main (Campus), 1992.

Bronder, C.; Pritzl, R. (1992b), Ein konzeptioneller Ansatz zur Gestaltung und Entwicklung Strategischer Allianzen, in: Bronder, Pritzl (1992a), S. 17-44.

Büchner, W. (1990), Rechtsfragen des elektronischen Geschäftsverkehrs, Vortrag anläßlich des DEC-EDI-Symposiums, Frankfurt am Main, 1990, S. 1-26.

Büchner, W. (1991), Elektronischer Geschäftsverkehr, in: Bullinger, H.J., Hrsg., Handbuch des Informationsmanagements im Unternehmen - Technik, Organisation, Recht, Perspektiven, Band II, München (Beck) 1991, S. 1446-1490.

Büchner, W. (1992), Rechtliche Chancen und Risiken zwischenbetrieblicher Integration im Wege des vernetzten Geschäftsverkehrs, in: Zwischenbetriebliche Integration (ZBI), HMD, H. 165, 1992, S. 34-46.

Burch, J. (1989), EDI: The demise of paper, in: Information Executive, Vol. 2, Winter 1989, S. 51-55.

Burger-Balogh, I. (o.J.), Internationaler elektronischer Austausch von Geschäftsdaten - Realität und Ausblick, Vortragsmanuskript.

Burger-Balogh, I. (1990), Erfahrungsbericht aus der Elektroindustrie, in: Blenheim Heckmann GmbH (1990), S. 116-124.

Butler Cox Foundation (1987), Elektronischer Datenaustausch - ein entscheidendes neues Anwendungsgebiet, Forschungsbericht 59, Dezember 1987.

Bytheway, A. (1992), High-Wire Act: Managing EDI Costs and Benefits, in: EDI Forum, 1992 Issue, No. 1, S.17-21.

Carter, J.R., Monczka, R.M., Clauson, K.S., Zelinski, T.P. (1987), Education and Training for Successful EDI Implementation, in: Journal of Purchasing and Materials Management, Summer 1987, S. 13-20.

Cash, J.J., Konsynski, B.R. (1985), Die Datenkommunikation verändert den Wettbewerb, in: HARVARDmanager, H. 4, 1985, S. 54-60.

CCG (1988), SEDAS-Sammelrechnung, in: Coorganisation, H. 2, 1988, S. 30f.

Cesario, F.A. (1990), Bank/VAN Alliances for EDI/EFT, in: EDI Forum, 1990 issue, S. 39-42.

Clark, K.B.; Fujimoto, T. (1991), Product Development Performance: Strategy, Organization, and Management in the World Auto Industry, Boston, Massachusetts (Harvard Business School Press), 1991.

Coase, R.H. (1937), The Nature of the Firm, in: Economica, Vol. 4, 1937, S. 386-405.

Coathup, P. (1988), Electronic data interchange, in: Computer Bulletin, June 1988, S. 15-17.

Commons, J.R. (1931), Institutional Economics, in: The American Economic Review, Vol. 21, 1931, S. 648-657.

Copeland, D.C.; McKenney, J.L. (1988), Airline Reservation Systems: Lesson from History, in: MIS Quarterly, September, 1988, S. 353-370.

Däubler, W. (1988), Informationstechnische Unternehmensverkettung und Arbeitsrecht, in: Computer und Recht, H. 4, 1988, S. 834-841.

Däubler, W. (1993), Mitbestimmung und logistische Kette, in: Staehle, Sydow, (1993), S. 1-17.

Dearing, B. (1990), The Strategic Benefits of EDI, in: The Journal of Business Strategy, January/February 1990, S. 4-6.

Dietl, H. (1993), Institutionen und Zeit, Tübingen (Mohr), 1993.

Dirlewanger, W. (1992), EDIFACT, der Schlüssel zu weltweitem elektronischen Geschäftsverkehr, in: PIK, H. 15, 1992, S. 36-40.

Doleschal, R. (1987), "Just-In-Time" am Betriebsrat vorbei?, in: Die Mitbestimmung, H. 5, 1987, S. 256-257.

Doleschal, R. (1989), Just-in-time-Strategien und betriebliche Interessenvertretung in Automobil-Zulieferbetrieben, in: Altmann, Sauer (1989), S. 155-205.

Doleschal, R. (1990), JiT-Konzepte - Risiken und Gestaltungschancen/Entwicklungstrends und Mitbestimmungsperspektiven, in: Die Mitbestimmung, H. 37, S. 389-394.

Doleschal, R. (1992), Wettlauf um die produktivste Fabrik, in: IAT/IGM/IAO/HBS (1992), S. 43-46.

Dorn, B. (1992), Informatik als Motor für Organisationsinnovationen, in: Fuchs, J., Hrsg., Das biokybernetische Modell: Unternehmen als Organismen, Wiesbaden (Gabler), 1992, S. 205-225.

Ebner, A. (1992), TIS - Das Tirol Informations System, in: EM Newsletter, Nr. 3, März 1992, S. 4.

Ellis, M.A. (1992), Elektronische Reservationssysteme, in: EM - Elektronische Märkte, Nr. 3, März 1992, S. 1-2.

Elsner, W. (1987), Institutionen und ökonomische Institutionentheorie, in: Wirtschaftswissenschaftliches Studium, H. 1, 1987, S. 5-14.

Emmelhainz, M. (1989), Electronic Data Interchange: Does it Change the Purchasing Process?, in: EDI Forum Founding Issue, 1989, S. 49-54.

Emmelhainz, M. (1990), Electronic Data Interchange, A Total Management Guide, New York (Van Nostrand Reinhold), 1990.

Engberg, B.C.; Buchholz, E. (1987), SEDAS und EDIFACT Elektronischer Geschäftsverkehr zwischen Ökonomie und Redundanz, in: Coorganisation, H. 4, 1987, S. 24-29.

Ernst, M. (1990), Neue Informations- und Kommunikationstechnologien und marktwirtschaftliche Allokation: Eine informations- und transaktionskostentheoretische Analyse, München (VVF), 1990.

Essen, V.v. (1990), EDI - Gefährliche Abstinenz, in: Diebold Management Report, 14, H. 7, 1990, S. 3-10.

EUROMATICA S.A. (1988), Electronic Data Interchange and Paperless Trade, The Implementation Guide, 2. Auflage, London (Blenheim Online), 1988.

EWI (o.J.), Hrsg., EDI-Einführung im Unternehmen, München (Druckerei Schüller), o.J.

Filz, B.; Hlubek, J.; Kuhn, A.; Siebel, Th. (1989), Lieferabrufsysteme: Auswirkungen auf die stahlverarbeitende Zulieferindustrie, Köln (TÜV Rheinland), 1989.

Finch, I. (1990), EDI standards - the issues and non-issues, in: Gifkins (1990), S. 79-84.

Frank, U. (1991), Anwendungsnahe Standards der Datenverarbeitung: Anforderungen und Potentiale - Illustriert am Beispiel von ODA/ODIF und EDIFACT, in: Wirtschaftsinformatik, 33. Jg., H. 2, 1991, S. 100-111.

Frey, B.S. (1990), Vergleichende Analyse von Institutionen: Die Sicht der politischen Ökonomie, in: Staatswissenschaften und Staatspraxis, H. 2, 1990, S. 158-175.

Friedrich, G. (1990), VAN - VAS - VANS - Mehrwertdienste: Begriffe, Bedeutung, Hintergründe, in: EWI, Hrsg., VANS 90 Report Value Added Networks & Services, Starnberg 1990, S. 5-26.

Frieling, E. (1992), Veränderte Produktionskonzepte durch 'Lean production', in: Reichwald (1992a), S. 165-177.

Fritzemeyer, W., Heun, S.-E. (1992), Rechtsfragen des EDI, in: Computer und Recht, 1992, S. 129-133.

Fumy, W. (1991), Sicherheitsstandards für offene Systeme, in: Datenschutz und Datensicherheit, H. 6, 1991, S. 288-295.

Furubotn, E.G.; Pejovic, S. (1974), Introduction: The New Property Rights Literature, in: Furubotn, Pejovich, ed., The Economics of Property Rights, USA (Ballinger Publishing Company), 1974.

Furubotn, E.G.; Richter, R. (1991), The New Institutional Economics: An Assessment, in: Furubotn, E.G.; Richter, R., Hrsg., The new institutional economics: a collection of articles from the Journal of institutional and theoretical economics, Tübingen (Mohr), 1991.

Gäfgen, G. (1983), Institutioneller Wandel und ökonomische Erklärung, in: Boettcher, E.; Herder-Dornreich, P.; Schenk, K.-E., Hrsg., Jahrbuch für Neue Politische Ökonomie, Bd. 2, Tübingen (Mohr), 1983, S. 19-49.

Gahl, A. (1989), Strategische Allianzen, Arbeitspapier Nr. 11, Universität Münster, 1989.

Gahl, A. (1991), Die Konzeption strategischer Allianzen, Berlin (Duncker & Humblot), 1991.

Gallasch, W. (1993), Wirtschaftliche Bedeutung und betriebliche Auswirkungen des elektronischen Datenaustauschs, in: Scheer (1993), S. 568-587.

Gifkins, M. (1990), Hrsg., EDI Technology, London (Blenheim Online), 1990.

Gifkins, M., Hitchcock, D. (1988), Hrsg., The EDI Handbook, Tradings in the 1990s, London (Blenheim Online Publications), 1988.

Girndt, C.; Wendeling-Schröder, U. (1990), "Neue Partnerschaftlichkeit" - BMW-Gesamtbetriebsrat tagte mit Arbeitnehmervertreter(innen) der Zulieferer, in: Die Mitbestimmung, H. 37, S. 405.

Gomez, P.; Zimmermann, T. (1992), Unternehmensorganisation: Profile, Dynamik, Methodik, Frankfurt am Main, New York (Campus), 1992.

Grabowski, H.; Anderl, R. (1990), Produktdatenaustausch und CAD-Normteile, Ehningen bei Böblingen (expert), 1990.

Grabowski, H.; Anderl, R.; Schilli, B.; Schmidt, M. (1989), STEP - Entwicklung einer Schnittstelle zum Produktdatenaustausch, in: VDI-Zeitung 131, H. 9, 1989, S. 68-76.

Grabowski, H., Schilli, B. (1991), Konzepte zur Implementierung genormter Schnittstellen für den Produktdatenaustausch, in: Informatik Forschung und Entwicklung, H. 6, 1991, S. 90-101.

Graf von Westphalen, F. (1988), Qualitätssicherungsvereinbarungen: Rechtsprobleme des "Just-in-Time-Delivery", in: Der Betrieb 40 Jahre, hrsg. vom Fachverlag für Wirtschaft und Steuern Schäffer, Stuttgart, 1988, S. 223-240.

Grauer, M.; Buchner, C.; Siebdrat, H. (1992), Das Multimedia-Touristikinformationssystem SI-TOUR, in: EM-Newsletter, Nr. 3, März 92, S. 3.

Griese, J., (1992), Auswirkungen globaler Informations- und Kommunikationssysteme auf die Organisation weltweit tätiger Unternehmen, in: Staehle, Conrad (1992), S. 163-175.

Gröbel, R.; Roth, S. (1990), "Automobilhersteller und -zulieferer" im Bezirk Frankfurt, in: Die Mitbestimmung, H. 37, S. 406.

Grüning, T. (1990), EDI - ES GEHT UMS NACKTE ÜBERLEBEN, in: Online, H. 5, 1990, S. 58-59.

Hallier, B. (1992), Kommunikationstechnologie zwischen Handel und Industrie, in: Zwischenbetriebliche Integration (ZBI), HMD, H. 165, 1992, S. 108-116.

Hamer, E. (1991), Zulieferdiskriminierung: Machtwirtschaft statt Marktwirtschaft?, in: Mendius, Wendeling-Schröder (1991), S. 65-79.

Hank, R. (1992), Tarifpolitik am Ende des Taylorismus, in: Frankfurter Allgemeine Zeitung, Nr. 155, 7.7.1992, S. 13.

Hanker, J. (1990), Die strategische Bedeutung der Informatik für Organisationen: Industrieökonomische Grundlagen des Strategischen Informatikmanagements, Stuttgart (Teubner), 1990.

Hansen, R. (1989), Standards vereinfachen den Datenaustausch, in: CIM Management, H. 3, 1989, S. 26-27.

Harms, V. (1973), Interessenlagen und Interessenkonflikte bei der zwischenbetrieblichen Kooperation, Würzburg Wien (Physica), 1973.

Harter, G. (1990), Angebotssituation für VAN/VANS, in: VAN-Value Added Networks - die Entwicklung der Netzdienste, Benutzerforum über Netzwerk-Technologie & Kommunikation, Leinfelden, 1990, o.S.

Hartley, J.; Mortimer, J. (1991), EDI - The route to lean production, Dunstable (Industrial Newsletters), 1991.

Haury, S. (1989), Laterale Kooperation zwischen Unternehmen: Erfolgskriterien und Klippen, Grüsch (Rüegger), 1989.

Hautz, E. (1991), Elektronische Beschaffung und Logistik, Vortragsmanuskript zur 2. Jahrestagung des Forschungsprogramms Informationsmanagement 2000, 13./14. September 1991.

Hecker, E. (1991), Neue Abhängigkeiten - neue Belastungen, in: Mendius, Wendeling-Schröder (1991), S. 113-116.

Hegenbarth, B. (1991), EDIFACT Datenübertragung im heterogenen Umfeld unter Benutzung von OSI X.400 oder FTAM, in: Blenheim Heckmann GmbH (1991), Zusatzmanuskript.

Heilmann, J. (1989), Defizite betrieblicher Mitbestimmung bei computergestützter Fertigung, in: WSI Mitteilungen, H. 2, 1989, S. 94-102.

Heinen, E. (1987), Unternehmenskultur als Gegenstand der Betriebswirtschaftslehre, in: Heinen, E., Hrsg., Unternehmenskultur: Perspektiven für Wissenschaft und Praxis, München (Oldenbourg), 1987.

Heinzl, A.; Sinß, M. (1993), Die zwischenbetriebliche Kooperation auf dem Gebiet der Datenverarbeitung, in: Heinzl, A.; Weber, J., Hrsg., Alternative Organisationskonzepte der betrieblichen Datenverarbeitung, Freiburg (Schäffer-Poeschel), 1993, S. 96-134.

Herrmann, R. (1988), Joint Venture - Management: Strategien, Strukturen, Systeme und Kulturen, Giessen (Ferber'sche Verlagsbuchhandlung), 1988.

Hetzel, K. (1992), Zwischenbetriebliche Integration (ZBI) im Tourismus: Grundlagen und Anwendungsbeispiel, in: Zwischenbetriebliche Integration (ZBI), HMD, H. 165, 1992, S. 95-107.

Heuermann, A. (1987), Der Markt für Mehrwertdienste in der Bundesrepunblik Deutschland, Diskussionsbeiträge zur Telekommunikationsforschung, Nr. 25, Bad Honnef, 1987.

Hill, N.D.; Ferguson, D.M. (1991a), Electronic Data Interchange: A Definition and Perspective, in: EDI FORUM, Special Edition, 1991, S. 12-18.

Hill, N.D.; Ferguson, D.M. (1991b), Introduction to EFT and Financial EDI, in: EDI Forum, Special Edition, 1991, S. 44-58.

Himberger, A.; Krähenmann, N.; Langenohl, T.; Ritz, D.; Schmid, M.; Zbornik, S. (1991), Elektronische Märkte - Grundlagen und Forschung, Bericht Nr.: IM2000/CCEM/14, St. Gallen, 1991.

Hofmann, K. (1989), Wirtschaftsbranchen entwickeln eigene Subsets für Edifact-Norm, in: Computerwoche, H. 44, Oktober 1989, S. 38-40.

Hohagen, U.; Schmid, M. (1991), Stand und Entwicklungstendenzen Elektronischer Märkte in der Logistik, Bericht Nr. IM2000/CCEM/7, St. Gallen, 1991.

Holzhauser, M. (1991), Der Wind bläst uns gewaltig ins Gesicht, in: Mendius, Wendeling-Schröder (1991), S. 117-122.

Hopfeld, K. (1991), Gewerkschaftliche Interessenvertretung in einer klein- und mittelbetrieblich geprägten "Zulieferregion", in: Mendius, Wendeling-Schröder (1991), S. 145-156.

Hörig, E.-A.; Barthel, M. (1990), UN/EDIFACT Electronic Data Interchange for Administration, Commerce and Transport, in: Computer und Recht, H. 7, 1990, S. 484-489.

Hubmann, H.-E. (1989), Elektronisierung von Beschaffungsmärkten und Beschaffungshierarchien, München (VVF), 1989.

Hübner, Th. (1993), "Electronic Commerce" Konzepte der elektronischen Kommunikation mit Lieferanten in der Automobilindustrie, in: Management & Computer, 1. Jg., H. 1, 1993, S. 19-24.

Hunt, B. (1992), Electronic data interchange, in: Dixon, R., Franks, R., Hrsg., IT Management Handbook, Oxford u.a. (Butterworth-Heinemann Ltd), 1992, S. 106-125.

IAT; IGM; IAO; HBS (1992), Hrsg., Lean Production Schlanke Produktion: Neues Produktionskonzept humanerer Arbeit?, Düsseldorf (Schäfer Druck), 1992.

Imai, M. (1986), KAIZEN: Der Schlüssel zum Erfolg der Japaner im Wettbewerb, München (Langen Müller), 1986.

Jackson, D. (1988), Preparing the Organisation for EDI, in: Gifkins, Hitchcock (1988), S. 149-155.

Jansen, H.H. (1993), Lean Production in der mittelständischen Industrie, Berlin u.a. (Springer), 1993.

Jarillo, J.C. (1988), On Strategic Networks, in: Strategic Management Journal, Vol. 9, 1988, S. 31-41.

Jarillo, J.C.; Ricart, J.E. (1987), Sustaining Networks, in: INTERFACES, 17:5, September-October 1987, S. 82-91.

Jürgens, U. (1992), Lean Production in Japan: Mythos und Realität, in: IAT/IGM/IAO/HBS (1992), S. 25-34.

Karger, J. (1988), ODA: Dokumentenaustausch überwindet Systemgrenzen, in: Office Management. H. 12, 1988, S. 32-35.

Kaulmann, Th. (1987), Property Rights und Unternehmungstheorie: Stand und Weiterentwicklung der empirischen Forschung, München (VVF), 1987.

Keys, J. (o.J.), Implementation von EDI-Anwendungen, in: EWI (o.J.), S. 45-74.

Kieser, A., Kubicek, H. (1983), Organisation, Berlin (de Gruyter) 1983.

Kilian, W.; Picot, A.; Neuburger, R.; Niggl, J.; Scholtes, K.-L.; Seiler, W. (1994), Electronic Data Interchange aus ökonomischer und juristischer Sicht, Forschungsbericht zu dem von der Volkswagen-Stiftung geförderten Forschungsprojekt ELTRADO (Elektronische Transaktionen von Dokumenten zwischen Organisationen), Baden-Baden (Nomos) 1994.

Kimberley, P. (1991), Electronic Data Interchange, New York u.a. (McGraw-Hill), 1991.

Klaue, S. (1989), Nationales Kartellrecht und Zuliefererproblematik unter besonderer Berücksichtigung der Automobilindustrie, in: Zeitschrift für Wirtschaftsrecht, H. 20, 1989, S. 1313-1317.

Klebe, T.; Roth, S. (1987a), Hrsg., Informationen ohne Grenzen, Hamburg (VSA), 1987.

Klebe, T.; Roth, S. (1987b), Informationen ohne Grenzen, in: Klebe, T.; Roth, S. (1987a), Hrsg., S. 7-13.

Klebe, T.; Roth, S. (1990), Autonome Zulieferer oder Diktat der Marktmacht?, Manuskript zu einem Vortrag auf der IG-Metall Vorstandsverwaltung, Mai 1990.

Klebe, T.; Roth, S. (1991), Autonome Zulieferer oder Diktat der Marktmacht?, in: Mendius, Wendeling-Schröder (1991), S. 180-199.

Klingenberg, H.; Kränzle, H.-P. (1983), Kommunikationstechnik und Nutzerverhalten: die Wahl zwischen Kommunikationsmitteln in Organisationen, München (CW-Publikationen), 1983.

Klotz, K. (1993), Elektronische Roßtäuscherei, in: Süddeutsche Zeitung Nr. 255, 4. November 1993, S. XIII.

Krafcik, J.F. (1988), Triumph of the Lean Production System, in: Sloan Management Review, Nr. 1, 1988, S. 41-52.

157

Krähenmann, N. (1991), Identifikation relevanter wirtschaftstheoretischer Ansätze für die Modellierung Elektronischer Märkte, Bericht Nr. IM2000/CCEM/13, St. Gallen, 1991.

Krähn, J. (1993), Rechtliche Rahmenbedingungen eines Electronic Data Interchange: eine institutionenökonomische Analyse, München (VVF), 1993.

Kranz, U., (1990), Private Mehrwertdienste, in: Arnold, F. (Hrsg.), Handbuch der Telekommunikation, Bonn (Deutscher Wirtschaftsdienst) 1990, S. 1-30.

Kremel, G. (1990), EDI-Der Sprung über Grenzen: Voraussetzungen, Hindernisse, Potentiale, in: Bäck (1990), S. 131-147.

Krönert, G., Lange, K. (1989), Dokumentenaustausch ohne Papier und Medienbruch, in: telecom report, H. 6, 12/1989, S. 204-207.

Kubicek, H. (1988), Technikgestaltung durch Mitbestimmung bei zwischenbetrieblicher Vernetzung, in: WSI-Mitteilungen, H. 11, 1988, S. 663-669.

Kubicek, H. (1992), Die Organisationslücke beim elektronischen Austausch von Geschäftsdokumenten (EDI) zwischen Organisationen, Unterlage zum Vortrag auf dem 16. Workshop der Wissenschaftlichen Kommission "Organisation" im Verband der Hochschullehrer für Betriebswirtschaft "Ökonomische Theorie der interorganisationalen Beziehungen", 2.-4. April 1992.

Kuhns, E. (1991), Sicherheits- und Kontrollaspekte, in: Blenheim Heckmann GmbH (1991), S. 402-413.

Lewis, J.D. (1991), Strategische Allianzen, Frankfurt/New York (Campus), 1991.

Loucks, T. (1991), EDI/CIM at IBM, in: EDI Forum, Vol. 4, No. 1, 1991, S. 56-65.

Lünzmann, F. (1992), Lean Production: Einige Gedanken aus der Sicht der Automobilindustrie, in: IAT/IGM/IAO/HBS (1992), S. 81-85.

Lüttich, K.-H. (1992), EUROTOP - Ein europäisches Projekt zur Entwicklung und Erprobung des elektronischen Reisekatalogs, in: EM-Newsletter, Nr. 3, März 1992, S. 4-5.

MacNeil, I.R. (1974), The Many Futures of Contracts, in: Southern California Law Review 1974, S. 691-716.

MacNeil, I.R. (1978), Contracts: Adjustment of Long-Term Economic Relations under Classical, Neoclassical and Relational Contract Law, in: Northwestern University Law Review 1978, S. 854-905.

Malone, T.W.; Yates, J.A.; Benjamin, R.I. (1986), Electronic Markets and Electronic Hierarchies: Effects of Information Technology on Market Structures and Corporate Strategies, Working Paper, MIT, April 1986.

Malone, T.W.; Yates, J.; Benjamin, R.I. (1987), Electronic Markets and Electronic Hierarchies, in: Communications of the ACM, 30, Nr. 6., 1987, S. 484-497.

Masa, W. (o.J.), EDI-Anwender-Statements-Diskussionsrunde Branchen-Standards contra UN/EDIFACT, in: EWI, Hrsg., EDI - Die Integration von Material- und Informationsfluß, Starnberg, o.J., S. 117-124.

Mayer-List, I. (1990), Der Computer befiehlt, in: Die Zeit, Nr. 15, 6. April 1990, S. 36.

Mendius, H.G.; Wendeling-Schröder, U. (1991), Hrsg., Zulieferer im Netz - Zwischen Abhängigkeit und Partnerschaft, Köln (Bund), 1991.

Mertens, P.; Miebach, J. (1993), Zwischenbetrieblicher Geschäftsdatenaustausch (insbes. EDIFACT) - Konsequenzen für den steuerberatenden Beruf und seine Mandanten - in: Datenverarbeitung, Steuer, Wirtschaft, Recht, Sonderheft 1993, S. 44-50.

Michaelis, E. (1985), Organisation unternehmerischer Aufgaben - Transaktionskosten als Beurteilungskriterium, Frankfurt am Main u.a. (Peter Lang), 1985.

Miles, R.E.; Snow, Ch. C. (1986), Network organizations: new concepts for new forms, in: The McKinsey Quarterly, Autumn 1986, S. 53-66.

Monczka, R.M; Carter, J.R. (1988), Implementing Electronic Data Interchange, in: Journal of Purchasing and Materials Management, 25, 1988, S. 26-33.

Müller-Berg, M. (1991), EDI mit EDIFACT, in: Office Management, H. 3, 1991, S. 48-54.

Müller-Berg, M. (1992), Electronic Data Interchange (EDI), in: ZFO, H. 3, 1992, S. 178-185.

Mund, A., Bohle, D. (1989), Stand und Perspektiven für den firmenübergreifenden Austausch von Produktdaten, Vortragsmanuskript zur ACTIS-Tagung am 31.5./1.6.1989 in Frankfurt.

Nagel, B.; Riess, B.; Theis, G. (1991), Mitbestimmung bei "Just-in-time"-Produktion, in: Mendius, Wendeling-Schröder (1991), S. 321-331.

Nagel, B. (1988), Der Lieferant On Line - Unternehmensrechtliche Probleme der Just-in-Time-Produktion am Beispiel der Automobilindustrie, in: Der Betrieb, H. 45, 1988, S. 2291-2294.

Niggl, J. (1994), Die Entstehung von Electronic data interchange Standards, i.E..

North, D.C. (1986), The New Institutional Economics, in: Journal of Institutional and Theoretical Economics, Bd. 142, H. 1, 1986, S. 230-237.

o.V. (1987), Ein Schritt in die richtige Richtung, in: Coorganisation, H. 1, 1987, S. 24-32.

o.V. (1989a), Konjunktur für Mehrwertdienste, in: Diebold Management Report, Nr. 4, 1989, S. 4-10.

o.V. (1989b), Weltweite Normung soll den Papierkrieg beenden, in: VDI-Nachrichten, Nr. 31, Oktober 1989, S. 35.

o.V. (1989c), Ambitiöses Ziel einer transnationalen Leerfahrtenbörse, in: Neue Zürcher Zeitung, 27.9.89, S. 11-12.

o.V. (1989d), Erstes medizinisches EDI-Netz in Asien, in: Computerwoche, Nr. 33, 1989, S. 14.

o.V. (1992a), EDI und offene elektronische Märkte, in: EM - Elektronische Märkte, Nr. 4, Juni 1992, S. 3.

o.V. (1992b), ...Die Mohren können gehen, in: TopBusiness, H. 7, 1992, S. 16-28.

Ochsenbauer, Ch. (1988), Organisatorische Alternativen zur Hierarchie, München (GBI), 1988.

Oppelt, U., Nippa, M. (1992), EDI-Implementierung in der Praxis, in: Office Management, H. 3, 1992, S. 55-62.

Ordelheide, D.; Rudolph, B.; Büsselmann, E. (1991), Hrsg., Betriebswirtschaftslehre und Ökonomische Theorie, Stuttgart (Poeschel), 1991.

Oswald, G. (1990), Rationalisierungspotentiale und Wettbewerbsvorteile, in: EWI, Hrsg., EDI 90 Elektronischer Geschäftsverkehr mit EDIFACT: Perspektiven, Anwendungspraxis, Erfahrungen, München (Gugath), 1990, S. 135-160.

Ouchi, W.G. (1980), Markets, Bureaucracies, and Clans, in: Administrative Science Quarterly, 1980, S. 129-141.

Palmer, D. (1988), The Enabling Factors for EDI, in: Gifkins, Hitchcock (1988), S. 165-183.

Parfett, M. (1992), What is EDI? A Guide to Electronic Data Interchange, 2nd ed., Manchester u.a. (NCC Blackwell), 1992.

Pawlowski, U.L. (1992), Sekundenschnell informiert, in: EM-Elektronische Märkte, Nr. 5, September 1992, S. 8.

Petereit, D. (o.J.), EDI in der Praxis: Anwendungsmodelle, in: EWI, Hrsg., EDI - Einsteigerwissen für Manager, Starnberg (EWI), o.J., S. 65-91.

Petereit, D. (o.J.a), Das Rationalisierungspotential von EDI in der gesamten Logistikkette, in: EWI (o.J.), S. 99-121.

Pfeiffer, H.K.C. (1992), The Diffusion of Electronic Data Interchange, Heidelberg (Physica), 1992.

Pfeiffer, W.; Weiß, E. (1992), Lean Management: Grundlagen der Führung und Organisation industrieller Unternehmen, Berlin (Schmidt), 1992.

Picot, A. (1982), Transaktionskostenansatz in der Organisationstheorie: Stand der Diskussion und Aussagewert, in: DBW 1982, S. 267-284.

Picot, A. (1985), Integrierte Telekommunikation und Dezentralisierung in der Wirtschaft, in: Kaiser, W., Hrsg., Integrierte Telekommunikation, Berlin u.a. (Springer), S. 484-498.

Picot, A. (1986), Informationsmanagement und Unternehmensstrategie, in: 3. Europäischer Kongreß über Bürosysteme und Informationsmanagement, CW-CSE, München 1986, S. 757-796.

Picot, A. (1989), Zur Bedeutung allgemeiner Theorieansätze für die betriebswirtschaftliche Information und Kommunikation: Der Beitrag der Transaktions- und Principal-Agent-Theorie, in: Kirsch, W., Picot, A., Hrsg., Die Betriebswirtschaftslehre im Spannungsfeld zwischen Generalisierung und Spezialisierung, Wiesbaden (Gabler), 1989, S. 361-379.

Picot, A. (1990a), Kosten und Nutzen schwer kalkulierbar, in: Die Computer Zeitung, 21. Jg., H. 9, 1990, S. 28.

Picot, A. (1990b), Organisation von Informationssystemen und Controlling, in: CONTROLLING, H. 6, November/Dezember 1990, S. 296-305.

Picot, A. (1990c), Wirtschaftlichkeitsaspekte von EDI, Vortrag anlässlich des DEC-EDI Symposiums, Frankfurt am Main, 1990.

Picot, A. (1991a), Ein neuer Ansatz zur Gestaltung der Leistungstiefe, in: zfbf, 43. Jg., H. 4, 1991, S. 336-357.

Picot, A. (1991b), Ökonomische Theorien der Organisation - Ein Überblick über neuere Ansätze und deren betriebswirtschaftliches Anwendungspotential, in: Ordelheide, Rudolph, Büsselmann (1991), S. 143-170.

Picot, A. (1992a), Erfordernisse und Aktionsspielräume moderner Organisationsstrukturen, in: Ring, P., Hrsg., Industriestandort Berlin, Wissenschaftliche Analyse - Unternehmerische Bewertung - Politische Initiative, Berlin (Regioverlag), 1992, S. 23-49.

Picot, A. (1992b), Marktorientierte Gestaltung der Leistungstiefe, in: Reichwald, R. (1992a), S. 103-124.

Picot, A. (1993a), Transaktionskostenansatz, in: Wittmann, W.; Kern, W.; Köhler, R.; Küpper, H.-U.; Wysocki, K., Hrsg., Handwörterbuch der Betriebswirtschaft, Stuttgart (Poeschel), 1993, Sp. 4194-4204.

Picot, A. (1993b), Organisationsstrukturen der Wirtschaft und ihre Anforderungen an die Informations- und Kommunikationstechnik, in: Scheer (1993), S. 50-68.

Picot, A. (1993c), Organisation, in: Bitz u.a. (1993), S. 101-174.

Picot, A.; Dietl, H. (1990), Transaktionskostentheorie, in: WiSt, H. 4, 1990, S. 178-184.

Picot, A.; Maier, M. (1992), Analyse- und Gestaltungskonzepte für das Outsourcing, in: Information Management, H. 4, 1992, S. 14-27.

Picot, A.; Maier, M. (1993), Interdependenzen zwischen betriebswirtschaftlichen Organisationsmodellen und Informationsmodellen, in: Information Management, H. 3, 1993, S. 6-15.

Picot, A.; Reichwald, R. (1984), Aufgabenintegration und Dezentralisierung - Neue organisatorische Gestaltungsmöglichkeiten durch neue Techniken der Bürokommunikation, in: Geschäftsbericht 1984 der Standard Elektrik Lorenz AG, S. 67-73.

Picot, A.; Reichwald, R. (1987), Bürokommunikation: Leitsätze für den Anwender, 3. Auflage, München (AIT), 1987.

Picot, A., Reichwald, R. (1991), Informationswirtschaft, in: Heinen, E., Hrsg., Industriebetriebslehre: Entscheidungen im Industriebetrieb, Wiesbaden (Gabler), 1991, S. 241-393.

Picot, A.; Wolff, B. (i.E.), Zur ökonomischen Organisation öffentlicher Leistungen. "Lean Management" im öffentlichen Sektor?, in: Naschold, F.; Pröhl, M., Hrsg., Produktion Öffentlicher Dienstleistungen, Gütersloh, i.E.

Picot, A.; Neuburger, R.; Niggl, J. (1991), Ökonomische Perspektiven eines "Electronic Data Interchange", in: Information Management, H. 2, 1991, S. 22-29.

Picot, A.; Neuburger, R.; Niggl, J. (1992a), Wirtschaftlichkeitsaspekte des Electronic Data Interchange (EDI), in: Office Management, H. 6, 1992, S. 38-41.

Picot, A.; Neuburger, R.; Niggl, J. (1992b), Erfolgsdeterminanten von EDI: Strategie und Organisation, in: Office Management, H. 7-8, 1992, S. 50-54.

Picot, A.; Neuburger, R.; Niggl, J. (1993a), EDI und Lean Management, in: ZFO, H. 1, 1993, S. 20-25.

Picot, A.; Neuburger, R.; Niggl, J. (1993b), Neue Perspektiven für EDI, in: Computerwoche Extra, H. 2, S. 26-28.

Picot, A.; Neuburger, R.; Niggl, J. (1993c), Tendenzen für Entwicklung und Auswirkungen von EDI, in: Management & Computer, 1. Jg., H. 3, 1993, S. 183-190.

Picot, A.; Neuburger, R.; Niggl, J. (1993d), Management Perspectives of Electronic Data Interchange Systems, in: International Journal of Information Management, 13, 1993, S. 243-248.

Picot, A., Reichwald, R., Behrbohm, P. (1985), Das Vier-Ebenen-Modell der Wirtschaftlich-keitsbeurteilung, Schriftenreihe Wirtschaftlichkeitsberechnung des RKW, Eschborn 1985.

Picot, A.; Reichwald, R.; Nippa, M. (1988), Zur Bedeutung der Entwicklungsaufgabe für die Entwicklungszeit - Ansätze für die Entwicklungszeitgestaltung, in: zfbf, Sonderheft 23, 1988, S. 112-137.

Piore, M.J.; Sabel, Ch.F. (1989), Das Ende der Massenproduktion: Studie über die Requalifi-zierung der Arbeit und die Rückkehr der Ökonomie in die Gesellschaft, Frankfurt am Main (Fischer), 1989.

Pohle, K. (1990), Strategische Allianzen in der chemisch-pharmazeutischen Industrie, in: Backhaus, Piltz (1990a), S. 67-76.

Pohlmann, M. (1989), Interorganisationsbeziehungen im Wandel: Organisationssoziologische Betrachtungen zu den veränderten Beziehungen zwischen "Groß" und "Klein" an der Schnittstelle Beschaffung - Zulieferung, Arbeitsbericht Nr. 71 des Fachberei-ches Wirtschafts- und Sozialwissenschaften, Universität Lüneburg, 1989.

Pohlmann, M.; Stiebitz, K. (1991), Transportorganisation im Wandel - Die Rolle der Spedition vor dem Hintergrund veränderter großindustrieller Logistikorganisation, in: Men-dius, Wendeling-Schröder (1991), S. 255-273.

Porter, M.E. (1989), Wettbewerbsvorteile: Spitzenleistungen erreichen und behaupten, Frank-furt am Main (Campus), 1989.

Porter, M.E.; Fuller, M.B. (1989), Koalitionen und globale Strategien, in: Porter, M.E., Hrsg., Globaler Wettbewerb: Strategien der neuen Internationalisierung, Wiesba-den (Gabler), 1989.

Preston, M. (1988), What is EDI?, Manchester (NCC Publications), 1988.

Raubold, E. (1990), EDI und Sicherheit per Chipkarte - der TeleTrust-Ansatz, in: Blenheim Heckmann GmbH (1990), S. 209-211.

Reichwald, R. (1992a), Hrsg., Marktnahe Produktion: lean production - Leistungstiefe - Time-to-market-Vernetzung - Qualifikation, Wiesbaden (Gabler), 1992.

Reichwald, R. (1992b), Die Wiederentdeckung der menschlichen Arbeit als primärer Produk-tionsfaktor für eine marktnahe Produktion, in: Reichwald (1992a), S. 3-18.

164

Reichwald, R. (1993), Kommunikation, in: Bitz u.a. (1993), S. 447-494.

Richter, R. (1991), Institutionenökonomische Aspekte der Theorie der Unternehmung, in: Ordelheide, Rudolph, Büsselmann (1991), S. 395-429.

Riester, W. (1992), Unsere gemeinsame Aufgabe: Die alten Strukturen der tayloristischen Arbeitsorganisation verändern, in: IAT/IGM/IAO/HBS (1992), S. 93-99.

Rihaczek, K. (1990), Trust Center und vertrauenswürdige Kommunikation, in: Lippold, H.; Schmitz, P. (Hrsg.), Sicherheit in netzgestützten Informationssystemen, Braunschweig (Vieweg & Sohn), 1990, S. 411-436.

Rihaczek, K. (1991), Das elektronische Unterschriftssurrogat: Rechtliche Aspekte und ihre technische Umsetzung, in: Datenschutz und Datensicherheit, H. 11, 1991, S. 568-575.

Ritz, D. (1991a), Entstehungsmuster und Entwicklungsrichtlinien Elektronischer Marktsysteme, Bericht Nr. IM2000/CCEM/8, St. Gallen, 1991.

Ritz, D. (1991b), Elektronische Märkte als neue Koordinationsinstrumente, Bericht Nr. IM2000/CCEM/16, St. Gallen, 1991.

Ritz, D. (1992), Der EDI'92 Kongress in Birmingham, in: EM - Elektronische Märkte, Nr. 6, Dezember 1992, S. 7.

Röcker, B., Hartwick, W. (1991), In Deutschland kochen zu viele Branchen ihre eigene EDI-Suppe, in: Computerwoche 26, 1991, S. 32-34.

Röcker, B.; Hofer, C.; Kreutz, M.; Jakeman, W.; Desroches, C.; Fox, S.; Levenius, Kr.; Louwerse, A.; Krieger, N. (1991), Einsatz des elektronischen Datenaustausches (EDI) in Wirtschaft und Verwaltung, Studie im Auftrag des Bundesministeriums für Wirtschaft und der DEUPRO, 1991.

Rommel, G.; Brück, F.; Diederichs, R.; Kempis, R.-D.; Kluge, J. (1993), Einfach überlegen: das Unternehmenskonzept, das die Schlanken schlank und die Schnellen schnell macht, Stuttgart (Poeschel), 1993.

Rondorf, H.-D. (1991), Umsatzsteuerrechtliche Anerkennung von elektronisch übermittelten Rechnungen, in: Blenheim Heckmann GmbH (1991), S. 376-379.

Rösch, E. (1991), EDIFACT, in: CIM, H. 4, 1991, S. 23-27.

165

Rotering, C. (1990), Forschungs- und Entwicklungskooperationen zwischen Unternehmen, Stuttgart (Poeschel), 1990.

Rühl, G. (1989), Mit EDI in die 90er Jahre, in: Office Management, H. 10, 1989, S. 46-39.

Ruland, C. (1987), Datenschutz in Kommunikationssystemen, Pulheim (DATACOM), 1987.

Runge, G. (1990), X.400 und andere Standards, in: Office Management, H. 7-8, 1990, S. 28-30.

Rupf, H. (1992), Telediagnose von Anlagen und Maschinen, in: Zwischenbetriebliche Integration (ZBI), HMD, H. 165, Mai 1992, 29. Jg., S. 85-94.

Sabel, Ch.F.; Kern, H.; Herrigel, G. (1991), Kooperative Produktion: Neue Formen der Zusammenarbeit zwischen Endfertigern und Zulieferern in der Automobilindustrie und die Neuordnung der Firma, in: Mendius, Wendeling-Schröder (1991), S. 203-227.

Sarich, A. (1990), Electronic data interchange and paperless trade: the implementation guide, 3. Auflage, London (Blenheim Online Publications), 1990.

Scheer, A.W. (1993), Hrsg., Handbuch Informationsmanagement: Aufgaben - Konzepte - Praxislösungen, Wiesbaden (Gabler), 1993.

Scheidegger, P.; Zbornik, St. (1993), Sicherheitskonzepte für offene elektronische Märkte auf der Basis von EDI, Bericht Nr. IM2000/CCEM/18, Hochschule St. Gallen, Institut für Wirtschaftsinformatik, 1993.

Schläger, D. (1990), Elektronischer Datenaustausch im EAN-Nummernsystem, in: THEXIS, H. 2, 1990, S. 28-30.

Schlechtendahl, E.G. (1991), STEP/EXPRESS/STEP-Datei, in: Informatik-Spektrum, H. 14, 1991, S. 104-106.

Schlieper, H. (1993), Introduction to UN/EDIFACT Messages, Stuttgart, November 1993.

Schmid, M; Zbornik, S. (1991), Kommunikationsmodelle und Architekturkonzepte für Elektronische Märkte, Arbeitsbericht IM2000/CCEM/12, 1991, St. Gallen.

Schmid, M. (1990), Elektronische Märkte auf der Basis von Electronic Data Interchange, Bericht Nr. IM2000/CCEM/2, 1990.

Schmitz, W.; Müller, S. (1990), Wettbewerbsvorteile durch Informationstechnik, in: WiSt, H. 7, Juli 1990, S. 353-356.

Schneider, D.; Zieringer, C. (1991), Make-or-Buy-Strategien für F&E: transaktionskostenorientierte Überlegungen, Wiesbaden (Gabler), 1991.

Schneider, St. (1992), Lean Productioin zwingt die Datenverarbeitung zur Diät, in: Computerwoche, 33, August 1992, S. 7-10.

Schubenel, R. (1989), EDIFACT ja - aber ... - Die Kunst ist das Weglassen, in: Coorganisation, H. 2, 1989, S. 19-23.

Schulte, K. (1982), Stichwort: Daten(-träger)austausch, zwischenbetrieblicher, in: Coorganisation, H. 4, 1982, S. 6-9.

Schulte, K. (1989), Quo vadis, EDI? SEDAS - EANCOM - EDIFACT, in: Coorganisation, H. 3, 1989, S. 48-50.

Schumann, M. (1990), Abschätzung von Nutzeffekten zwischenbetrieblicher Informationsverarbeitung, in: Wirtschaftsinformatik, H. 4, 1990, S. 307-319.

Schumann, M. (1992), Betriebliche Nutzeffekte und Strategiebeiträge der großintegrierten Informationsverarbeitung, Berlin u.a. (Springer), 1992.

Sedran, T. (1991), Wettbewerbsvorteile durch EDI?, in: Information Management, 2, 1991, S. 16-21.

Seger, F. (1992), Die schlanke Produktion (Lean Production), in: WiSt, H. 8, 1992, S. 411-414.

Seidel, U. (1990), Ersatz der eigenhändigen Unterschrift beim Austausch elektronischer Dokumente - Rechtsaspekte -, in: Blenheim Heckmann GmbH (1990), S. 363-366.

Semlinger, K. (1993), Effizienz und Autonomie in Zulieferungsnetzwerken - Zum strategischen Gehalt von Kooperation, in: Staehle, Sydow (1993), S. 309-354.

Siebert, H. (1991), Ökonomische Analyse von Unternehmensnetzwerken, in: Staehle, W.H.; Sydow, J., Hrsg, Managementforschung 1, Berlin, New York (de Gruyter), 1991, S. 291-311.

Simon, H.A. (1957), Models of Man. Social and Rational. Mathematical Essays on Relational Human Behavior in a Social Setting, New York (Wiley & Sons), 1957.

Sokol, P.K. (1989), EDI: The Competitive Edge, New York (McGraw-Hill Book Company), 1989.

Staehle, W.H.; Sydow, J. (1993), Hrsg., Managementforschung 3, Berlin (de Gruyter), 1993.

Staehle, W.H.; Conrad, P. (1992), Hrsg., Managementforschung 2, Berlin, New York (de Gruyter), 1992.

Stahlknecht, P. (1989), Einführung in die Wirtschaftsinformatik, 4. Auflage, Berlin, Heidelberg (Springer), 1989.

Steckler, B. (1993), Das Produkthaftungsrisiko im Rahmen von Just-in-time-Lieferbeziehungen, in: Betriebs-Berater, H. 18, 1993, S. 1225-1231.

Steppan, R. (1992), Grenzen verwischt, in: Wirtschaftswoche, 46. Jg., H. 43, 16.10.92, S. 85-88.

Steven, G. (1992), Normen für den Informationsaustausch, in: EM-Elektronische Märkte, Nr. 6, Dezember 1992, S. 1-3.

Stoetzer, M.-W. (1991), Der Markt für Mehrwertdienste: Ein kritischer Überblick, Diskussionsbeitrag Nr. 69, Wissenschaftliches Institut für Kommunikationsdienste, Bad Honnef, Juli 1991.

Stohler, H. (1992), TRAVISWISS - Neue Wege in Verkauf und Distribution, in: EM-Newsletter, Nr. 3, März 1992, S. 5.

Strohmeyer, R. (1992), Die strategische Bedeutung des elektronischen Datenaustausches, dargestellt am Beispiel von VEBA Wohnen, in: zfbf, 44, H. 5, 1992, S. 462-475.

Stürzl, W. (1992), Lean Production in der Praxis: Spitzenleistungen durch Gruppenarbeit, Paderborn (Jungfermann), 1992.

Suomi, R. (1993), Schneewittchen und die sieben Zwerge, in: EM-Elektronische Märkte, Nr. 7, März 1993, S. 3-4.

Swatman, P.M.C.; Swatman, P.A. (1992), EDI System Integration: A Definition and Literature Survey, in: The Information Society, Vol. 8, pp. 160-205.

Sydow, J. (1992a), Strategische Netzwerke: Evolution und Organisation, Wiesbaden (Gabler), 1992.

Sydow, J. (1992b), Strategische Netzwerke und Transaktionskosten, in: Staehle, Conrad (1992), S. 239-311.

Szyperski, N.; Kronen, J. (1991), Informationstechnik und Unternehmensstrategie im Wechselspiel - Outsourcing und Strategische Allianzen als wichtige Alternativen, in: Schwichtenberg, G., Hrsg., Organisation und Betrieb von Informationssystemen, Berlin u.a. (Springer), 1991, S. 1-21.

Thomas, H. (1987), EDIFACT: Firmenübergreifender elektronischer Geschäftsverkehr nach Normen, in: Office Management, H. 10, 1987, S. 50-54.

Thomas, H. (1990a), TEDIS - das EDI-Programm der Kommission der EG, in: Sonderdruck aus DIN-Mitteilungen + elektronorm 69, Nr. 7, 1990, S. 337-371, S. 19-25.

Thomas, H. (1990b), Bundesrepublik hat die Nase bei EDI/Edifact nicht vorn, in: Computerwoche, H. 7, 1990, S. 23-24.

Thorelli, H.B. (1986), Networks: Between Markets and Hierarchies, in: Strategic Management Journal, Vol. 7, 1986, S. 37-51.

Tietzel, M. (1981), Die Ökonomie der Property Rights: Ein Überblick, in: Zeitschrift für Wirtschaftspolitik, Bd. 30, 1981, S. 207-243.

Tobertge, J. (1989), Risiken einer vernetzten Geschäftswelt, in: Datenschutz und Datensicherung, H. 10, 1989, S. 494-498.

Toffler, A. (1985), The Adaptive Corporation, New York u.a., (McGraw-Hill), 1985.

Töpfer, A. (1992), Strategische Marketing- und Vertriebsallianzen, in: Bronder, Pritzl (1992a), S. 173-208.

Tröndle, D. (1987), Kooperationsmanagement, Bergisch Gladbach/Köln (Eul), 1987.

Trümner, R. (1990), JiT-Produktion - eine Herausforderung an die betriebliche Mitbestimmung, in: Doleschal, R.; Klönne, A., Hrsg., Just-in-time-Konzepte und Betriebspolitik, Graue Reihe der Hans Böckler Stiftung, 1990, Düsseldorf, S. 154-165.

Türk, K. (1981), Personalführung und soziale Kontrolle, Stuttgart (Ferdinand Enke), 1981.

Vanberg, V. (1982), Markt und Organisation. Individualistische Sozialtheorie und das Problem korporativen Handelns, Tübingen (Mohr), 1982.

Vizjak, A. (1990), Wachstumspotentiale durch Strategische Partnerschaften, München (Barbara Kirsch), 1990.

Wagner, J. (1991), "Auf die kleinen Schritte kommt es an!" Rechtliche Handlungsstrategien für Betriebsräte unter "Just-in-time"-Bedingungen, in: Mendius, Wendeling-Schröder (1991), S. 304-320.

Walker, R. (1988), 1992: Maintaining the UK's competitive edge in EDI, in: Gifkins, Hitchcock (1988), S. 3-10.

Warschat, J.; Ganz, W. (1992), Lean Production - Botschaften der MIT-Studie, in: IAT/IGM/IAO/HBS (1992), S. 17-24.

Wendeling-Schröder, U. (1991), Die schwächsten Glieder der logistischen Kette, in: Mendius, Wendeling-Schröder (1991), S. 332-345.

Widuckel-Matias, W. (1992), Die Bedeutung von Lean Production für die Arbeitnehmer und Arbeitnehmerinnen bei Volkswagen: Die Revolution in der Autoindustrie mitgestalten!, in: IAT; IGM; IAO; HBS (1992), S. 87-99.

Wildemann, H. (1988), DAS JUST-IN-TIME KONZEPT: Produktion und Zulieferung auf Abruf, Frankfurt (Frankfurter Allgemeine Zeitung), 1988.

Wildemann, H. (1992), Lean Management: Strategien zur Realisierung schlanker Strukturen in der Produktion, in: IAT; IGM; IAO; HBS (1992), S. 53-67.

Williamson, O.E. (1975), Markets and Hierarchies: Analysis and Antitrust Implications, New York (The Free Press), 1975.

Williamson, O.E. (1985), The Economic Institutions of Capitalism. Firms, Markets, Relational Contracting, New York (Free Press), 1985.

Williamson, O.E. (1990), Die ökonomischen Institutionen des Kapitalismus: Unternehmen, Märkte, Kooperationen, Tübingen (Mohr), 1990.

Witte, E. (1991), Ordnungspolitische Wandlungen, in: Tenzer, G.; Uhlig, H., TELEKOM 2000, Heidelberg (R. v. Decker's), 1991, S. 59-69.

Witte, E. (1992), Telekommunikation, in: Frese, E., Hrsg., Handwörterbuch der Organisation, 3. Auflage, Stuttgart (Poeschel), 1992, Sp. 2417-2431.

Womack, J.P.; Jones, D.T.; Roos, D. (1991), Die zweite Revolution in der Autoindustrie: Konsequenzen aus der weltweiten Studie aus dem Massachusetts Institute of Technology, 2. Auflage, Frankfurt am Main, New York (Campus), 1991.

Work, B. (1989), Practical techniques for justifying investment in EDI technology, in: Gifkins (1989), S. 133-145.

Zeltner, S. (1993), Die erste elektronische Börse für den Rundholzhandel, in: EM - Elektronische Märkte, Nr. 8, Juni 1993, S. 7.

Zentes, J.; Anderer, M. (1993a), EDV-gestützte Warenwirtschaftssysteme im Handel - Nutzen für betriebswirtschaftliche Anwendungen, in: Management & Computer, 1. Jg., H. 1, 1993, S. 25-31.

Zentes, J.; Anderer, M. (1993b), Warenwirtschaftssysteme, in: Scheer (1993), S. 348-363.

Zentes, J. (1990), Der Rechner erobert den Handel, in: Blick durch die Wirtschaft, Nr. 51, 13. März 1990, S. 7.

ABKÜRZUNGSVERZEICHNIS

Abb.	Abbildung
Abs.	Absatz
AktG	Aktiengesetz
ANSI	American National Standards Institute
AO	Abgabenordnung
BDSG	Bundesdatenschutzgesetz
BetrVG	Betriebsverfassungsgesetz
BMPT	Bundesministerium für Post und Telekommunikation
BStBl.	Bundessteuerblatt
bzgl.	bezüglich
bzw.	beziehungsweise
CAD	Computer Aided Design
CAD-I*	CAD-Interfaces
CAM	Computer Aided Manufacturing
CCG	Centrale Co-Organisation
CCIT	Comité Consultatif International Telégraphique et Telephonique
CEFIC	Conseil Europeén des Fédérations de l'Industrie Chemique
CIM	Computer Integrated Manufacturing
COM	Computer output on microfilm
DAKOSY	Datenkommunikationssystem
DBW	Die Betriebswirtschaft
DTAM	Document Transfer, Access and Manipulation
EAN	Europäische Artikelnummerierung
ed.	Editor
EDA	Elektronischer Datenaustausch
EDI	Electronic Data Interchange
EDICON	EDI Construction Ltd.
EDIFACT	Electronic Data Interchange for Administration, Commerce and Transport
EDIFICE	EDI for Companies with Interest in Computing and Electronics
EFT	Electronic Funds Transfer
EG	Europäische Gemeinschaft
ELFE	Elektronische Fernmelderechnung auf EDIFACT-Basis
ELTRADO	Elektronische Transaktionen von Dokumenten zwischen Organisationen
EM	Elektronische Märkte
E-Mail	Electronic Mail
etc.	et cetera
EWI	Gesellschaft für Europäische Wirtschaftsinformation

FEDI	Financial EDI
FTAM	File Transfer, Access and Management
FuE	Forschung und Entwicklung
H.	Heft
HBS	Hans-Böckler-Stiftung
HMD	Handwörterbuch für Mathematik und Datenverarbeitung
Hrsg.	Herausgeber
IAO	Fraunhofer-Institut für Arbeitswirtschaft und Organisation
IAT	Institut für Arbeit und Technik
i.d.R.	in der Regel
i.E.	im Erscheinen
IGES	Initial Graphics Exchange Specification
insb.	insbesondere
i.S.	im Sinne
ISDN	Integrated Services Digital Network
ISO	International Standards Organization
Jg.	Jahrgang
JiT	Just in Time
Kap.	Kapitel
MADAKOM	Marktdatenkommunikation
Min.	Minuten
MIS	Management Information Systems
MIT	Massachusetts Institute of Technology
NTS	New Telecommunication Services
o.ä.	oder ähnliches
ODA	Office Document Architecture
ODETTE	Organization for Data Exchange Through Teletransmission in Europe
ODIF	ODA Interchange Format
o.S.	ohne Seite
OSI	Open Systems Interconnection
o.V.	ohne Verfasser
PIK	Praxis der Informationsverarbeitung und Kommunikation
resp.	respektive
RINET	Re-insurance and Insurance Network
RSA	Asymmetrisches Verschlüsselungsverfahren nach Rivest, Shamir und Adleman
SEDAS	Standardregeln einheitlicher Datenaustauschsysteme
SET	Standard d'Exchange et de Transfert
SGML	Standard Generalized Markup Language
sog.	sogenannte
Sp.	Spalte

Std. .... Stunden
STEP .... Standard for the Exchange of Product Model Data
SWIFT .... Society for Worldwide Interbank Financial Telecommunication
TRADACOMS .... Trade Data Communication Standards
Tsd. .... Tausend
u.a. .... unter anderem
UStG .... Umsatzsteuergesetz
u.U. .... unter Umständen
v.a. .... vor allem
VAP .... Value Added Partnerships
VAS .... Value Added Services
VADS .... Value Added and Data Services
VANS .... Value Added Network Services
Verf. .... Verfasserin
VDA .... Verband der deutschen Automobilindustrie
VDAFS .... Flächenschnittstelle des VDA
VDI .... Verband der Ingenieure
vgl. .... vergleiche
Vol. .... Volume
WiSt .... Wirtschaftswissenschaftliches Studium
Wo. .... Wochen
z.B. .... zum Beispiel
ZBI .... zwischenbetriebliche Integration
zfbf. .... Zeitschrift für betriebswirtschaftliche Forschung
ZFO .... Zeitschrift für Führung und Organisation
ZPO .... Zivilprozeßordnung

Stichwortverzeichnis

Abwicklung, intern 41;53ff;67;129ff
AMADEUS 47
ANSI X.12 .... 20;83;87
Aufgabenintegration 54

Bedeutung, strategische 16
Beherrschungsverhältnisse, vertikale 40;51ff;67;103;116ff;138
Beschaffung 34;60f
Betriebsbegriff 126
Betriebsverfassungsgesetz 121ff

CAD*I 20;89
CEFIC 20
Clanorganisation 41;55
COST 306 20

DAKOSY 20
Datenschutzrecht 26
Delegation 54f
Dezentralisierung 54f
DTAM 22;88

EANCOM 21
EDI
   Begriff 4ff
   Einsatzart 7;63ff
   Einsatzpartner 6f;63ff
   Einsatzweise 8f
   Einsatz, innovativ 8;28;37ff;62ff
   Einsatz, substitutiv 8;28;29ff;62ff
   Hardware 24
   Kommunikationsbeziehungen 8;66
   Kosten 29f;67
   Leistungen 30ff;67
   Software 23
   EDI-Kooperationen 49;139
   EDI-Kooperationsrahmenvertrag 116
   EDI-Netze 50;61;139
   EDI-Rahmenvertrag 76ff;115
   EDI-Verträge, bilaterale 77ff

EDICON..20
EDIFACT...20;51;83ff;92ff;100f;123
EDIFICE..20
EDIFURN...21
EDITEX..21
EDV-Abteilung..33;59
Effekte, externe...17;69
ELFE...33
ELTRADO...............................2f;5;48;64ff;77f;88;89f;92f;121;128;136;140
Entlohnungssysteme..134

Finanzbereich...32;58;106
Frachtenbörse..61;107
Fremdorganisation, extern..119
FTAM...19;90
FuE-Bereich..34;59f
Führung...32;56f
Führungsstrukturen..134

Gemeinschaftsbetriebsrat..126

Häufigkeit..16;47
Handeln, automatisiertes...46
Handelssystem, geschlossenes...104
Hierarchie, elektronische...52f;103f;116;123f

IGES...21;89
Informationsmarkt..105
Institutionen...11ff

JiT..51;73;118;120;140
JiT-Anbindung...51ff;67

Konzern, faktischer..123;127
Konzernbetriebsrat..126
Kooperationsformen..............................39f;48ff;66;95ff;108ff;123ff;139
Kooperationsmustervertrag..115
Koordinationsstrukturen...15;24;38ff
Kundendienst...61

Laderaumbörse... 61;107
lean
    management... 55f;117;129ff
    production 55;61
Leerfahrtenbörsen... 105;107
Logistik.. 35;61;107

MADAKOM.. 49;61
Marketing.. 35;61
Markt.. 39
    elektronischer 45ff;60;103ff
Marktbeziehungen 104
    elektronische...45ff;66;98ff
    klassische... 42f
Marktinformationssystem 104
Massenproduktion... 129ff
Mehrwertdienst.................... 19;91ff;97;101ff;111;114;123;139
Mitbestimmung.. 115;121ff;125
Modularismus... 132

Netzorganisation 132
Netzstrukturen
    gewerkschaftliche.. 142
    intersektorale 141
    organisatorische..139ff
    technische...136f
    vertragliche.. 142
    Vertrauens.. 143
    wirtschaftliche.. 141
Netzwerk
    innerbetriebliches 137;140
    kooperatives 138;140
    operatives..97;138;140
    strategisches 138;140
    zwischenbetriebliches... 138;140
Neue Institutionenökonomik..10ff
Notare, elektronische... 82;101f
Nutzenmaximierung.. 14

ODA/ODIF 22;88
ODETTE 20;51
Opportunismus 14
Optionsbörsen 106
Organisation 33;59

Personalbereich 33f
Principal Agent Theorie 10
Produktionsbereich 35;61
Property Rights 10;17;69ff
Public-Choice-Ansatz 10
Punkt-zu-Punkt-Verbindung 19

Rahmenbedingungen
    institutionelle 11f;18ff;67
    organisatorische 24f
    rechtliche 25ff;99
    technische 18ff
Rationalität, begrenzte 13f
Rationalisierungsgemeinschaft 49
Rechnungswesen 33;58
Rechtsabteilung 33;59
Reservierungssysteme 47;97;103;106f
RINET 20

SEDAS 20;83;86
SET 21;89
SGML 22;88
SHOW 107
Sicherheitsmechanismen 26;79ff
Speicherbuchführung, elektronische 71
Spezifität 15f
Standard 19;72;75;83ff;95ff;98f;100f;114;123
    Handelsdaten 20ff;83ff;100f
    Produktdaten 21;90;100f;89f
    Textdaten 21f;88f;100f
STEP 21;89
Subset 20f;85ff;95
SWIFT 20;83
Systemlieferant 124

Tarifstrukturen 134
Teilelieferant 124
Telekommunikationsrecht 26
Tourismus 106f
TRADACOMS 20
Transaktion 14
Transaktionskosten 15;17;37ff;69;77ff;85;69;77ff;85;99;108ff;128
Transaktionskostenansatz 10;14ff
Transaktionsatmosphäre 16

Umsatzsteuergesetz 72
Unsicherheit
    Verhaltens- 16
    Umwelt- 16
Unternehmensstruktur, schlanke 53ff;129ff
Unterschriftssubstitute 79ff;101
Unterschrift, elektronische 79ff
Unterschriftssurrogat, elektronisches 80ff

value added partnership 96;140
VDA 20;51;72;78;83;86;94
VDAFS 21;89
Verfügungsrechte 17;69ff
Vertragsbeziehungen 25f;94
Verträge.. 12ff
    Klassische 12f
    Neoklassische 13
    Relationale.. 13

Warenwirtschaftssystem 49;61
Wertaktivitäten.. 28;32ff;56ff;66
Wertesystem.. 25;29
Wertkette 25;28ff;56ff
WVS-Rundholzbörse.. 107

X.25 90
X.435 90
X.400 .... 19;90

DUV Deutscher Universitäts Verlag
GABLER · VIEWEG · WESTDEUTSCHER VERLAG

Aus unserem Programm

Stefan Bongard
Outsourcing-Entscheidungen in der Informationsverarbeitung
Entwicklung eines computergestützten Portfolio-Instrumentariums
1994. XXIII, 480 Seiten, Broschur DM 128,-/ ÖS 999,-/ SFr 129,-
GABLER EDITION WISSENSCHAFT
ISBN 3-8244-6043-2
Angesichts gestiegener Kosten für die betriebliche Datenverarbeitung lagern immer mehr Unternehmen Teile ihrer Datenverarbeitung aus. Für dieses "Outsourcing" erarbeitet das Buch ein Lösungsverfahren aus strategischer Perspektive.

Susann K. Erichsson
User Groups im Systemgeschäft
Ansatzpunkte für das Systemmarketing
1994. XVIII, 292 Seiten, Broschur DM 98,-/ ÖS 765,-/ SFr 100,10
GABLER EDITION WISSENSCHAFT
ISBN 3-8244-6027-0
Zur Reduktion hoher Investirionsrisiken haben sich Anwender innovativer Technologien in User Groups zusammengeschlossen. Dieses Buch zeigt wichtige Strukturmerkmale und Funktionen von User Groups und entwickelt konkrete Handlungsempfehlungen.

Ulrich Guthunz
Informationssysteme für das strategische Management
Eine Untersuchung zur theoretischen Fundierung und Gestaltung strategischer Informationssysteme am Beispiel der Kostenrechnung
GABLER EDITION WISSENSCHAFT
1994. XVI, 243 Seiten, Broschur DM 98,-/ ÖS 765,-/ SFr 100,10
ISBN 3-8244-6034-3
Informationssysteme werden vorwiegend aus der Sicht der technischen Machbarkeit thematisiert. Ulrich Guthunz erarbeitet ein Verständnis strategischer Informationssysteme, das sich am Informationsbedarf orientiert.

Jens Hilberseimer
Entscheidungsunterstützung in der Unternehmensbewertung
1993. XV, 286 Seiten, 14 Abb., Broschur DM 98,-/ ÖS 765,-/ SFr 100,10
ISBN 3-8244-0138-X
Die Vorteile des hier entwickelten und vorgestellten Entscheidungsunterstützungs-Systems für die Unternehmensbewertung liegen in der Erhöhung des Problemverständnisses beim Entscheider, der Beschleunigung des gesamten Entscheidungsprozesses und in Kosteneinsparungen.

DUV Deutscher Universitäts Verlag

GABLER · VIEWEG · WESTDEUTSCHER VERLAG

Gert Hoepner
Computereinsatz bei Befragungen
1994. XX, 289 Seiten, 32 Abb., 22 Tab.,
Broschur DM 98,-/ ÖS 765,-/ SFr 100,10
ISBN 3-8244-0206-8
Die Arbeit analysiert die Einsatzmöglichkeiten des Computers in allen Phasen der Befragung und diskutiert sowohl qualitative als auch organisatorische und wirtschaftliche Aspekte.

Hermann Nink
Informationsvermittlung
Aufgaben, Möglichkeiten und Probleme
1991. XIV, 225 Seiten, 31 Abb.,
Broschur DM 89,-/ ÖS 694,-/ SFr 91,-
ISBN 3-8244-0091-X
Informationsvermittlung wird aus der Perspektive der Anbieter (Informationsvermittler) und aus der Sicht der Adressaten (Benutzer bzw. Kunden) untersucht. Das Buch verfolgt wissenschaftliche und praxisorientierte Ziele.

Gerhard Satzger
Entscheidungsunterstützung für Hardware-Investitionen
1993. XVIII, 166 Seiten, 17 Abb., 4 Tab.,
Broschur DM 89,-/ ÖS 694,-/ SFr 91,-
ISBN 3-8244-0176-2
Die Bereitstellung von Hardware-Kapazitäten bildet aufgrund der Abhängigkeiten betriebswirtschaftlicher und technischer Aspekte ein komplexes Entscheidungsproblem, für das hier ein Unterstützungssystem vorgestellt wird.

Hermann Siebdrat
Multimediale und wissensbasierte Systeme in der Finanzwirtschaft
Entwurf, Implementierung und Auswirkungen neuer Informationssysteme in Banken
1994. XIX, 244 Seiten
Broschur DM 98,-/ ÖS 765,-/ SFr 100,10
GABLER EDITION WISSENSCHAFT
ISBN 3-8244-6011-4
Neue organisatorische Konzepte in Finanzdienstleistungsunternehmen wie Allfinanz, Lean-Management-Ansätze oder Geschäftsprozeßoptimierung erfordern die Unterstützung durch innovative Informations- und Kommunikationssysteme.

DUV DeutscherUniversitätsVerlag

GABLER·VIEWEG·WESTDEUTSCHER VERLAG

Dirk Stelzer
Sicherheitsstrategien in der Informationsverarbeitung
Ein wissensbasiertes, objektorientiertes Beratungssystem für die Risikoanalyse
1993. XXIII, 378 Seiten, 45 Abb.,
Broschur DM 98,-/ ÖS 765,-/ SFr 100,10
ISBN 3-8244-2038-4
Risikoanalysen sind ein notwendiger Bestandteil der Entwicklung von Strategien für die Sicherheit der Informationsverarbeitung. Mit Hilfe von Methoden und Techniken der Künstlichen Intelligenz wird ein Beratungssystem zur Unterstützung der Risikoanalyse entworfen.

Christian Stiasni
Entscheidungsgestützte Projektplanung
Darstellung eines rechnerbasierten Modells
1994. XV, 196 Seiten, Broschur DM 89,-/ ÖS 694,-/ SFr 91,-
GABLER EDITION WISSENSCHAFT
ISBN 3-8244-6009-2
Das Buch entwickelt ein rechnerbasiertes Verfahren zur Planung von Pro-
jekten, das das Erfahrungswissen vergangener Projekte zum Aufbau neuer
Projektpläne nutzt. Die Entscheidungsträger erhalten durch das Rechnersy-
stem Vorschläge für die Planrevision.

Michael Syring
Computerunterstützung arbeitsteiliger Prozesse
Konzipierung eines Koordinationssystems für die Büroarbeit
Mit einem Geleitwort von Ulrich Hasenkamp
1994. XVI, 259 Seiten, 38 Abb.,
Broschur DM 79,-/ ÖS 616,-/ SFr 80,90
ISBN 3-8244-2053-8
Als Beitrag zum Forschungsgebiet "Computer-Supported Cooperative Work"
(CSCW) wird ein Konzept für ein Koordinationssystem zur Unterstützung
arbeitsteiliger Prozesse der Büroarbeit entwickelt.

Die Bücher erhalten Sie in Ihrer Buchhandlung!
Unser Verlagsverzeichnis können Sie anfordern bei:

Deutscher Universitäts-Verlag
Postfach 30 09 44
51338 Leverkusen

If you have any concerns about our products,
you can contact us on
ProductSafety@springernature.com

In case Publisher is established outside the EU,
the EU authorized representative is:
**Springer Nature Customer Service Center GmbH
Europaplatz 3, 69115 Heidelberg, Germany**

Printed by Libri Plureos GmbH
in Hamburg, Germany